SEGURIDAD EMOCIONAL DEL NIÑO

SEGURIDAD EMOCIONAL DEL NIÑO

Miriam Martínez Fernández

LIBSA

*A Luis y a mi hermana, que siempre me acompañan
en el camino de la vida y me animan a seguir avanzando.
Gracias por estar a mi lado siempre.*

© 2024, Editorial LIBSA
C/ Puerto de Navacerrada, 88
28935 Móstoles (Madrid)
Tel.: (34) 91 657 25 80
e-mail: libsa@libsa.es
www.libsa.es

Ilustración: Archivo LIBSA, Shutterstock images
Textos: Miriam Martínez Fernández
Maquetación: Javier García Pastor

ISBN: 978-84-662-4250-9

DL: M 26702-2023

CONTENIDO

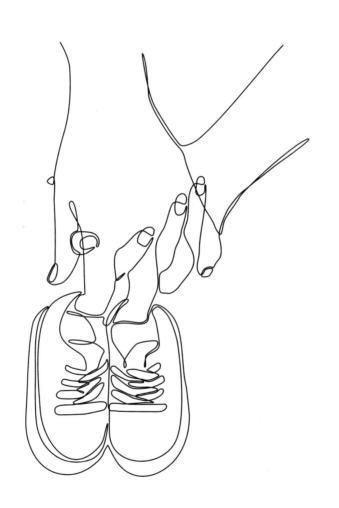

INTRODUCCIÓN

La infancia constituye una etapa importante en la vida de todo ser humano, ya que es un periodo en el que a través de las relaciones con los demás y del descubrimiento del mundo aprendemos a establecer relaciones, forjamos nuestras fortalezas, creencias, valores y nuestra personalidad, descubrimos los sentimientos y las emociones. En este periodo también se desarrolla el cerebro y este va adquiriendo cualidades y aprendizajes, al mismo tiempo que la persona aprende a interaccionar con su entorno y consigo misma.

Para conseguir que todo ocurra de la mejor manera, es importante que el niño tenga seguridad emocional. La seguridad emocional es el vínculo que se establece entre los cuidadores y los niños y que les dota de confianza en sí mismos y en los demás. Una vez transcurrido este periodo vital, la persona estará preparada para atravesar las distintas etapas de la vida de una manera saludable.

Debemos tener en cuenta la salud emocional de los cuidadores y de las personas con las que el niño establece relaciones, ya que muchas veces, sin darnos cuenta, el niño va copiando conductas y aprendiendo de ellas. Es por eso que deben ser un buen modelo para que en el futuro no se reproduzcan conductas no deseadas. A lo largo del libro iremos descubriendo cuáles son los puntos más importantes que nos ayudarán a construir la seguridad emocional que queremos.

Para comenzar a hablar de la seguridad emocional es necesario hacerlo también de las emociones. Es importante conocer qué son y qué representan dentro del complejo entramado del ser humano. EMPECEMOS.

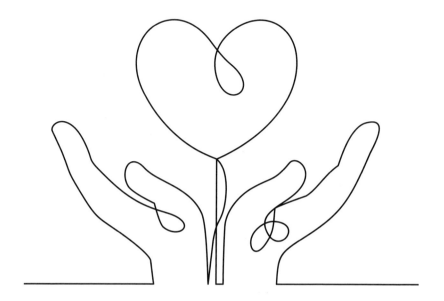

LAS EMOCIONES

QUÉ SON LAS EMOCIONES

Las emociones son todo aquello que acompaña al ser humano en su conducta. La emoción es un conjunto de reacciones que se producen en un individuo cuando este responde a los estímulos externos o internos. Representa una alteración del ánimo con una corta duración; sin embargo, tiene mayor intensidad que un sentimiento. Podríamos decir que los sentimientos son una consecuencia de las emociones, por eso son más duraderos.

Las conductas de los seres humanos llevan asociadas una emoción. Estas nos ayudan a ver lo que es importante para nosotros y, de esta manera, establecer metas que debemos llevar a cabo y nos preparan para la acción. Así, por ejemplo, nos sentimos alegres cuando hemos conseguido un trabajo por el que nos hemos esforzado mucho, o nos sentimos enfadados cuando alguien traspasa nuestros límites o nos sentimos tristes cuando perdemos algo. Las emociones constituyen los esquemas que guían nuestras vidas, sobre todo cuando establecemos relaciones con los demás.

Desde que nacemos nos empezamos a comunicar con las emociones. Así, podemos ver cómo los bebés, que todavía no cuentan con la capacidad del habla, son capaces de interactuar con sus cuidadores a través de una amplia gama de gestos faciales. Pueden mostrar su enfado arqueando las cejas o llorando, o expresar su alegría cuando responden con sonrisas a los gestos de sus cuidadores o de otras personas. Estos gestos son universales, ya que son algo innato, y da igual el país en el que se ha nacido. A través de ellos podemos entender el significado de lo que está ocurriendo; así, si vemos cómo un niño abraza a su padre es posible percibir una muestra de cariño y alivio de la tristeza por parte de su padre o un gesto de felicidad. La expresión de las emociones llega a ser algo que otro ser humano, en un mismo entorno, es capaz de reconocer.

Como podemos ver en esta primera descripción de las emociones, estas nos ponen en contacto con otros seres humanos y son una fuente de expresión que tiene un significado para nosotros mismos y para otros.

Las emociones cumplen una serie de características y funciones que las hacen útiles, y al mismo tiempo provocan un beneficio en el ser humano. Es decir, no existen emociones buenas o malas, sino que todas son necesarias para la supervivencia y solo hay que saber gestionarlas bien.

PRINCIPALES FUNCIONES DE LAS EMOCIONES

FUNCIÓN ADAPTATIVA

La primera persona que manifestó la función adaptativa de las emociones fue Darwin. Este indicó que las emociones hacen que manifestemos una conducta apropiada a la situación que estamos atravesando, por lo que tienen un papel importante en la adaptación del ser humano, pues hacen que seamos capaces de mantenernos vivos, ya que la adaptación guía la supervivencia. Esta función permite que conectemos con el mundo que nos rodea, que nuestro cuerpo movilice la energía necesaria y que la conducta se dirija hacia una meta determinada.

La función adaptativa se puede ver muy claramente en ciertas emociones:

- **La sorpresa** nos provoca una actitud de curiosidad, de interés por las situaciones que ocurren a nuestro alrededor o ante la novedad.

- **El asco** nos puede llevar a evitar ciertos alimentos que pueden resultar perjudiciales para la salud o a realizar hábitos saludables.

- **El miedo** nos hace estar alerta y podemos escapar de una situación amenazante o luchar contra algo que puede ser nocivo.

- **La alegría** nos puede conducir a generar relaciones satisfactorias, o guiar nuestra conducta hacia situaciones que nos hagan crear nuevos vínculos con nuestros semejantes.

Esta función adaptativa está presente desde el nacimiento, ya que es el llanto lo que provoca que se cuide y alimente al niño.

FUNCIÓN SOCIAL

Las emociones informan a los demás sobre qué intenciones tenemos y tienen un valor en las relaciones, ya que facilitan las conductas sociales. Nos sirven para comunicar el estado afectivo y el estado de ánimo. Facilitan la interacción con otros y nos ayudan a tener una red social, algo que es fundamental para los individuos y la vida en sociedad.

Esta función ya se empieza a desarrollar en los primeros años, cuando los niños comienzan a tener sus primeros contactos sociales, y les ayudan a ir conociendo cómo interactuar con otros y cómo relacionarse a través de las emociones. El reprimir las emociones también puede cumplir una función social, ya que afecta al funcionamiento de la sociedad y nos lleva a tener malos entendidos y nos carga fisiológicamente (Berry y Pennebaker, 1993).

FUNCIÓN MOTIVADORA

Las emociones son motivadoras para realizar conductas, ya que nos dotan de energía. Las emociones y la motivación tienen una relación bidireccional. La conducta motivada provoca una reacción emocional y las emociones, a su vez, llevan a la motivación. Así, si conectamos con una persona porque nos ha provocado alegría, esa alegría hará que estemos motivados para verla otra vez. Del mismo modo, si esa persona nos ha provocado un enfado, ese enfado actuará de manera que la motivación disminuya para relacionarnos con ella otro día.

COMPONENTES DE LAS EMOCIONES

En las emociones podemos diferenciar varios tipos de componentes:

- **Componente subjetivo o cognitivo.** Se refiere a cómo experimentamos las emociones. Nos facilita información sobre nuestras reacciones. Cuando vivimos una situación somos capaces de realizar una evaluación automática sobre lo que esta representa para nuestro propio bienestar. Le asignamos un valor positivo o negativo para nosotros y esto lo expresamos a través de la emoción. Así, si existe la posibilidad de que nos caigamos por una escalera, podemos experimentar miedo e iremos con precaución. Si alguien nos empuja, puede provocar enfado en nosotros o, por el contrario, podemos pensar que lo ha hecho porque no tiene educación y darnos pena su comportamiento. Las emociones también nos ayudan a elegir y estar más predispuestos para tomar una decisión u otra.

- **Componente fisiológico.** La emoción desencadena en nosotros una reacción fisiológica. El estar tristes puede provocar llanto o hacer que sintamos opresión en el pecho.

- **Componente expresivo.** Son todas las conductas que realizamos como respuesta a una determinada emoción.

Es importante que seamos capaces de reconocer lo que las emociones pueden desencadenar en nosotros. Puede que en algunos momentos sintamos envidia hacia personas a las que queremos o, por el contrario, se despierte una sensación de pena por personas que despreciamos. Pero, ¿qué es lo que nos lleva a que nos sintamos así? Necesitamos comprender en primer lugar si las emociones son generadas en nuestro interior o surgen del exterior. Emociones que surgen del exterior son aquellas con una función adaptativa. Ante una serpiente venenosa sentimos miedo, esto nos protege del exterior. Sin embargo, que estemos enfadados con nosotros mismos por algo que hemos hecho es algo interno.

TIPOS DE EMOCIONES

En el proceso de conocer las emociones podemos distinguir varios tipos según la clasificación que hizo Paul Ekman (1984) basándose en los gestos faciales. Según su criterio, existen las emociones primarias o básicas y las emociones secundarias.

EMOCIONES PRIMARIAS O BÁSICAS

Las emociones primarias son innatas en el ser humano, es decir, todos, independientemente de la cultura a la que pertenecemos, nacemos con ellas. Su objetivo es ayudarnos a sobrevivir y a establecer relaciones.

Para considerar una emoción como primaria, debe cumplir varios aspectos:

- **Ser universal:** se produce del mismo modo en cualquier parte del mundo.

- **Reconocerse a primera vista:** se identifica fácilmente cuando se produce.

- **Ser puntual:** se desencadena en un instante determinado. Surge rápidamente y del mismo modo puede desaparecer.

- **Tener repercusiones físicas:** puede causar algún tipo de efecto en el cuerpo como aumento del ritmo cardíaco, tensión en los músculos, lágrimas de alegría, etc.

Estas emociones se experimentan cuando vamos a responder a un estímulo.

Robert Plutchick (1980) estudió las emociones partiendo de la base de que tenemos emociones básicas que son experiencias comunes que se van transformando a lo largo del tiempo. Son emociones que poseemos por naturaleza, de forma innata. Considera que hay emociones básicas que son alegría, confianza, miedo, sorpresa, tristeza, aversión, ira y anticipación. Paul Ekman las clasificó como tristeza, asco, miedo, ira, sorpresa y alegría.

- **Tristeza.** Surge cuando perdemos algo importante o pasamos por una situación adversa. La persona suele vivir un proceso de aislamiento. En ella influyen factores como la personalidad, los pensamientos negativos y el entorno sociocultural. Sirve para intentar promover la empatía en los otros, centrar la atención en uno mismo, buscar apoyo social y facilitar el análisis de la situación que la ha causado.

- **Asco.** Es la reacción que experimentamos cuando algo nos resulta aversivo o repugnante. Se produce ante eventos o estímulos poco familiares y que resultan desagradables. Nos sirve para escapar de las situaciones que nos generan malestar. El asco nos ayuda a que realicemos hábitos saludables cuando tratamos de evitar lo que nos produce aversión. También puede tener un efecto negativo hacia otras personas o hacer que generemos trastornos obsesivo compulsivos.

- **Miedo.** Es una reacción que tenemos ante cualquier cosa que represente peligro. El miedo se puede adquirir a través de la cultura, por aprendizaje o por condicionamiento. Puede hacer que nos quedemos paralizados ante lo que estamos experimentando, que huyamos o que nos enfrentemos. Provoca malestar, preocupación y es posible que nos haga sentir que perdemos el control.

- **Ira.** Surge cuando nos enfrentamos a situaciones frustrantes o aversivas y provoca en nosotros un sistema de defensa. Evaluamos la situación, o el estímulo desagradable, y la valoramos sintiéndonos indefensos y sin poder controlarla. Solo surge cuando creemos que es posible ejercer cierto control sobre el acontecimiento. Algunas veces la ira va unida a la agresividad y a la violencia. Podemos distinguir entre ira hacia dentro, que genera un malestar en nosotros, e ira hacia fuera, cuando la volcamos sobre lo que nos la está provocando. Ninguna de las dos es capaz de resolver el problema al que nos enfrentamos.

- **Sorpresa.** Es la reacción que nos causa algo nuevo, desconocido o imprevisto. No es ni una emoción positiva ni negativa, ya que viene determinada por las otras emociones que la acompañan nada más producirse esta. Nos pueden generar sorpresa los estímulos nuevos y su cambio de intensidad, la interrupción de algún proyecto o acción que tenemos en marcha. Cuando nos sorprendemos, no sabemos lo que va a pasar y no podemos controlar la situación: se interrumpe la actividad que estamos realizando. Muchas veces, cuando nos sorprendemos, también se nos puede quedar la mente en blanco.

- **Alegría.** Es una emoción positiva. Puede surgir cuando se alivia un malestar o sufrimiento, se consigue un objetivo, contemplamos algo que nos agrada o si observamos a una persona feliz. Influyen en ella los rasgos de personalidad y las normas sociales que nos llevan a sonreír, que es uno de sus rasgos identificativos. La alegría tiene múltiples efectos positivos en la salud y puede ayudar a mejorarla.

Otro estudio importante de las emociones lo realizó Daniel Goleman (1995), quien introdujo el término **inteligencia emocional.** Analizó previamente estudios sobre la inteligencia centrados en el cociente intelectual (CI), que se basan en la suposición de que a mayor CI, la probabilidad de que a alguien le fuera bien en la vida aumentaba. Goleman se centró en las habilidades que constituyen la inteligencia emocional, entre las que destacan el autocontrol, el entusiasmo, la motivación y la perseverancia. Todas estas capacidades están influidas por la gestión emocional y podrían enseñarse a los niños desde la infancia. Goleman califica las emociones como impulsos que nos llevan a actuar y distingue dos cerebros: el cerebro racional, que es el que razona y piensa, y el cerebro emocional, que es el que siente. Los dos están interconectados y funcionan de manera que los sentimientos son necesarios para la toma racional de decisiones. Por ello, llegó a la conclusión de que no debemos tener en cuenta solo el coeficiente intelectual, sino también la inteligencia emocional. Para Goleman hay también seis emociones básicas que son miedo, tristeza, ira, felicidad, sorpresa y aversión.

EMOCIONES SECUNDARIAS
Las emociones secundarias no presentan rasgos faciales característicos ni tendencia particular; puèden disimularse o pasar desapercibidas en algunas personas. Las desarrollamos con el paso del tiempo y surgen del aprendizaje, de la interacción con los demás y de la combinación de algunas primarias. Aparecen con la madurez neuronal.

Además, los expertos también indican que estas emociones aparecen con una madurez neuronal y que son fruto de la socialización y del desarrollo de las capacidades cognitivas. De este modo, su aparición llegaría en torno a los dos años y medio o tres años de edad, y los seres humanos no naceríamos con ellas.

Para Plutchik, la combinación de las emociones primarias dará lugar a las **emociones compuestas:**

Alegría + Confianza = Amor
Alegría + Anticipación = Optimismo
Confianza + Miedo = Sumisión
Miedo + Sorpresa = Alarma

Sorpresa + Tristeza = Decepción
Tristeza + Asco = Remordimiento
Asco + Ira = Desprecio
Ira + Anticipación = Agresión

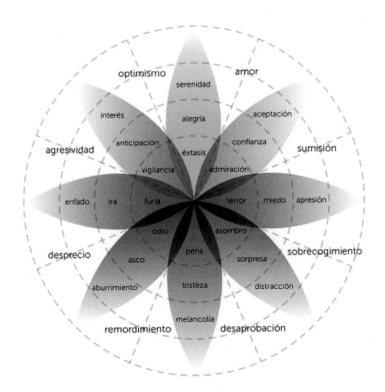

Ekman vio en las emociones secundarias unos estados anímicos más complejos que en las emociones primarias. En el grupo de emociones secundarias o complejas se encontrarían **la culpa, la vergüenza, el desprecio, el orgullo, los celos, el placer, el aburrimiento, el bochorno, la envidia,** entre muchas otras.

Concretamente, estas emociones secundarias hacen que nuestro carácter se diferencie de los demás seres humanos.

DESARROLLO DE LAS EMOCIONES

Desde el inicio de la vida, el ser humano es capaz de experimentar y percibir las emociones suyas y las de los otros. Los primeros años son fundamentales, ya que debido a las diversas vivencias se va configurando lo que será el sistema emocional de cada persona. Cada uno tendrá una capacidad para identificar las emociones de los demás y poner en marcha las suyas propias.

Se han realizado diversos experimentos para tratar de identificar cómo se produce el desarrollo emocional en los niños. Podemos considerar que el primer contacto que establece el bebé con el adulto se realiza a través de la comunicación no verbal. Los lactantes son capaces de mostrar sus necesidades llorando, así captan la atención de los cuidadores y logran, mediante el consuelo de estos, calmarse y evitar la angustia. La sonrisa neonatal es espontánea y surge como respuesta a las personas o los eventos, (Piaget, 1945).

- **Alrededor de los cuatro meses** pueden reír a carcajadas si se les besa o se les hace cosquillas, y son capaces de descargar tensión ante los estímulos que consideran amenazantes. Los bebés comienzan a identificar expresiones faciales en los adultos, tienen la capacidad de expresar sus estados emocionales y estos son reconocidos por el adulto a través de los gestos.

En un experimento realizado por Kahana-Kalman y Walker-Andrews en el 2001 con niños de tres meses y medio, se ha visto cómo los bebés pueden reconocer emociones como la tristeza y la alegría a través de la voz de la madre o personas que actúan de cuidadores. Esto demuestra la importancia que tiene la figura del adulto que ejerce de cuidador.

En otro estudio realizado por Izard y colaboradores en 1995 con bebés de edades comprendidas entre los **dos meses y medio a los nueve meses,** se comprobó que las emociones que más expresan los bebés durante este periodo son el interés, la alegría, el enfado y, en último lugar, la tristeza. Podemos ver cómo empiezan a fijarse en los objetos y las personas, cómo son capaces de sonreír y mostrar que están contentos, pueden interactuar mediante gestos y pronunciar sus primeras palabras. También tienen la capacidad de enfadarse o llorar si no han conseguido algo, se encuentran mal o no les gusta lo que tienen delante.

Como podemos ver en diferentes estudios, las emociones básicas empiezan a aparecer en las primeras etapas de desarrollo. Hay que resaltar que en este periodo los niños imitan las expresiones faciales de las personas que los cuidan y las emociones están asociadas a la comprensión de medio-fin.

• **Entre los 15 y los 24 meses,** los bebés son capaces de realizar representaciones mentales de sí mismos y de las personas y cosas. Algunos estudios han revelado que esta representación de los objetos, que implica que estos existen aunque no se les pueda ver ni oír, se puede iniciar incluso en niños de cuatro meses. Esta capacidad se desarrolla en la etapa en la que se introducen juegos como libros en los que las cosas se ocultan y luego aparecen. También juegos como esconderse detrás de algo o taparnos la cara y luego aparecer.

• **Entre los 24 y los 36 meses,** cuando se adquiere el lenguaje, aparecen las primeras palabras que están relacionadas con la alegría, la tristeza, el enfado y el miedo. El bebé empieza a comunicar sus expresiones y a comprender las de otros, utilizando en primer lugar la alegría, a la que sigue la tristeza, el enfado, el miedo, la sorpresa y, en último lugar, el asco. A lo largo de los años irán incorporando otras emociones (Ridgeway et al., 1985). A los dos años los niños expresan sus deseos; un niño que desee un juguete y lo consiga lo asociará a la alegría y, si no lo consigue, lo asociará con la tristeza. También empiezan a distinguir determinadas situaciones con las emociones que llevan asociadas y comprender que, si tienen una situación real como ir a visitar un familiar o ir a la guardería, esta vendrá acompañada de una determinada emoción. Esto es lo que se conoce como **conocimiento emocional situacional o conocimiento causal** (Morgan et al., 2010). A los tres años pueden sentir vergüenza por hechos que realicen.

• **De los tres a los cinco** años aparece el control voluntario de las emociones, lo que es la regulación emocional. En los años preescolares, la interpretación que se hace de las emociones y el despliegue emocional que esto conlleva está marcado por las normas sociales y la cultura en la que crece el niño. Este irá actuando en la forma en la que se espera que exprese sus emociones. En este periodo es fundamental la relación con otros para poder desarrollar estrategias que le ayuden con el manejo de las emociones. Su expresión emocional tendrá consecuencias en la relación con los demás, de manera que si el niño muestra enfado cuando juega con otros podrá ser rechazado por el grupo. Tanto los cuidadores como los profesores juegan un papel vital en esta época, ya que ayudan a crear espacios seguros donde el niño puede aprender a relacionarse y experimentar emociones de forma sana. Siempre es importante proteger a los niños de elementos adversos y situaciones de peligro para que en el futuro no puedan desarrollar conductas agresivas o ansiosas que no sean respuestas adecuadas a lo que está experimentando.

El desarrollo de la **comprensión emocional** según Pons (2004), se puede dividir en tres periodos:

- **Primeros cinco años.** Se comprenden las emociones de manera visual a través de la expresión facial, se reconoce qué las causa y los hechos u objetos que pueden reactivar las emociones del pasado. En estos años las emociones primarias se expresan de manera especialmente intensa, de manera que los niños puedan tener rabietas grandes, los enfados pueden aparecer como estallidos y la alegría puede ser también desbordante. Además, es un periodo en el que tienen cambios de humor bruscos.

- **Alrededor de los siete años.** Los niños comprenden la naturaleza de las emociones, la importancia que tienen los deseos y las creencias y son capaces de ocultar emociones. Pueden tener a la vez emociones encontradas como son la alegría por asistir a un cumpleaños y nervios al mismo tiempo, pero no puede decir qué le provoca las dos cosas.

- **De los nueve a los 11 años.** Los niños son capaces de adoptar diversas perspectivas sobre una situación y comprenden el carácter de las emociones y su ambivalencia. También tienen la capacidad de reconocer las emociones morales y pueden regularlas cognitivamente. Son capaces de apreciar que pueden estar nerviosos y contentos de manera consecutiva y cómo se van alternando las emociones.

En primer lugar, las emociones se empiezan a conocer y expresar a través de las expresiones faciales. Posteriormente, la adquisición del lenguaje permite a su vez el aprendizaje del lenguaje emocional y contribuye a que se pueda comprender este, de manera que los niños son capaces de hablar de sus emociones y de las de los demás y de expresar sus sentimientos cuando juegan. Más tarde desarrollan la capacidad temporal de situarlas en el pasado, en el presente y en el futuro, y reconocen las emociones que causan diversas situaciones, pueden darles un valor positivo o negativo y adquirir después perspectiva de ellas. Cuando un niño llega a la pubertad, es ya capaz de comprender el carácter ambivalente de estas y de regularse emocionalmente.

ETAPAS EN EL DESARROLLO SOCIAL

Para comprender cómo surgen las emociones en el niño también tenemos que entender las diferentes etapas en la relación social, ya que las emociones siempre aparecen en contextos determinados, como cuando el niño está realizando una acción en solitario o cuando establece relaciones con los demás.

Es importante tener en cuenta cómo se enfrenta el niño al mundo exterior, ya que una vez se produce el nacimiento ha de aprender a relacionarse con él. Tendrá que aprender a sobrevivir y a relacionarse. La primera figura importante con la que van a establecer vínculos es la persona que sea su cuidador o cuidadores principales. Esta persona será la que ejerza la función de brindarle seguridad; un bebé no podría sobrevivir en el mundo sin esa figura que va a ofrecerle protección y le va a enseñar a relacionarse con su entorno. A lo largo de la vida irán surgiendo otras personas en su vida como familiares, compañeros del colegio, amigos. Algunos de ellos le acompañarán durante largos periodos, y otros solo estarán en momentos puntuales. Sin embargo, todos ellos podrán jugar un papel importante a la hora de aprender a relacionarse en las primeras etapas. Hay que tener en cuenta también el papel tan importante que tienen los maestros en la educación. Cualquier persona con la que se relacione el niño podrá hacer que surjan emociones como la alegría, el amor, la frustración, el enfado, etc.

- **Durante los dos primeros años** se desarrolla la confianza en los demás. Se identifica qué personas son familiares o cercanas y cuáles no. El niño trata de interactuar con los demás mediante expresión no verbal, como poner caras de enfado, saltos de emoción, etc.

- **A partir del desarrollo del lenguaje** aparecen conductas desafiantes; le gusta que las cosas se hagan a su manera. Es la etapa del apego y del miedo a separarse de los padres.

- **Hasta los cinco o seis años** se aprende a socializar, a colaborar para conseguir objetivos, a competir y a sentirse bien con los logros y con los fracasos. Aparecen también los miedos e inseguridades.

- **De los siete a los 12 años** el niño sabe cómo relacionarse con los demás y qué expresiones de emociones le van a servir para comunicarse con los demás. En esta etapa el niño está en el colegio, aparecen los lazos de amistad y se comparten experiencias vividas. A veces tratan de ocultar las emociones o le dan poca importancia a lo que están sintiendo, pudiendo ser causa de frustración. También pueden surgir sentimientos de inferioridad cuando establecen comparaciones o tienen percepciones erróneas sobre las normas sociales. En esta etapa es importante que sepan canalizar adecuadamente lo que les está ocurriendo. Para ello, las figuras adultas les pueden explicar las cosas, hacer que participen en actividades, ejercer tareas de modelado y aprendizaje y reforzamiento (Kostelnik et al., 2009).

PROBLEMAS EMOCIONALES DE LOS NIÑOS

Debido a que nadie nace sabiendo cómo controlar las emociones, los niños, en las diferentes etapas del desarrollo, pueden encontrarse con una serie de problemas emocionales en los que necesitarán encontrar el apoyo de un adulto (Kostelnik et al., 2009). Estos problemas pueden ser diferentes según cómo los interprete el niño cuando los siente.

- **Entre los dos y los siete años.** Es un periodo temprano en el que se expresa lo que se siente mediante acciones, ya que es difícil, sin tener el lenguaje maduro, poder decir qué se está sintiendo realmente. Los niños recurren a hacer pucheros cuando están enfadados o saltar cuando están muy emocionados, o incluso morder como forma de expresar cariño. Muchas veces el adulto puede malinterpretar lo que está ocurriendo y no dar una respuesta adecuada a estas manifestaciones de emociones. Se puede pensar que el niño está muy contento cuando salta, y resulta que lo que quiere es conseguir algo, o cuando hace pucheros creer que está triste, y la realidad es que esté enfadado. Por no hablar de que cuando muerde nunca se tomará como muestra de cariño, sino como agresión y se le reñirá en lugar de corregir esa conducta desde la serenidad.

- **Entre los siete y los 12 años.** El niño ya es consciente de lo que siente y puede emplear el lenguaje para comunicarlo. A veces las emociones no le parecen importantes o no las manifiesta debido a todas las normas que hay en la sociedad donde habita. En algunas sociedades el llorar en público está mal visto o hace parecer que la persona es débil cuando lo que se busca es una imagen de fortaleza. Así, algunos niños que se sienten mal porque están sufriendo *bullying* en el colegio tratarán de ocultarlo por miedo a parecer débiles o por no querer dar la imagen de que los demás se meten con ellos por algo que les puede causar dolor, como puede ser el llevar una ropa que no sea moderna. Esto puede generar un gran sufrimiento, ya que al hecho del daño que están provocando los demás con sus burlas y amenazas se une el no poder expresarlo. Por eso es tan importante el que el adulto pueda ser una figura de seguridad y apoyo y que dé unos valores adecuados.

QUÉ ES LA SEGURIDAD EMOCIONAL

Cuando el ser humano empieza a relacionarse y a tener interacción con otros, el principal y primer contexto donde esto ocurre es la familia. Los padres tienen la responsabilidad de cuidar la salud física, cognitiva y socioemocional del niño desde su concepción hasta que se desarrolla (Jiménez et al., 2019). Como ya sabemos, las emociones juegan un papel fundamental a la hora de realizar cualquier conducta, y desde que nacemos y cualquiera de los padres abraza a su hijo, le da la mano, le sonríe, se están generando emociones en forma de atención y protección. El niño va aprendiendo cómo interpretar la realidad, y los padres van a influir de manera directa en la sensación de seguridad que va a desarrollar su hijo. Podríamos decir que el niño cuenta con la atención y disponibilidad de sus cuidadores, y que esos vínculos positivos y estables ante cualquier situación que pueda ser causa de estrés van a constituir la seguridad emocional.

Según la teoría de la seguridad emocional, para los hijos no solo es importante una relación especial bidireccional con sus cuidadores, sino sentir que el conjunto de su sistema familiar es seguro. El hecho de que en una familia haya un conflicto entre los padres puede resultar una de las amenazas más grandes a la seguridad emocional de los hijos, pudiendo implicar un afecto negativo, hostilidad o agresión. Los desacuerdos que no se resuelven pueden, de igual manera, influir en su rendimiento escolar o en las relaciones sociales (Davies y Cummings, 1994).

Si hablamos de un entorno donde hay frecuentes conflictos de cualquier tipo entre los padres, puede hacer que los hijos, al tratar de regularse emocionalmente, desarrollen tristeza o miedo al ver cómo el sistema familiar se vuelve frágil. En este entorno, los niños van a tratar de sentirse seguros y desarrollarán estrategias para ellos. Si empiezan a ver que los padres pueden terminar cada uno por su lado, es posible que sientan miedo y evalúen continuamente qué está ocurriendo en casa. Su sistema cognitivo (pensamientos) se estará activando y también tratarán de realizar una regulación conductual tratando de llevar el conflicto de sus padres a una situación de calma, acercándose o alejándose de ellos. Todo esto llevará a que se vayan creando en los hijos unos patrones que se irán repitiendo a lo largo de su vida cuando tengan que enfrentarse a situaciones similares. De ahí la importancia que tiene el que los padres traten de establecer modelos adecuados y de seguridad en los hijos.

De igual modo que se van estableciendo habilidades como el habla, el pensamiento, la resolución de problemas, la toma de decisiones, etc., también es importante dotar al niño de una seguridad emocional, es decir, una forma de interpretar la realidad de manera saludable. El hecho de que el niño sea capaz de enfrentarse a las situaciones de la vida con seguridad emocional le va a permitir que vaya desarrollando un concepto sobre sí mismo adecuado y que sea capaz de afrontar los problemas que se puedan presentar a lo largo de su desarrollo.

Un nivel alto de inseguridad emocional dentro del sistema familiar va a propiciar que puedan aparecer problemas durante el desarrollo de ansiedad, depresión, preocupación, baja autoestima o actitud negativa ante la vida. La seguridad emocional, por el contrario, hará que se desarrollen recursos como la resiliencia, que es la capacidad de afrontar las adversidades de manera positiva (Cummings et al., 2012).

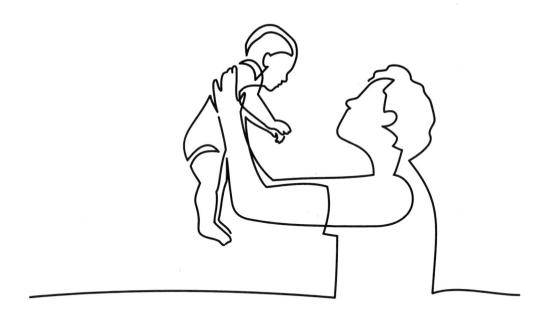

EL APEGO

QUÉ ES EL APEGO

Como ya se ha comentado, el vínculo afectivo es fundamental para que el niño encuentre seguridad emocional. Los niños que tienen unos vínculos afectivos seguros son capaces de contar con factores de protección importantes, ya que también podrán afrontar situaciones de crisis y desarrollarán una autoestima sana. Pero, ¿qué es el apego? El apego podríamos decir que son los vínculos o lazos afectivos que se generan con las personas importantes en la vida. Un niño desarrollará este lazo con la persona cuidadora y, del mismo modo, se irán generando estos vínculos a lo largo de la vida con parejas, amigos o familiares. Sus principales funciones son la búsqueda de seguridad y protección (Manning et al., 2017).

TEORÍA DEL APEGO

Para poder explicar qué es el **vínculo afectivo** vamos a basarnos en la teoría del apego que desarrollaron Bowlby (1953) y Ainsworth (1978). Para ellos el apego es la propensión para buscar cercanía y contacto con una figura específica a través de conductas como son la proximidad o la búsqueda de la atención. Los niños estarían biológicamente predispuestos a estar apegados a sus progenitores no solo para satisfacer sus necesidades, sino porque son sociales. La vinculación se inicia en la infancia y será algo que se prolongue a lo largo de toda la vida con amigos, parejas y con los propios hijos. Así, los vínculos que se establecen en la infancia determinarán la calidad de los vínculos que se establezcan durante toda la vida.

El vínculo afectivo es fundamental en el desarrollo del niño. Lo establece con sus padres, sus hermanos y con las personas que se ocupan de él. Si el niño se encuentra ante una situación amenazante buscará la seguridad en el otro, mirándole o con contacto físico.

Podemos encontrar **tres componentes fundamentales** en el vínculo afectivo (Perpiñán, 2017):

- **El componente cognitivo.** Es decir, los esquemas, las ideas que tiene el niño de la persona con la que tiene apego y las características de esta. Lo conforma el recuerdo que se tiene del otro, es la percepción de disponibilidad del otro. Cuando confiamos en alguien, pensamos que la persona va a estar disponible para nosotros ante cualquier situación. Cuando el niño se queda solo en un lugar desconocido recordará la figura de apego y tratará de buscarla con la mirada o se acercará al último lugar donde la ha visto y preguntará por esta persona. Los sentimientos asociados al componente cognitivo son los sentimientos de seguridad o angustia y de placer o displacer.

- **El componente conductual.** Es el que se establece cuando el niño realiza conductas que están destinadas a captar la atención de su cuidador, como pueden ser por ejemplo atraer su mirada cuando llora, se ríe o realiza sonidos vocales, cuando alza sus brazos intentando que la figura cuidadora le alce, le abrace o simplemente le dé la mano, o cuando se aproxima al adulto buscando atención o proximidad. Las conductas de aproximación que realiza el niño buscan una única cosa: ser respondidas; por tanto, si el adulto o figura cuidadora no está ahí para él se establecerá una relación insegura en la que el niño no confiará y de este modo en el futuro le costará establecer relaciones con otros, pudiéndose mostrar hostiles ante otros niños o adultos.

- **El componente emocional.** Las conductas y las representaciones mentales son las que hacen que surjan las emociones en el niño. Así, se podrá desarrollar miedo cuando se aproxima un extraño, o se sentirá felicidad si el niño se encuentra en un ambiente seguro y cómodo.

La teoría del apego de Bowlby tiene tres **puntos clave:**

- Cuando un niño tiene plena confianza en su cuidador y sabe que siempre estará ahí para él, es improbable que experimente miedo.

- La confianza entre el niño y su cuidador se construye durante la infancia y la adolescencia, y se consideran etapas críticas en el desarrollo humano. Las expectativas que va a desarrollar el niño sobre las relaciones con otro le acompañarán toda su vida.

• Las expectativas desarrolladas están relacionadas con las experiencias anteriores. Si un cuidador ha estado disponible alguna vez, el niño pensará que va a seguir estando disponible en el futuro.

EL EXPERIMENTO DE LA SITUACIÓN EXTRAÑA

Para estudiar el apego, Mary Ainsworth desarrolló en 1960 un experimento con madres y sus hijos introduciendo un tercer elemento que era una persona extraña (Ainsworth, 1969). Este experimento estudió la angustia que experimentaban los niños al separarse de su figura de referencia y cómo se adaptaban a las nuevas situaciones.

Para realizar este estudio experimental se utilizó una habitación pequeña con cristal tintado. A través del cristal se podía observar al bebé sin ser visto. En este experimento participaron 100 familias de Estados Unidos con bebés entre 12 y 18 meses.

Se simularon tres tipos de situaciones:

• Situaciones de interacción entre el cuidador y el bebé con juguetes.
• Se separaba al cuidador del niño. El cuidador salía de la habitación dejando al niño solo.
• En la habitación entraba un individuo que el niño no conocía.

Para el experimento se utilizaban las respuestas del niño ante separaciones muy breves con su cuidador y reuniones con él. Se trataba de clasificar el tipo de apego a la madre o al padre. El experimento contaba con ocho fases:

• **Fase 1.** Cuidador, bebé y experimentador. Durante 30 segundos se mete al bebé y al cuidador en la habitación.

• **Fase 2.** El bebé explora la sala y los juguetes mientras el cuidador no hace nada.

• **Fase 3.** El extraño entra en la habitación. Durante un minuto permanece en silencio, y el siguiente minuto habla con el cuidador. En el tercer minuto el desconocido empieza a aproximarse al bebé.

• **Fase 4.** El cuidador sale de la habitación. Se quedan en la habitación el bebé y el desconocido y este comienza a interactuar con el bebé.

- **Fase 5.** El cuidador regresa y el desconocido se va. El cuidador saluda al bebé e intenta que vuelva a jugar.

- **Fase 6.** El cuidador se va de la habitación. El bebé se queda solo.

- **Fase 7.** El desconocido vuelve. Trata de interactuar con el bebé.

- **Fase 8.** El cuidador regresa y el extraño se va. El cuidador coge al bebé en brazos y el desconocido se va.

Se pudo comprobar que los niños con apego seguro, cuando estaban con el cuidador podían explorar la habitación y se interesaban por el desconocido. Cuando el cuidador salía de la habitación, mostraban angustia, pero podían volver al juego. En el momento en que el cuidador volvía a la habitación estaban alegres y buscaban el contacto físico con él. Por el contrario, los niños con apego inseguro mostraban angustia y desagrado en el momento de la separación y no podían volver al juego fácilmente. Además, no buscaban o rechazaban el contacto físico para el cuidador cuando volvía a entrar en la habitación.

TIPOS DE APEGO

Los estudios realizados sobre el apego dieron lugar a una clasificación en cuatro estilos de apego, uno seguro y tres basados en el apego inseguro.

- **Apego seguro.** Los progenitores dan al niño seguridad, contacto y comunicación. El niño siente que sus padres estarán allí siempre para protegerlo y cuidarlo. El niño explora el mundo pensando que sus padres no serán capaces de abandonarlo y se relaciona tranquilo con los demás sabiendo que estará atendido por sus padres.

- **Apego ansioso-ambivalente.** El niño no puede sentir la confianza y no tiene la creencia de que sus padres estarán incondicionalmente. Cree que el mundo es un lugar amenazante y peligroso. Se desarrolla miedo al abandono e inseguridad en sí mismo. Tardan en poder volver a la calma. El miedo es la emoción más característica. Suelen mostrar preocupación en cuanto a ser rechazados. Tienen baja tolerancia al dolor y pueden sentir vergüenza.

- **Apego evitativo.** El niño no percibe atención y cuidado de sus progenitores y crece pensando que es poco querido y cuidado. Genera un distanciamiento con sus cuidadores y aprende a ser autosuficiente. No busca en los padres protección y seguridad. Estos niños muestran ausencia de angustia y enojo. Suelen ser niños temerosos, no presentan muchas emociones positivas. Suelen esconder su ira aunque la estén sintiendo.

- **Apego desorganizado.** Fue Mary Main (1985), que fue discípula de Ainsworth, quien descubrió este cuarto estilo de apego. El niño alterna entre buscar al progenitor y evitarle. Es el menos común. Suele estar presente en conductas negligentes o de maltrato por los progenitores.

ETAPAS DEL APEGO
Podemos distinguir una serie de etapas de apego en el desarrollo del niño:

- **Primera etapa. Etapa de preapego o fase asocial.** Esta fase tiene lugar desde que el niño nace hasta aproximadamente las seis semanas de vida. El repertorio de señales del bebé consiste en llorar, sonreír o mirar a los ojos. Esto le permite relacionarse con las personas cercanas. Todos los estímulos, tanto externos como internos, pueden recibir una respuesta. En esta fase los bebés no muestran preferencia por nadie en particular, solo tratan de mostrar señales para que las personas les puedan cuidar y salir así adelante.

- **Segunda etapa. Fase de formación.** Va desde las seis semanas hasta los ocho meses, aproximadamente. En este momento, el niño será capaz de mostrar ansiedad si se le separa de otros seres humanos y muestra cierto contento al estar en contacto con otras personas, aunque todavía no es capaz de notar especialmente la falta del cuidador principal. En esta fase da comienzo la orientación de su conducta y responderá a la madre de forma clara, siendo capaz de reconocer a los desconocidos, aunque no los rechazará totalmente.

- **Tercera etapa. Fase de apego.** Va desde los siete hasta los 24 meses de edad. El niño comienza a reconocer la permanencia del objeto. Es capaz de identificar a cuidadores específicos y presentar ansiedad frente a la separación. Es en esta fase cuando comienza a originarse el apego primario. El bebé tiene una comprensión clara de que el cuidador existe aunque no sea capaz de verlo.

- **Cuarta etapa. Fase de relaciones recíprocas.** Se da a partir de los 24 meses. El niño ya entiende que, si la madre está ausente, esta ausencia no será definitiva y será capaz de calmar la ansiedad que la separación le genere.

INFLUENCIA DEL APEGO

El apego es fundamental para que el niño desde que nace sienta seguridad y aprenda cómo relacionarse con los demás. Durante los dos primeros años de vida, la maduración que presenta el cerebro está en relación con la interacción entre el niño y su cuidador (Siegel, 2007). El apego resulta fundamental para establecer la seguridad que necesita el niño para desarrollarse. La calidad del apego que recibe va a influir en la manera en la que establecerá las relaciones, en su personalidad, en la forma de expresar las emociones y en la capacidad que muestre para enfrentarse a diversas situaciones.

INFLUENCIA DEL APEGO EN LA REGULACIÓN EMOCIONAL

Los niños que tienen un **apego seguro** son capaces de expresar sus emociones, mostrar curiosidad por lo que les rodea. Se muestran organizados y tienen desarrollada la exploración y la exclusividad afectiva. Los niños que crecen con un apego seguro son capaces de regularse emocionalmente y de pedir ayuda si la necesitan (Lin et al., 2019).

Los niños con un estilo de **apego ansioso** suelen presentar mayores niveles de desregulación emocional, no saben manejar los acontecimientos negativos. Por regla general tienden a pensar todo mucho y del mismo modo recuerdan mejor los eventos negativos. Pueden interpretar situaciones que no son una amenaza como peligrosas (Manning et al., 2017).

Los niños con un estilo de **apego evitativo** suelen tener altos niveles de desregulación emocional y mostrar emociones como tristeza, pudiendo desarrollar en el futuro síntomas depresivos. Les cuesta experimentar emociones al igual que tienen dificultad en reconocer lo que están sintiendo (Borelli et al., 2019).

Los niños que **han sido maltratados** tanto física como verbalmente evitan más a los adultos amigables, desarrollan estrategias de defensa para poder mantener sus niveles de regulación emocional.

Ejemplo. *Si Andrés, un niño de 10 años, va al colegio y allí sufre las burlas de sus compañeros, se enfrentará a estas de manera diferente según el tipo de apego. Si ha crecido con un apego seguro será capaz de reconocer que esa situación le puede causar daño, sabrá que puede contar con sus padres y pedirá ayuda cuando vea que él solo no puede defenderse; hablará con sus padres o sus profesores. Si Andrés hubiese crecido con un apego ansioso mostrará miedo y temor de acudir al colegio, pudien-*

do tener conductas de enfado y ansiedad ante la situación de tener que ir a clase, y podrá desarrollar miedo a otras situaciones en las que tiene que interactuar con otros niños o con adultos; tendrá miedo a ser rechazado. Se puede echar la culpa de lo que le está ocurriendo. Si hubiese desarrollado un apego evitativo, estará triste todo el día. Cuando vuelva del colegio podrá mostrarse desganado y puede que se encierre en su habitación; no llorará ante sus padres u otros adultos y no les pedirá ayuda.

APEGO Y EMPATÍA

La **empatía** se refiere a la atención y la respuesta que se puede emitir a los diferentes estados emocionales que presentan las personas que interactúan con uno (Kim y Kochanska, 2017). La empatía significa poder ponerse en el lugar del otro.

Los niños que crecen con un **apego seguro** presentan **mayor empatía.** No muestran preocupación porque su figura cuidadora no esté disponible para ellos, ya que saben que esa persona acudirá siempre que la necesiten, de manera que ellos también van a desarrollar empatía por los demás (Stern y Cassidy, 2018).

Los niños que presentan una **base de apego insegura** tendrán una **empatía menor** que los que han contado con apego seguro debido a que si no tienen cubiertas sus necesidades primarias, y tampoco conocen cómo se satisfacen estas, no podrán responder a otros, ya que no sabrán cuál es la manera correcta de actuar.

Los niños con **apego ansioso,** al estar siempre alerta ante las situaciones sociales, buscan aceptación en los demás o, por el contrario, **evitar emociones estresantes.**

Los niños con **apego evitativo,** al carecer de habilidades sociales e intentar evitar el sufrimiento, se distancian y **se mantienen al margen de las emociones de otros** (Gross et al., 2017).

Ejemplo. *Juan está en el patio del colegio y ve cómo su amigo se cae y se hace daño. Si ha crecido con un apego seguro podrá entender que se ha hecho daño y puede decirle que pronto estará bien e ir a buscar ayuda. Si ha crecido con apego ansioso puede ponerse muy nervioso y decirle a su amigo que ve la herida muy grande y que hay mucha sangre, aunque la situación no sea para tanto. Si tuviese apego evitativo puede minimizar lo que está ocurriendo y decirle que no es para tanto y seguir jugando. En el caso de que hubiese crecido con un apego desorganizado podría encontrarse dubitativo sobre qué hacer, no sabría si su amigo necesita ayuda o si no ha sido nada.*

APEGO Y PERSONALIDAD

El **autoconcepto** son las ideas y creencias que uno tiene sobre sí mismo. Los niños elaboran este concepto de sí mismos en las primeras etapas por medio de las experiencias que tienen en el hogar. Estas vivencias que se dan a través del vínculo con las figuras cuidadoras ayudarán a formar el concepto que cada uno tiene de sí mismo. Cuando el niño empiece a socializar, empezará a imitar conductas, a estar integrado en sociedad, a tener valores, a adoptar normas, lo que influirá en formar su propio concepto. Los niños con un apego seguro tienen una visión más positiva de sí mismos.

APEGO Y HABILIDADES SOCIALES

Las **habilidades sociales** son las conductas que permiten que el niño se desenvuelva eficazmente en las situaciones sociales. Los niños se adaptan a los diferentes entornos como son la familia, la escuela, la familia, los amigos, etc. Estas habilidades se pueden ver reconocidas a través de la empatía que muestran hacia los demás, en la capacidad de escuchar, comunicarse y establecer lazos con otras personas. Las habilidades sociales se adquieren a través del aprendizaje e incluyen conductas que pueden ser verbales y no verbales. Los niños con un historial de apego seguro muestran menores niveles de ansiedad, lo que los lleva a poder relacionarse mejor con otros. En los casos en los que los niños no interactúan con sus cuidadores, en el futuro mostrarán mayores dificultades para relacionarse con otros, ya que no habrán aprendido las conductas necesarias para la interacción (Stefan, 2020).

EL EQUILIBRIO EMOCIONAL

El equilibrio emocional hace referencia a la estabilidad emocional, es decir, la capacidad de regular y poder controlar las emociones. Cuando los niños se muestran agresivos, hostiles, irritados o frágiles están mostrando un bajo equilibrio emocional.

HABILIDADES PARA LOGRAR EL EQUILIBRIO EMOCIONAL

Para **controlar y regular las emociones** es necesario contar con ciertas **habilidades:**

- **Poder identificar las emociones.** Para que el niño sepa lo que le está pasando es necesario que conozca sus emociones. Desde que son pequeños es importante enseñarles a reconocer qué les está ocurriendo. Para que sean capaces de poner nombre a las emociones se les debe enseñar el vocabulario emocional adecuado, ayudarles a que sean conscientes de cómo se sienten, hacerles vivir las emociones de forma equilibrada, enseñarles a cuestionarse lo que les pasa, mostrarle rutinas, juegos y cuentos que faciliten su aprendizaje.

- **Saber gestionar.** Esto quiere decir enseñar al niño a que cuando le ocurra algo no se deje arrastrar por la emoción, sino que sepa comprenderla y actuar en consecuencia con lo que pasa. Muchas veces el enfado puede ser una de las emociones más difíciles de controlar. En ese caso, es necesario identificar los pensamientos que lleva asociados y ver cómo se puede calmar. Es posible hacerlo mediante el juego, dándoles tiempo y estrategias para reconocer qué les pasa y enseñándoles a relajarse.

- **Motivarse a uno mismo.** Los niños muchas veces quieren todo ya, no saben cómo controlar sus impulsos. Motivación es tener ilusión por las cosas, perseverancia a la hora de conseguir algo, lo que quiere decir esforzarse por ello y saber esperar. Al mismo tiempo, es necesario generar confianza y hacerles ver que las cosas se pueden conseguir, aunque tarden un tiempo. Para lograr todo esto se les puede enseñar a organizarse, a fijarse metas e ir alcanzándolas poco a poco y que sean conscientes de lo que van consiguiendo. De igual modo, es importante que aprendan a ser pacientes, a entender que habrá tareas que les gusten y otras que no; deberán aprender que las tareas que menos les gustan son las más difíciles de realizar, ya que pueden provocar desgana o en algunos casos también pueden llevar a frustración cuando cuesta llevarlas a cabo. La motivación en un niño es prepararle para que pueda realizar determinadas acciones con interés.

Se puede empezar a motivar al niño desde muy pequeño realizando las tareas habituales y relacionándose con los demás. La actitud que muestren los padres es fundamental. Una actitud positiva estando alegres, cantando o jugando con ellos puede conseguir que hagan más fácilmente las tareas habituales. Igualmente, reconocer su esfuerzo y felicitarles por lo que consiguen hará que se involucren más en todo aquello que se quiere que realicen. Según van cumpliendo sus tareas, el hecho de ir destacando aquello que van consiguiendo les hará entender cuáles son sus cualidades y virtudes.

- **Reconocer las emociones de los demás.** Para poder reconocer las emociones de los demás hay que desarrollar la empatía, ponerse en el lugar del otro y ser capaces de reconocer qué le está ocurriendo y cómo se siente. Es saber lo que otra persona siente sin necesidad de estar sintiéndolo uno mismo. Los padres pueden educar a sus hijos con empatía, haciéndoles ver que algo que han hecho puede tener consecuencias en los demás. Los padres actúan de modelos para sus propios hijos, ya que los niños tienden a imitar las conductas que ven en los adultos, sobre todo cuando están vinculados a ellos. Así, podemos ver cómo los niños intentan imitar posturas o gestos de sus padres, se ponen sus ropas, dicen frases parecidas, etc. Al igual que esto se puede percibir muy fácilmente cuando les observamos, ocurre lo mismo con sus reflexiones, emociones. Para poder enseñar a un niño a ser empático, hace falta dedicarle tiempo, jugar con él, explicarle las cosas, y la mejor manera es siempre sintonizando con él, empleando un tono de voz adecuado y un lenguaje que pueda comprender.

- **Gestionar las relaciones personales.** Para gestionar las relaciones personales es necesario contar con habilidades sociales. Estas se van adquiriendo durante el desarrollo a través de la experiencia. El aprendizaje que se adquiere observando a los demás juega un papel importante. El niño lo pone en práctica interactuando con otras personas y podrá ver cómo este es reforzado cuando tiene éxito en las relaciones. Así, cuando el niño comienza a conocer a otros niños e intenta interactuar con ellos y logra hacer amigos, verá su comportamiento reforzado. Utilizar determinadas habilidades como son el sonreír, entablar una conversación, ser escuchado por los demás y ver cómo responden los compañeros al juego son conductas que pueden ser reforzadas si el niño es aceptado y logra ser incluido en el grupo o, por el contrario, si cuando trata de acercarse a otros estos le rechazan, sentirá que ha fracasado. Las conductas que sean reforzadas positivamente harán que el niño las ponga en práctica en el futuro; si se siente rechazado, hará que no desarrolle habilidades sociales.

Los niños, como todavía están desarrollándose, a veces no son capaces de alcanzar el equilibrio por sí solos. Los adultos tienen que ayudar a que encuentren ese equilibrio apoyándoles y acompañándoles para que puedan alcanzar la calma y el control. Un adulto no debería contagiarse del estado emocional del niño, sino ayudarle a entender qué es lo que está ocurriendo, acompañándole hasta que sea capaz de calmarse. Imaginemos que un niño está enfadado porque no ha conseguido el caramelo que quería en el supermercado. Si en ese momento el adulto también se contagia y se enfada, lo único que va a conseguir es que el niño esté más frustrado.

Es importante enseñar a los niños a cuidar su salud emocional, y podemos hacerlo fomentando la inteligencia emocional. La salud emocional es un estado de bienestar que permite disfrutar de la vida. El niño es capaz de adaptarse a las circunstancias en las que se encuentra, sabiendo identificar sus necesidades y siendo capaz de tomar decisiones. Es fácil confundir el concepto de salud emocional con la inteligencia emocional. Podemos decir que la inteligencia emocional es una habilidad para desenvolverse siendo capaz de manejar sentimientos y emociones; es la habilidad de motivación, de saber enfrentarse a la frustración para controlar los impulsos, regular el estado de humor y desarrollar empatía (Goleman, 1995). Podemos decir que la inteligencia emocional ayuda a alcanzar la salud emocional.

ESTILOS EDUCATIVOS

Los padres van a ser el modelo de referencia más importante para el niño y para que este tenga un desarrollo emocional equilibrado. El estilo educativo que tienen los padres influye en el desarrollo de habilidades en el niño, como son reír y hablar, de manera que incidirá tanto en la identidad que tendrá posteriormente el niño como en su autoconcepto y autoestima.

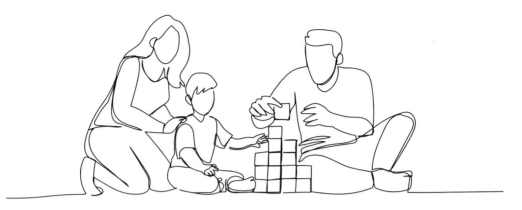

Podemos encontrar, según el trabajo de diversos autores, que los estilos parentales se pueden clasificar en cuatro tipos (McCoby, 1983; Torío López et al., 2008):

ESTILO DEMOCRÁTICO	
PADRES	HIJOS
• Actitud exigente, sensible y afectiva. • Comunicación en la que se respetan las opiniones. • Confianza y comprensión.	• Autónomos. • Seguros de sí mismos . • Alta autoestima. • Independientes. • Capaces de desenvolverse en diferentes entornos.
ESTILO AUTORITARIO	
PADRES	HIJOS
• Controladores. • Normas rígidas. • Castigos severos. • Falta de responsabilidad paterna. • Ausencia de diálogo con los hijos. • Afirmación de poder. • Hogar con clima autocrático.	• Baja autonomía y autoconfianza. • Baja autonomía personal y creatividad. • Escasa competencia social. • Agresividad e impulsividad. • Evitación de castigos. • Baja alegría y espontaneidad.

ESTILO PERMISIVO	
PADRES	HIJOS
• Límites poco claros. • Normas poco interiorizadas. • Dan independencia a los hijos. • Bajo nivel de control. • Escaso uso de castigos. • Acceden a los deseos de los hijos.	• Baja competencia social. • Pobre autocontrol y heterocontrol. • Escasa motivación. • Escaso respeto a normas y personas. • Baja autoestima, inseguridad. • Inestabilidad emocional. • Debilidad en la propia identidad. • Autoconcepto negativo. • Graves carencias en autoconfianza y autorresponsabilidad. • Bajos logros escolares. • Agresividad e impulsividad. • Extrovertidos y creativos.
ESTILO NEGLIGENTE	
PADRES	HIJOS
• Baja interacción. • Baja comunicación. • Bajo afecto. • Pocos límites. • Falta de supervisión y control.	• Escasa competencia social. • Bajo control de impulsos y agresividad. • Escasa motivación y capacidad de esfuerzo. • Inmadurez. • Alegres y vitales.

RELACIONES CON HERMANOS Y AMIGOS

Los hermanos juegan un papel importante en el desarrollo social y cognitivo del niño. El tipo de **relación que se establece entre un niño y sus hermanos** depende del tipo de relación que tienen los padres con los hijos. Se ha visto que la conducta que tienen los padres con cada hijo también repercute en las relaciones que se establecen en una familia.

- Hay un estudio que habla de la **compensación de hermanos.** Se desarrolla cuando el grupo de hermanos ve que existe una carencia de cuidado por parte de los padres. En estos casos los hermanos se ayudarán entre ellos para suplir esta falta. Los hermanos mayores pueden llevar a cabo funciones de responsabilidad y protección hacia los hermanos menores cuando los padres no tienen tiempo suficiente para dedicarle a sus hijos. Los hermanos se ayudan más entre sí en ambientes donde los padres se despreocupan (Bryant y Crockenberg, 1980).

- Hay otro tipo de relación que está **basada en la hostilidad** y se desarrolla cuando los hermanos perciben que son tratados de manera diferente por los padres. En estos casos se pueden desarrollar celos, rivalidad o agresión (Hetherington, 1988).

Los hermanos muchas veces se cuentan experiencias emocionales y crean relaciones de confianza entre ellos. Pueden ser confidentes, aunque también carecen de la riqueza emocional que poseen los padres gracias a su mayor experiencia. Los niños que eligen contar las cosas a sus hermanos mayores, en vez de a sus padres, es posible que no obtengan las respuestas adecuadas a sus necesidades. Estas relaciones van a marcar sus experiencias de vida, pero no van a aportarles el tipo de seguridad que ofrece el vínculo con los padres debido, sobre todo, a las relaciones que se establecen con hermanos de edad semejante que no tienen todavía grandes experiencias vitales.

Las **relaciones de amistad** implican comprensión por las dos partes, cuidado físico y psíquico. Este tipo de relaciones son muy valoradas por los seres humanos ya que aportan reciprocidad, sinceridad, lealtad y pueden perdurar durante años.

En los niños también implica compartir afecto y se van a desarrollar de manera diferente según su edad (Damon, 1977):

- **De los cero a los dos años** son interacciones basadas en la buena relación, en el juego y en el afecto positivo.

- **De los dos a los seis años** hay una visión egocéntrica. No distinguen su perspectiva de la del otro. Son incapaces de interpretar que una experiencia se puede vivir de manera diferente. Son amistades inestables.

- **De los seis a los 12 años** son relaciones basadas en la cooperación. El niño ya no está centrado solo en sus pensamientos y sentimientos; puede interpretar las emociones del otro. Suelen elegir personas que les muestran cariño y son relaciones más duraderas que en la etapa anterior, pudiendo mantenerse durante mucho tiempo con un vínculo afectivo más intenso.

HERIDAS EMOCIONALES

Muchos problemas psicológicos vienen determinados por las heridas emocionales que se han sufrido en la infancia (Bourbeau, 2011). Las vivencias que tengamos en los primeros años de vida marcarán nuestra personalidad y la actitud que se tiene ante los acontecimientos que se van vivenciando. Las diversas experiencias nos enseñan a reaccionar de una determinada manera que se irá repitiendo en circunstancias similares.

Las heridas emocionales surgen de la relación que se tiene con los padres u otros cuidadores. Es decir, del apego. Si el apego que se tiene en la infancia es seguro, probablemente el niño crecerá con una buena salud emocional y podrá tener relaciones sanas con otras personas. Si los padres actúan sobreprotegiendo, de manera evitativa o desorganizada, es muy probable que el niño desarrolle un desequilibrio emocional y no pueda entablar relaciones equilibradas con otras personas.

El periodo de la infancia se puede ver influido por heridas emocionales como el rechazo, el abandono, la humillación, la traición y la injusticia.

EL RECHAZO

Si un niño siente que no es querido por sus progenitores pensará que no es digno de que le quieran y desarrollará una autoestima muy baja, se infravalorará, será víctima del miedo al fracaso y buscará continuamente la aprobación de los demás. Estos niños tienden a aislarse y a ser huidizos. A menudo jugarán inventándose historias donde se encuentren mejor; así no se estarán enfrentando a la realidad. También suelen tener pocos amigos en el colegio y están más cómodos solos. De adultos, cuando inicien una relación y sientan que son queridos, tenderán a huir por el miedo a ser rechazados. Las relaciones les ahogan, ya que no creen que alguien les pueda querer, y sabotean la relación. Se infravaloran e inician una crítica constante de sí mismos. Buscan ser perfectos para alcanzar el reconocimiento de los demás, en especial de su familia. Son personas con una baja autoestima. De igual modo, tienen miedo a cometer errores. Si sienten que se equivocan tenderán a pensar que les están criticando y juzgando. Persiguen siempre la perfección. Cualquier tarea puede hacer que le dediquen demasiado tiempo y acaban bloqueándose. El pánico por fallar o equivocarse hará que se queden paralizados en ocasiones. Son personas que pueden acumular rencor, aunque no lo reconozcan.

EL ABANDONO

La sensación de abandono puede surgir de diferentes maneras. Cuando un niño es pequeño es posible que la llegada de un nuevo hermano haga que se sienta destronado. Verá al nuevo bebé como alguien que necesita muchos cuidados y le está robando el cariño de sus padres. Otras veces, estos dedican demasiado tiempo al trabajo y no se ocupan de sus hijos lo suficiente. También puede surgir cuando uno de los progenitores está enfermo y el otro le dedica demasiado tiempo olvidándose del cuidado de los hijos. Y, de igual modo, es posible que aparezca cuando el niño tiene que ingresar en el hospital, separarse de los padres y pasar mucho tiempo bajo el cuidado de los médicos. Si un niño vive cualquiera de estas situaciones se sentirá abandonado emocionalmente, con la sensación de que no tiene alguien en quien apoyarse a quien pueda comunicarle sus sentimientos y emociones y se encontrará perdido.

Estos niños suelen ser muy inseguros, les cuesta tomar decisiones, no confían en sí mismos y pueden desarrollar dependencia emocional en el futuro hacia otros adultos. El hecho de haberse sentido abandonados en la infancia hará que busquen alguien de quien sentirse dependientes emocionalmente y puede que acaben con una persona manipuladora.

El dependiente emocional muchas veces adoptará el papel de víctima con otras personas intentando llamar su atención y lograr su apoyo. En el futuro se sentirán aferrados a su pareja e incapaces de romper la relación. Las personas dependientes muchas veces están resentidas por no recibir ayuda de otros en momentos de dificultad personal. Se agarran mucho a la persona amada y tienen miedo de que esta les pueda abandonar.

LA HUMILLACIÓN

El niño que siente humillación puede quedar marcado de por vida. Esta herida emocional ocurre cuando se da cuenta de que uno de sus padres se avergüenza de él por algo determinado. Puede ser porque haya hecho una travesura y haya roto algo en casa y su cuidador le avergüence delante de otras personas diciéndole que es una mala persona. También puede ocurrir cuando hace algo que causa disgusto a sus padres y estos, además de reñirle, se lo cuentan a todas las personas con las que se encuentran. Frases como «no te da vergüenza», «eres un cochino», «mira cómo te has vestido de mal», «se te ve sucio» o «es que no sirves para nada» pueden hacer que el niño las interiorice durante el resto de su vida.

Para evitar que esto ocurra, los cuidadores o profesores no deberían calificarlos como malos, como torpes o como cochinos. Siempre es mejor decirle a un niño que ha hecho algo malo que decirle que él es malo o tacharle de inútil. De igual manera, es preferible regañar a un niño en solitario que avergonzarle en público. Estas actitudes solo pueden servir para mermar su autoestima y finalmente terminará apoderándose de estas frases y pensando que realmente es malo y que nada se le da bien.

Las personas que se sienten juzgadas, en el futuro pueden desarrollar una actitud que las lleve a ponerse en evidencia delante de los demás; esta será su manera de castigarse de manera inconsciente antes de que otra persona les haga daño. Cuando narran anécdotas de cosas que hicieron mal, el que otras personas se puedan reír con lo que cuentan es otra manera de volverse a humillar en público, viendo esta conducta como algo normal. Esto es lo que denominamos la conducta masoquista. Estas personas normalmente se preocupan mucho de agradar a los demás y cuidarles. Estas obligaciones autoimpuestas de adultos solo son una manera de perpetuar la humillación. Normalmente asumen responsabilidades y obligaciones que no son suyas y se sienten culpables si no las han cumplido. Se sienten responsables de los demás y consideran más importante agradar a otras personas que cuidar de sus propias necesidades. Por otra parte, también pueden desarrollar como adultos actitudes controladoras. Es decir, es posible que traten de controlar qué hacen o dicen sus allegados, cómo visten o dónde van.

Las personas que se han sentido humilladas en la infancia, en el futuro tenderán a aumentar esta tendencia de control. Normalmente les será muy difícil expresar lo que quieren y necesitan, ya que sentirán vergüenza de poderlo expresar y eso vendrá dado por el qué pensarán los demás de ellos.

LA TRAICIÓN

Esta herida puede surgir cuando un niño tiene unas expectativas muy altas en sus padres y pierde la confianza en ellos o se siente engañado. También es posible que aparezca cuando uno de los padres engaña al otro y el niño siente esto como si le estuviese ocurriendo a sí mismo. Así es como va emergiendo la desconfianza y se siente decepcionado y aprende a no confiar en los demás. Cuando el niño crezca tenderá a protegerse del engaño, y para poder llevar a cabo esta protección se puede escudar en el control. Empezará así a intentar controlar a los demás para no sentirse defraudado y asegurarse de que estos pueden cumplir sus compromisos.

Las personas controladoras tienen unos rasgos de carácter muy fuertes; tienden a esperar que los demás acepten lo que piensan intentando convencerles a toda costa de sus ideas. Serán las que siempre tengan la última palabra. Son personas que se caracterizan por tener muy poca paciencia y que se ponen muy nerviosas cuando alguien no sabe expresarse claramente. Si se crean unas expectativas sobre algo o alguien se pondrán nerviosas si las cosas no van como ellas esperan, e irán transformando la calma en agresividad. Cuando comen lo hacen muy deprisa porque sienten que no tienen tiempo que perder.

También son personas que le dan a todo muchas vueltas y, cuanta más traición hayan sufrido de niños, más querrán controlar todo. Tratan siempre de adelantarse a cualquier acontecimiento por llegar, por lo que no viven en el presente plenamente, sino que anclan su pensamiento a momentos que les preocupan y dan rodeos una y otra vez a los mismos pensamientos o sentimientos.

No soportan que los demás no confíen en ellos, ya que esto significa que algo puede suceder como no esperan, y al mismo tiempo les cuesta fiarse de otras personas. Les gusta que los demás los vean como personas responsables y que tengan una buena opinión de ellos. Defienden así su reputación por encima de todo, haciendo ver que son personas responsables que se desviven por su trabajo. Esta fama tratan de mantenerla incluso con la mentira si hace falta. Tienen tendencia a organizar la vida de los demás, especialmente la de su pareja e hijos, y no son capaces de distinguir entre el control que tratan de ejercer y lo que significa ayudar. A ellos no les importa qué necesitan los demás, sino lo que ellos creen que necesitan. Una de sus expresiones frecuentes es «que sabe lo que conviene a los demás».

Intentan parecer fuertes. No mostrarán sus problemas ni pedirán ayuda. Si hacen algo mal, como romper un compromiso, harán todo lo posible porque el otro parezca el traidor, ya que no podrán aceptar ante nadie que ellos han sido los que tomaron la decisión.

LA INJUSTICIA

Esta herida surge cuando los progenitores tratan con desigualdad a los hijos exigiendo mucho a estos o mostrándose muy autoritarios con ellos y haciendo que piensen que se merecen algo mejor. También aparece cuando se dan muchas cosas materiales al hijo y este cree que no se lo merece. La creencia de merecer o no merecer algo irá germinando en la persona. La relación que se genera con los cuidadores en la adolescencia puede ser correcta, pero superficial y distante, y nunca expresarán a estos lo que sienten.

Cuando los niños viven una situación injusta, la reacción es alejarse de los sentimientos que esto les provoca para poder protegerse. En el futuro esto hará que no muestren cómo se encuentran o que manifiesten una personalidad rígida. Estas personas que dan una imagen fría pueden tener un carácter sensible, pero nunca lo mostrarán al exterior. Tienden al perfeccionismo, ya que sus objetivos son la exactitud y la justicia. Esta creencia de ser perfecto en lo que hacen y dicen los lleva a pensar que son justos. No entienden que las normas aplicadas estrictamente pueden suponer una injusticia con alguien. Suelen usar frases con términos como «siempre» y «nunca» y hablan de lo que está bien y lo que está mal.

Cuando un padre ha sido muy estricto y exigente con un hijo lo que consigue es que este piense que solo se le valora por lo que ha conseguido o ha hecho. El valor más preciado de las personas que han sufrido la injusticia es la justicia y ser merecedoras de lo que reciben, así que valorarán mucho su esfuerzo, no dando valor a las cosas que ocurren por casualidad: todo se debe a lo mucho que se esfuerzan. No son capaces de entender que alguien tenga algo sin esforzarse y aparecerá la envidia hacia los que más han recibido en la vida sin merecérselo.

Son personas que se exigen demasiado a sí mismas y quieren que todo lo que hacen sea perfecto. Esta exigencia les hará tener falta de tiempo en algunas ocasiones. Se quitan tiempo para descansar y pueden sentirse muy mal si no hacen nada cuando tienen a otro trabajando a su lado. Con esta exigencia no respetan a veces sus propios límites psicológicos y físicos y son incapaces de reconocerlos. Se pueden crear demasiadas obligaciones sin cuestionárselas. No van a pedir ayuda porque no la necesitan. Otro rasgo de estas personas es el orden, que puede terminar en una obsesión. A pesar de todo, tienen miedo a equivocarse, por eso se exigen tanto.

LA REGULACIÓN EMOCIONAL

Irene se ha caído al suelo. Se levanta. Por su cara parece asustada y, de repente, comienza a llorar y a tocarse la rodilla. Busca la mirada de su padre. Este no se ha dado cuenta y está hablando por el móvil. La niña rápidamente acude a él y se engancha a su pierna. Su padre le pregunta qué ha pasado, la coge en brazos y la abraza, mientras le pregunta qué ha pasado y le acaricia la espalda. Irene para de llorar y le dice que quiere seguir jugando.

La regulación emocional es la habilidad que posee una persona para poder controlar sus emociones en momentos en los que estas se desbordan debido a acontecimientos que le afectan. Es tomar conciencia de la relación que aparece entre la emoción, el pensamiento y la conducta. Las emociones que se controlan pueden ser positivas, como la alegría y el placer, o negativas, como la ira o el enojo. Controlar una emoción no consiste en bloquearla, se trata de que la persona pueda vivirla sin amplificarla.

Las emociones tienen una función adaptativa para permitir vivir en el entorno adecuadamente. El entorno es cambiante y, por eso, se hace necesario atenuar y ajustar las respuestas. Las personas pueden modificar, disminuir la intensidad de sus experiencias emocionales y así prevenir que estas sean exageradas.

En las primeras etapas de la vida, el niño aprende a regularse con la ayuda de otros. Generalmente, sus cuidadores serán los que le vayan dando pautas sobre cómo calmarse y relajarse. En ese periodo, si un bebé o un niño muy pequeño llora, desconoce qué tiene que hacer; son los adultos los que le darán el biberón o comida, o los que le proporcionarán un abrazo para calmarlo. De aquí surge la importancia de tener un apego seguro. Cuando un progenitor reconoce las emociones y sabe escuchar y atender, esto proporcionará esa seguridad emocional. Por el contrario, en un ambiente donde los padres se ponen ansiosos porque no saben qué le ocurre al niño y no saben qué hacer, transmitirán el nerviosismo que tienen, haciendo que el pequeño se sienta también irritado.

La regulación emocional es **importante** porque:

- **Se atenúa el malestar.** Cuando el niño atraviesa una situación que no es agradable, esta puede provocar en él sentimientos y emociones no satisfactorias como la tristeza, el miedo o el asco. Cuando un niño aprende a regularse, es capaz de calmar este malestar.

- **Se puede tolerar la frustración.** El momento en el que el niño fracasa en algo puede provocar una sensación de frustración por no haber conseguido aquello que deseaba. Mediante la regulación, el niño se calma y aprende que puede haber situaciones tanto de éxito como de fracaso.

- **Se puede manejar el enfado.** Ante situaciones adversas que provocan alguna contrariedad, la capacidad de regular las emociones facilita que el enfado no se intensifique ni se prolongue en el tiempo.

Hay distintos **factores** que pueden influir en la regulación emocional (Kopp y Neufeld, 2003):

- **Factores internos biológicos,** como la madurez cerebral, el control, las capacidades motrices y el temperamento.

- **Factores externos,** como la influencia y la disponibilidad afectiva.

ETAPAS DE LA REGULACIÓN EMOCIONAL

Durante el desarrollo del niño, se pueden distinguir diferentes etapas en la regulación emocional:

- **De cero a dos años. Etapa neonatal** (Kopp, 1992). El niño aprende a expresar sus emociones ante necesidades básicas con el llanto, y pide así una respuesta adecuada de sus cuidadores, que son su fuente de regulación externa. Al llorar, estos le calman si tiene hambre, o le cambian el pañal si es necesario. En esta etapa el niño depende de que sus cuidadores emitan unas respuestas correctas. El llanto es un desahogo emocional y sirve para obtener una respuesta. Los niños también tienen conductas que le ayudan a regularse, como dirigir su foco atencional hacia alguno de los padres, acercarse, hacer algún movimiento físico, modificar su respiración, etc.

- **De dos a seis años. Etapa preescolar** (Feldman, 2007; Heymann et al., 2017). En esta etapa cobra especial relevancia el desarrollo del lenguaje en la regulación emocional. Se adquiere la interacción social y el desahogo. Se empieza a utilizar el lenguaje para controlar la conducta y los pensamientos, aunque el niño todavía no sabe cómo adaptarse a todas las situaciones. Tienden a aparecer agresiones y estallidos emocionales ante la frustración. Otras personas aparecen como referentes, por lo que en esta época es importante el modelado por parte de los cuidadores. El niño es capaz de compararse con los demás y surgen emociones como la vergüenza, la culpa, la inferioridad y el orgullo. Comienzan a aparecer también los valores que marcan las etapas posteriores. Se desarrolla la empatía hacia los demás y se puede razonar acerca de las creencias, interpretando también las de los demás.

- **De seis a 12 años. Etapa escolar** (Gallardo Vázquez, 2006). El menor evoluciona cognitivamente siendo capaz de darse cuenta de las conductas. Puede interiorizar qué le ocurre y comprende emocionalmente, pudiendo reflexionar y, de esta manera, regularse. El niño se hace notar y valer, controla las situaciones que le frustran. En esta etapa puede ver dos emociones en una situación: sentirse enfadado porque le han regañado y aliviado porque, aunque le ha desaparecido un libro, sabe que lo va a buscar y, si no lo encuentra, será repuesto. En esta época pone a prueba todas las habilidades que posee a pesar de los altibajos emocionales que puede sentir y sabrá cómo regularse.

PASOS PARA PODER REGULAR LAS EMOCIONES

Como en todo proceso, el poder regular las emociones conlleva unos pasos (Villegas, 2020):

- **Identificar las emociones.** Para poder regular las emociones, el primer paso sería identificarlas correctamente. Por eso es importante, desde que el niño es pequeño, dotarle de una buena educación emocional. Así podrá siempre ponerle nombre a lo que le está ocurriendo.

- **Expresarlas.** Uno de los pasos fundamentales es poder dar salida a las emociones. Cuando un niño está enfadado por algo, puede inhibir esa emoción que le podrá llevar a estar enfadado con todos o puede expresarlo, mostrando cara de enfado o diciendo qué es lo que le molesta.

- **Dejarlas fluir.** La emoción debe seguir su curso para poder dar salida a una respuesta adecuada. Es imprescindible poder reaccionar con lo que se está sintiendo. Si un niño está contento porque es su cumpleaños, tendrá ganas de reírse o saltar. Esta emoción puede mantenerse todo el tiempo que dure el cumpleaños. Si en algún momento se cae uno de los juguetes que ha recibido y se rompe, podrá estar triste y llorar. Si posteriormente la tarta no le gusta, pondrá cara de asco. A esto nos referimos cuando se dice que hay que dejar a las emociones fluir según la secuencia de acciones. Que sea el día del cumpleaños no significa que tenga que estar todo el tiempo contento; podrán ocurrir situaciones que le hagan pasar por diferentes emociones y tendrá que expresarlas.

- **Comprender las emociones.** Para poder regular las emociones se necesita comprender qué está ocurriendo. Si un niño se cae, y de repente se pone a llorar, necesita saber que se ha hecho daño y que esto le ha enojado y está llorando por toda esa secuencia.

- **Aprender a gestionar.** Como ya sabemos, el poder regular las emociones va acompañado de un aprendizaje. Aquí entra la ayuda de los padres, que son los que van a ver qué está ocurriendo y decidir qué es lo mejor para regularse.

ESTRATEGIAS DE REGULACIÓN EMOCIONAL

Las estrategias de regulación emocional sirven para poder regular las emociones asociadas al malestar emocional y hacer que se alcance un nivel de calma físico y mental (Adrian et al., 2011). Son las siguientes:

- **Inhibición emocional.** La utilizan las personas que no muestran sus emociones. Un ejemplo puede verse cuando un niño siente rabia y los demás no notan lo que le está sucediendo. Esto suele suceder si no se ha aprendido a controlar las emociones de manera correcta, generalmente en familias con apego desorganizado. Por ejemplo, en entornos familiares en los que cuando el niño quería algo y se enfadaba los cuidadores respondían pegándole, el niño puede aprender a no expresar sus emociones por miedo a que le peguen más veces.

- **Afrontamiento emocional.** Son los esfuerzos que realiza una persona para poder tolerar emociones y responder de manera constructiva. Es el caso de un niño que cuando tiene un examen sufre estrés y, para regularse, acude a sus padres para compartir qué le está ocurriendo o realiza alguna actividad como dibujar para calmarse. O cuando un niño está triste porque ha perdido a su mascota y decide hacer un álbum de fotos con sus recuerdos para poder asimilarlo y calmarse.

- **Disregulación emocional.** Se da cuando un niño tiene un control pobre sobre su expresión afectiva en diversas situaciones. Esto puede deberse a una dificultad en poder modular las emociones en un contexto determinado o a no conocer las reglas sociales. Se pueden dar situaciones de una alta expresión emocional como cuando un niño se pone a gritar sin parar cuando no ha conseguido que le compren los caramelos que quería. Esto se puede originar al no procesar bien los acontecimientos o la información que se les da. Si un progenitor, en esa situación, le explica por qué no ha comprado los caramelos, el niño será incapaz de procesar lo que le está diciendo.

EJERCICIOS PARA LA REGULACIÓN EMOCIONAL

TÉCNICA DE LA TORTUGA

- **Objetivo.** Aprender a relajarse.

- **Método.** El niño aprende a relajarse fijándose en cómo se mueve una tortuga. Se le enseña primero a identificarse en qué situaciones necesita relajarse, por ejemplo, cuando está enfadado o cuando tiene ganas de insultar o pegarse con alguien. Se puede contar el cuento de la tortuga:

Había una joven tortuga que todas las mañanas iba al colegio. No le gustaba mucho ir, ya que prefería estar siempre en su casa sin que nadie le molestase. Cuando llegaba allí y alguien la empujaba mientras estaban jugando, se enfadaba mucho y tenía ganas de gritar y pegar a quien le había dado un empujón. La joven tortuga lo pasaba muy mal, siempre estaba enfadada y con ganas de gritar. Un día, una profesora le dijo que tenía la solución encima de ella, en su propio caparazón. La joven tortuga no entendía, pero le explicó que cuando estuviese enfadada y con ganas de gritar, podía meterse en su caparazón para descansar, pensar qué le estaba ocurriendo y salir cuando no se sintiese tan enfadada. Al día siguiente, mientras estaban en el recreo, una de las tortugas que pasó a su lado tropezó y la empujó sin querer, y ella volvió a querer pegarle y gritarle. La tortuga recordó lo que le había dicho la profesora el día anterior. Se metió en el caparazón, se sujetó los brazos, las patas y la cabeza y se mantuvo así hasta que consiguió calmarse. Cuando salió, vio a la profesora con una gran sonrisa. Desde aquel día sintió que estaba haciendo las cosas bien y que los demás, si se tropezaban, no lo estaban haciendo a propósito. Logró entender que de esta manera, dentro de su caparazón, podría reflexionar y entender lo que pasaba para luego salir.

Una vez que hemos contado al niño el cuento de la tortuga, se pone en práctica esta técnica con él en aquellos momentos en los que veamos que sus emociones se están desbordando, o por ejemplo cuando se enfada. Se le enseña que poniendo los brazos y piernas pegados, inclinando la cabeza y apoyando la barbilla en el pecho puede tomarse un momento de calma y reflexión. Para regresar o «salir del caparazón» mucho más centrado.

TÉCNICA DEL SEMÁFORO

- **Objetivo.** El niño aprende a identificar y manejar emociones.

- **Método.** Cuando el niño siente una emoción intensa que le sobrepasa, como puede ser la ira, la rabia o el miedo puede pararla de igual manera que hace cuando se encuentra con un semáforo en rojo. En ese momento debe identificar cuál es la emoción y qué está sintiendo. Una vez que ha pensado, reflexiona acerca de qué otros comportamientos pueden ayudarle a solucionar lo que está ocurriendo. Este momento se identifica con el color ámbar del semáforo y con el acto de pensar. Finalmente, igual que cuando el semáforo se pone en verde nos movemos, el niño puede actuar y llevar a cabo lo que piense que es la mejor solución. La sencillez del funcionamiento de un semáforo hace que sea una técnica muy fácil de aplicar en un niño.

TÉCNICA DE TIEMPO FUERA

- **Objetivo.** Esta técnica sirve para que el niño pueda reflexionar sobre su comportamiento cuando este no ha sido el adecuado. En este tiempo, el niño deberá ser capaz de calmarse y de lograr un estado de tranquilidad.

- **Método.** Primero se debe elegir el lugar. Debe ser un sitio no muy transitado, sin que existan distracciones, y sin que tenga nada con lo que pueda perder el tiempo. Se recomienda poner una silla o buscar un espacio que pueda identificar como un lugar de reflexión. Por ejemplo, también valdría un rincón con cojines o un *puff*. Se le explica la dinámica y se le dice que irá a este sitio cuando necesite calmarse porque está teniendo conductas inadecuadas. Posteriormente, se aplica el «tiempo fuera», y se le hace saber cuáles son las actitudes inadecuadas. Cuando un adulto le diga «tiempo fuera», el niño deberá dirigirse a este lugar pactado y pensar qué le ha llevado a estar así. Esta técnica se puede emplear inmediatamente después de la conducta, porque si no, no tendrá efecto.

LA CAJA DE LA CALMA

- **Objetivo.** Calmar las emociones cuando el niño se desborda.

- **Método.** Ponemos una caja donde el niño va a ir colocando objetos o tarjetas. Los objetos pueden ser un muñeco o peluche con el que se sienta calmado cuando está con él, pelotas antiestrés, dibujos para colorear o papeles de burbujas, por ejemplo. Sirve cualquier cosa que le ayude a estar tranquilo. En las tarjetas se dejan escritas estrategias como pedir ayuda, técnicas de respiración, ejercicios de relajación, contar hasta 10, decir cómo se siente, tomarse unos minutos para estar solo, etc. Estas estrategias que aparecen en las tarjetas se seleccionan anteriormente con el niño. De este modo, con él tratamos de averiguar las que le hacen sentirse mejor y, posteriormente, podemos plasmarlas en las tarjetas. Más tarde enseñamos al niño que, cuando sienta que se desborde por cualquier emoción que le haga sentirse mal, puede acudir a esta caja y coger una tarjeta u objeto y aplicando todo lo que le hemos enseñado, aprender con ellos a calmarse.

RINCÓN DE LA CALMA
* **Objetivo.** Calmar las emociones.

* **Método.** El rincón de la calma funciona de un modo muy parecido a la caja de la calma que hemos visto en el ejercicio anterior. Consiste en crear dentro del hogar un espacio donde el niño puede acudir cuando se sienta desbordado por sus emociones. Este rincón consta de un sitio como puede ser una alfombra, una colchoneta o unos cojines, algo que le resulte plácido y acogedor, tranquilo y apartado. Colocaremos aquí objetos como, fotografías, peluches, dibujos que ellos hayan hecho, etc. Se enseña al niño que puede acudir a este lugar cuando se siente mal y calmarse.

DICCIONARIO DE EMOCIONES
* **Objetivo.** Saber identificar las emociones y dotarle de un mayor vocabulario emocional.

* **Método.** Se seleccionan fotografías de personajes, niños o cuentos. Podemos hacer tarjetas con esos motivos y el niño debe aprender a identificar la emoción y luego juntar las que son iguales. Mientras, se le van haciendo preguntas sobre cómo cree que se siente la persona o personaje que experimenta esa emoción. Al mismo tiempo, se puede crear también un cuaderno donde aparezca la emoción y las fotografías y nombres de personajes. Esta actitud ayuda de manera visual a que los niños identifiquen una emoción determinada y aprendan a nombrarla, de manera que después podrá aplicarla cuando surjan dificultades emocionales, aprendiendo a saber qué le pasa y pidiendo ayuda.

TEATRO DE EMOCIONES

• **Objetivo.** Identificar emociones y fomentar la creatividad.

• **Método.** Con marionetas o figuritas se le dice al niño que vamos a tratar de inventar y representar una historia sobre las emociones. Primero se eligen las emociones que se quieren representar y luego se han de representar haciendo uso de los personajes. Se le puede ayudar a crear la historia atribuyendo a cada personaje una emoción y diciéndole que esta debe aparecer en la historia que creamos. Por ejemplo, el príncipe puede ser miedoso, el dragón tímido, la princesa puede estar enfadada,... De este modo, se desdramatizan las emociones.

EL CEREBRO INFANTIL

NEUROBIOLOGÍA

El cerebro es un órgano que se desarrolla principalmente durante los primeros años de vida. Gracias a él se pueden realizar múltiples y variadas funciones. Podríamos decir que el 85% del cerebro está constituido por la corteza cerebral, que está dividida en dos hemisferios (Ramos Quitian, 2019). Ambos son fundamentales para el ser humano. A su vez, se pueden distinguir en él cuatro lóbulos principales: frontal, parietal, occipital y temporal:

- **Lóbulo occipital.** Procesa la información visual.

- **Lóbulo parietal.** Recibe y procesa la información somatosensorial. Reconoce el dolor, el tacto y la presión cutánea.

- **Lóbulo temporal.** Recibe y procesa la información auditiva.

- **Lóbulo frontal.** Se encarga de las funciones motrices y ejecutivas como la toma de decisiones y el autocontrol. La corteza prefrontal es la que tarda más en madurar.

Los mecanismos que se ponen en marcha en las diversas subregiones del cerebro se realizan a través de las conexiones que se establecen entre todas ellas. Estas áreas pueden trabajar tanto en tareas simples como en simultáneo con otras más complejas. Para entender cómo funcionan los hemisferios, podemos decir que el hemisferio izquierdo controla la parte derecha del cuerpo y el hemisferio derecho la parte izquierda del mismo:

- **El hemisferio izquierdo** se relaciona con la parte verbal, el análisis, los razonamientos lógicos, la resolución de problemas, la memoria verbal, la escritura y la lectura; es la parte racional, la encargada del procesamiento lingüístico.

- **El hemisferio derecho** controla la percepción, la conducta emocional, la intuición, el reconocimiento de caras, voces y música. Podríamos decir que el hemisferio derecho es la expresión no verbal. Procesa la información nueva. Se desarrolla más rápidamente en las primeras etapas del crecimiento.

Para que pueda existir una conexión entre los dos hemisferios es fundamental una unión llamada cuerpo calloso. Gracias a esta unión existe un equilibrio entre hemisferios.

En el cerebro también se forman las emociones como la alegría, la tristeza, el miedo, etc. De él dependen la inteligencia, los órganos de los sentidos, la memoria y el conocimiento del bien y del mal, entre otras funciones. A través de él nos enamoramos, nos afligimos, nos deprimimos o somos capaces de obtener nuestros mayores logros. El cerebro también coordina los diversos órganos del cuerpo y hace que nos pongamos nerviosos, nos movilicemos o nos quedemos quietos. Controla nuestro consciente y nuestro subconsciente y nos permite soñar. Como podemos ver, de él depende nuestra actividad y todo lo que realizamos y vivimos.

Durante siglos ha despertado la curiosidad del ser humano. Ya Hipócrates intentó descifrarlo y los egipcios realizaban intervenciones en él, como la trepanación. Da Vinci nos dejó un trabajo sobre su anatomía y durante las épocas posteriores han sido diversas las investigaciones que se han hecho sobre el cerebro, como las que realizó Santiago Ramón y Cajal. A partir del descubrimiento de las células que lo conforman se realizaron estudios más profundos y la investigación no para de crecer.

Para empezar a entender cómo funciona podemos hablar de las células gliales que dan soporte y protección a las neuronas. Ellas son las responsables del funcionamiento de los circuitos cerebrales. Las células gliales se localizan en lo que llamamos materia blanca, ocupan el 85 % del cerebro y se comunican mediante electricidad. Las neuronas son las encargadas de prestar servicio en cada lugar o área destinada a funciones específicas. El cerebro cuenta con decenas de millones de redes neuronales conectadas. Se reciben una media de 40 000 estímulos por segundo. El cerebro busca qué es relevante y qué no para actuar con eficacia.

Cuando un niño nace, ya tiene el grado de plasticidad suficiente para que las áreas aumenten o disminuyan en función de las experiencias que viva y de la crianza en la que se encuentre. Cuando nace, un bebé puede tener casi cien mil millones de neuronas; a lo largo de su vida irá creando las necesarias conexiones entre todas ellas, que se conforman según los diferentes aprendizajes que se van realizando en cada etapa vital.

DESARROLLO DEL CEREBRO

El sistema nervioso empieza a desarrollarse desde la tercera semana en el vientre de la madre, y continúa formándose después del nacimiento durante la infancia y la adolescencia. Comienza su formación en la parte de la nuca y va avanzando hacia la frente. La corteza cerebral, que es la parte localizada en la superficie externa, consta de seis capas y está compuesta de diversas células neuronales. Cada capa se va formando desde la parte de dentro hacia fuera.

El cerebro humano ha ido evolucionando y se han creado tres sistemas neuronales que sirven para regular la adaptación conductual y fisiológica. Paul MacLean (2019) indica que hay tres sistemas cerebrales que tienen funcionamientos distintos y que han ido apareciendo en la evolución de manera secuencial, uno sobre otro. Estos tres cerebros son independientes y tienen una jerarquía fundamentada en su antigüedad y en la importancia que tienen para la supervivencia:

- **El cerebro reptiliano.** Es el más primitivo. Está en la zona más baja y es responsable de mantener las funciones que son necesarias para la supervivencia. Se limita a conductas impulsivas, simples, que se pueden repetir, como son el hambre, dormir, el miedo y el enfado. Lo compartimos con los reptiles.

- **El cerebro límbico o emocional.** Aparece con los primeros mamíferos. Es la estructura responsable de la aparición de las emociones asociadas a las experiencias que van surgiendo. Tiene que ver con el aprendizaje. Cuando al realizar una conducta aparecen emociones agradables asociadas, esto hará que tendamos a repetir la acción. Por el contrario, cuando una conducta se vincula a emociones desagradables, tenderemos a evitarla. En este cerebro podemos encontrar la amígdala, del tamaño de una almendra, que es la encargada de recibir las señales del entorno y producir las respuestas emocionales. La amígdala puede enfocar la atención en algo relacionado con las emociones y nos pone en marcha para recibir el estímulo. Consolida y almacena la información. Así, cuando una avispa nos pica, podemos generar miedo y huir, y en sucesivas ocasiones, cuando veamos otra avispa, nuestra reacción será salir corriendo.

- **El cerebro racional o neocórtex.** Es el más evolucionado y con él aprendemos de la realidad y trazamos planes y estrategias. Sería la sede de la racionalidad, ya que nos permite pensar de manera independiente a las emociones y las conductas. Adquirimos conciencia de nosotros mismos a través de él. Podemos comunicarnos, razonar, empatizar y tomar decisiones.

Los cerebros reptilianos y emocionales son los que dirigen al niño. Así, cuando tiene hambre y llora, pone en marcha su cerebro reptiliano para que los padres sean capaces de satisfacer sus necesidades. A partir del primer año empieza a funcionar el cerebro emocional: el niño va a necesitar que calmen sus enfados. Si está feliz jugando querrá repetir el juego y, si alguien le molesta, llorará cuando se sienta amenazado y querrá que lo protejan. A partir del tercer año podemos ver cómo el niño trata de acercarse a los demás con diferentes estrategias. Puede contar cosas que le han sucedido y tomar decisiones sobre qué quiere. En esta etapa los padres le ayudan a controlar sus emociones, conectar con ellas y saber regularse mediante razonamientos.

FACTORES QUE INFLUYEN EN EL DESARROLLO CEREBRAL

El estudio del cerebro aporta constantemente nuevos descubrimientos (Schiller, 2015). Algunos de los más importantes son:

- **Relación entre genes y medio ambiente.** El desarrollo del cerebro, además de por los genes que cada individuo posee, se ve afectado por las experiencias a las que se ve sometido.

- **Estimulación temprana.** Las primeras experiencias contribuyen a que se vaya desarrollando un número de sinapsis y conexiones que dan forma a la estructura del cerebro y sus capacidades. Estas se generan debido a la calidad, la cantidad y la consistencia de la estimulación que el cerebro recibe. Esto ocurre en las áreas cognitiva, física y emocional y durará toda la vida.

- **Las interacciones.** Los niños se desarrollan en un determinado contexto donde aprenden a relacionarse con el mundo que les rodea y donde comienzan a establecer vínculos con padres, miembros de la familia y con otras personas. Las conexiones de las neuronas se establecerán en función de estas experiencias. Durante los dos primeros años de vida se desarrollan las neuronas espejo, que también dependen de las interacciones humanas. Estas neuronas están relacionadas con la capacidad de empatía del niño.

- **El desarrollo del cerebro no se realiza de forma lineal.** Hay periodos críticos que contribuyen al desarrollo de determinadas destrezas o competencias. En esos periodos, el cerebro resulta muy eficiente en ciertos aprendizajes. Por ejemplo, los niños son más receptivos a los idiomas hasta los 10 años y están muy sintonizados con la música entre los tres y 10 años. El desarrollo social y las destrezas de pensamiento ocurren desde los cuatro años hasta la pubertad. Es por esto que ciertas destrezas es mejor aprenderlas a determinadas edades (Ramey y Ramey, 1999).

- **Biología.** Los niños están preparados para aprender debido a la actividad cerebral que presenta su cerebro. Con tres años esta es, de media, dos veces más activa que la de una persona adulta. Cuenta con más sinapsis y su densidad sináptica es muy alta durante los 10 primeros años.

LAS RELACIONES EN LA INFANCIA

El ser humano, desde que nace, es un ser social, ya que para vivir necesita la ayuda de los demás. La socialización es un proceso de aprendizaje que se va haciendo poco a poco a través de la interacción con otras personas. El individuo aprende las conductas sociales que son adecuadas en el entorno en el que habita y, por otra parte, adquiere las normas y valores que rigen esas conductas. El proceso de socialización se inicia desde el momento del nacimiento y va desarrollándose durante todas las etapas del ciclo vital. Los niños comienzan relacionándose con la familia y, más tarde, cuando empiezan a ampliar el contexto en el que se desarrollan, van a necesitar interesarse por otras personas fuera del núcleo familiar para ir construyendo su propio entorno. En el momento en que comienzan a interaccionar con otros, estas personas van a influir en su comportamiento y van a ayudar a que desarrollen habilidades sociales que les van a permitir integrarse y adoptar las normas que existan en los diferentes lugares. Estas normas, en muchas ocasiones, no van a coincidir con las de la familia, y el niño irá integrando aquellas que le faciliten su adaptación al medio.

ETAPAS DEL DESARROLLO SOCIAL

DE CERO A DOS MESES
- El niño es capaz de reconocer el olor, la voz, la temperatura y la cara de su madre.
- Tiene conductas sociales reflejas de sonreír.
- Es capaz de intercambiar miradas y sonidos.

- Ya tiene la cualidad psicológica del contagio emocional.
- Es el adulto el que se adapta siempre a los ritmos del niño, que sigue con los suyos.
- Comienza a asociar posturas o estímulos sociales a hechos como el amamantamiento o la limpieza.
- Acepta que otras personas que no son sus progenitores le cuiden.

DE TRES A OCHO MESES

- En esta etapa el niño puede distinguir a los demás de él mismo.
- Ya puede identificar las personas que le son conocidas y desconocidas.
- La sonrisa se convierte en un instrumento social.
- Ha aprendido a anticipar las rutinas.
- Los horarios de las comidas y el sueño comienzan a regularizarse.
- Realiza un llanto intencional para obtener algo que le interesa.
- Se activa su movimiento de forma natural ante la presencia de otros.

DE OCHO A 15 MESES

- Es el momento en el que empieza a reconocerse en el espejo.
- La manipulación de objetos le sirve para relacionarse con los otros.
- Es capaz de responder cuando escucha la palabra «no».
- Se establece la relación de apego con sus cuidadores.
- Puede saludar o dar besos, comienza su conducta social.
- Colabora con acciones sencillas como cuando está comiendo y vistiéndose.

DE 15 A 24 MESES

- El bebé ya se reconoce a sí mismo.
- Hay mayor número de relaciones con adultos y van en aumento.
- Destaca el juego en paralelo (varios niños jugando cada uno en su mundo).
- Asimila cada vez más hábitos y habilidades sociales.

DE DOS A TRES AÑOS

- Se opone a lo que le pide el adulto para ponerle/ponerse a prueba.
- Juega en pares (ya no en paralelo) y surge el interés social por otros.
- Puede tener relaciones activas y desafiantes con los adultos.
- Desea la autonomía y tiene habilidades sociales para relacionarse con adultos.

DE TRES A SEIS AÑOS
- Es la etapa de la crisis de oposición, dice que no y se vuelve negativo.
- Necesita autoafirmarse y cambia el tipo de relaciones, aparecen las rabietas.
- Tiene conciencia de sí mismo frente a los otros.
- Se sitúa como uno más en el grupo de iguales.
- Llama la atención y y le gusta hacerse notar.
- Gana cada vez más en autonomía e independencia.
- Presenta un sentido de la reciprocidad, cooperación y solidaridad.
- Se habla de amistades a partir de los cuatro años.
- Aparecen los grupos sociales (colegio, parque, familia, etc.).
- Siguen utilizando a los adultos como fuente de ayuda.

DE SEIS A 12 AÑOS
- La atención del niño se desvía hacia el exterior y se buscan nuevas relaciones en el colegio y los entornos donde acude.
- Se desarrollan relaciones mucho más complejas con otros niños y adultos.
- Es el momento de la creación del yo futuro.
- Comienza una apertura a nuevas posibilidades.

PROCESO DE SOCIALIZACIÓN

La socialización es un proceso integral activo en el cual el niño se va a desarrollar interactuando con individuos y grupos donde va a adquirir valores, normas, costumbres, roles, conductas y conocimiento. Las adquisiciones podemos clasificarlas en:

- **Procesos mentales.** No implica conocimiento de valores o costumbres. Va a conocer la sociedad y se va a comunicar con las personas que habitan en ella y podrá comportarse según se espera. El conocimiento social es algo imprescindible para poder desarrollar la conducta social y la vinculación.

- **Procesos afectivos.** El niño nace predispuesto a aprender, buscar y establecer vínculos con otras personas.

- **Procesos conductuales.** Durante el desarrollo social tendrá que aprender qué conductas son socialmente aceptables, así como adquirir habilidades sociales. Toda conducta que el niño desarrolle como comer, conversar o jugar lleva asociadas ciertas normas que van a determinar que se está haciendo de manera adecuada. Esto lo adquirirá el niño mediante aprendizaje.

ASPECTOS IMPORTANTES EN EL PROCESO DE SOCIALIZACIÓN

La socialización se produce con la influencia de diversos aspectos (J. Gilbert, 1997):

- **Adquisición de la cultura.** Se adquieren conocimientos, valores de la sociedad en la que se vive. Durante la infancia se produce un intenso proceso de aprendizaje y es el momento en el que se está más preparado para ello.

- **Integración de la cultura en la personalidad.** Los elementos de la sociedad y la cultura en la que se desenvuelve el niño pasan a formar parte de su personalidad y van a dar forma a los valores.

- **Adaptación al entorno social.** El niño forma parte de una sociedad y de un contexto determinado donde se comparten pensamientos y actividades. La adaptación que se realiza va a afectar a su personalidad para integrarse en el lugar donde habita de manera adecuada.

- **La motivación social.** El niño va a empezar a actuar conforme a las normas y valores que existen en la sociedad donde se desarrolla y estará motivado por ello a actuar de una determinada manera.

- **El aprendizaje.** Se adquieren actitudes que van a orientar la conducta. El niño va a aprender mediante repetición, imitación, reforzamientos y castigos, pruebas y errores.

- **La herencia o medio social.** El medio social constituye la principal forma de aprendizaje. El niño va a recibir diferentes estímulos y va a actuar con ellos.

ETAPAS DE SOCIALIZACIÓN

Podemos distinguir dos etapas (Berger y Luckman, 1968):

- **La socialización primaria.** Se inicia con las personas que van a cuidar al niño, ya que será el entorno afectivo inicial donde el ser social empieza a desarrollarse. La familia aparece como el origen de la socialización de cada persona. El niño va a adquirir las normas y valores de este entorno y los padres serán los que van a condicionar sus primeras relaciones: elegirán las personas con las que se va a relacionar y la escuela a la que asistirá. Hay dos vertientes en la familia:

  - **La emocional:** afecto, sensibilidad, empatía, etc.

- **La de exigencia:** donde encontramos la disciplina y el control. Aquí influirá el modelo de estilo educativo –autoritario, permisivo o democrático–, de los que se ha hablado en otro capítulo del libro.

• **La socialización secundaria.** Tiene lugar cuando el niño comienza a integrarse en grupos. Descubre entonces que el mundo no está compuesto solo por sus padres. Empiezan a utilizarse las técnicas que van a favorecer el aprendizaje y que se dan en la escuela. El niño aprende en los diversos entornos con los que se relaciona y se establecen las primeras relaciones de colaboración social. Se va a iniciar también el proceso de entender que hay otras culturas diferentes a la suya. Comienza a desarrollar la tolerancia y la aceptación por el otro. En la escuela aparecen las relaciones que se forman con amigos y con ellos también se construye la identidad y la personalidad.

En esta etapa secundaria, los medios de comunicación, como son el cine, la televisión o Internet, también tienen una gran importancia. El niño socializa a través de ellos y su realidad estará condicionada por lo que estos le muestran. Va aprendiendo diversas pautas y reglas, no solo en el colegio, sino en las instituciones de ocio a las que asiste, como son instituciones deportivas. También juegan un papel importante las instituciones religiosas, asociaciones, los grupos de amigos, etc. El niño va adaptándose a todas las reglas y pautas que aparecen en estos grupos.

AGENTES DE SOCIALIZACIÓN

Las personas y los grupos tienen una gran importancia en el proceso de socialización (Handel, 2011). Cualquier persona o institución con la que el niño se relaciona puede actuar como agente socializador. Entre los más destacados se encuentran:

• **La familia.** Es el principal grupo de socialización. En ella se encuentran los padres y hermanos y también se incluyen las personas cercanas a la familia. Cuando el niño llega al mundo, el núcleo familiar satisface sus necesidades primarias y esenciales como comer, aseo y seguridad. Es el lugar donde comienzan las primeras experiencias para ser tratados como individuos. La familia forma parte de un grupo más amplio, por lo cual, los valores, las actitudes y los estilos de vida están influenciados por las características del entorno, como son la cultura y el país del que forman parte. Si una familia no cumple con las tareas que le corresponden, esto provocará la inadaptación del niño. En el núcleo familiar se producen los primeros vínculos afectivos y el descubrimiento del mundo social, así que el papel que desempeña la familia es fundamental y determinante.

Influye mediante refuerzo hacia las conductas y también por la imitación que realizan los niños de sus figuras de referencia. Los niños que crecen en familias con normas, donde la comunicación familiar se hace en un clima seguro y donde se favorece la independencia, van a tener mejores habilidades sociales.

- **La escuela.** Es la institución que transmite la cultura acumulada, los conocimientos, creencias, valores y actitudes. En la escuela, el niño entra en contacto con compañeros y adultos y allí sigue unas reglas y establece unas relaciones distintas a las que tiene con la familia. Los profesores dirigen la enseñanza, programan actividades para que el niño pueda ir desarrollando sus habilidades y se van a convertir en un modelo de referencia. Los compañeros son personas que van a pensar de manera diferente y con los que el niño establece contactos como juegos o conversaciones. Los profesores son adultos con una autoridad diferente a los padres. En la escuela el niño aprende que existen jerarquías y cómo comportarse.

- **El grupo de pares o iguales.** Según van creciendo los amigos y los grupos con los que el niño interactúa, estos van a ir adquiriendo mayor protagonismo. Así como los adultos son más permisivos o autoritarios y se crea una relación desigual, con los amigos se establece una relación más igualitaria. Este grupo es el entorno donde los niños aprenden normas de reciprocidad, de compartir, de igualdad. Favorece el desarrollo de la empatía, se aprende a ayudar, a cómo reaccionar ante las ofensas o ante la hostilidad.

El entorno de los amigos tiene **efectos socializantes** como:

- **Comunicación de igual a igual.** Los niños se relacionan entre ellos mediante conversaciones sobre temas de su edad.

- **Efectos terapéuticos.** Aprenden a aceptar y ser aceptados por otros.

- **Efectos en la personalidad.** Las relaciones con niños de su edad les hace que compartan problemas parecidos y que se comprendan.

- **Aprenden a resolver conflictos.** Aprenden a enfrentarse a las agresiones y a saber controlar las respuestas de otros.

- **Los medios de comunicación.** Influyen desde muy temprana edad presentando comportamientos, valores y modelos que pueden afectar a la personalidad. La televisión es como una de las más importantes influencias dentro de los medios, ya que se pueden pasar horas delante de ella, y lo que muestra va a influir en el comportamiento y en las costumbres. Los niños tienden a copiar comportamientos que les llaman la atención de sus referentes. Hoy en día Internet se ha convertido en el principal medio de influencia y el más usado a nivel general: transmite conductas, roles, y su influencia se hace a través de vídeos y redes sociales.

- **Otros agentes de socialización.** Son las organizaciones en las que el niño participa como asociaciones religiosas, clubs o grupos deportivos. Son los entornos que comparten ideas, creencias u objetivos.

IMPORTANCIA DE LAS RELACIONES

La socialización es importante en el proceso de desarrollo del niño, ya que va a afectar a lo social, a lo psicológico y a lo cognitivo. Los niños empiezan a socializar en la infancia y afectará a la transmisión de normas, valores, cultura, competencias, lenguaje, al desarrollo emocional, psicológico y motriz.

La interacción con otros niños va a aportarles que formulen su propia identidad mediante aprendizaje y comparación con otros. Desarrollarán habilidades sociales que les permitirán desenvolverse y vivir en comunidad reconociendo cuáles son sus entornos seguros.

CÓMO AYUDAR AL NIÑO A DESARROLLAR COMPORTAMIENTOS SOCIALES

Los adultos pueden enseñar pautas al niño sobre cómo desarrollar comportamientos sociales (Cowley, 2021):

- **Apoyar una socialización que ocurra de manera gradual.** Hay que tener en cuenta que para un niño a veces puede ser más difícil jugar con otros niños, ya que a determinadas edades están aprendiendo a socializar. Le llevará tiempo aprender a tratar con otros niños.

- **Observar si el niño está aislado del grupo.** Los niños que juegan solos pueden necesitar ayuda para interactuar con los demás. Es necesario entender qué le está llevando a no poder integrarse.

- **Servir de modelo para el niño.** Por ejemplo, se le puede ayudar a que vea lo bueno que es poder compartir juguetes con otros o ayudar a los demás.

- **Ayudar al niño a integrarse en un grupo.** A veces, está bien poder acercarse con él a un grupo o a otro niño y tratar de presentarlo y jugar un poco a su lado.

- **Hablar con él sobre socializar.** Enseñarle qué es compartir, colaborar y ayudar a otros, así como respetarles y que le respeten. Se puede hablar y enseñarle reglas sociales para que vaya entendiéndolas mediante juegos o cuentos.

- **Enseñar estrategias.** Con las que aprenda cómo puede compartir sus ideas y respetar las de los demás.

- **Enseñarle reglas de comunicación.** El niño tiene que aprender a escuchar y ser escuchado al mismo tiempo que aprende reglas sobre comentarios inapropiados. Si ha hecho algún comentario que puede hacer daño a otro, se le puede decir «nosotros no decimos esas cosas».

RELACIONES TÓXICAS

Martín tiene que realizar un trabajo con un niño de clase, Tomás. Han quedado varios días para hacerlo y ni una sola vez Tomás ha escuchado el punto de vista de Martín, al contrario, ha sido siempre el que ha dicho cómo debía realizarse la tarea. A la hora de poner todo por escrito, es Martín el encargado de hacer el montaje porque así lo decidió Tomás. Al entregarlo a la profesora, Tomás le dice que le ha costado mucho convencer a Martín de trabajar juntos, y que lo han conseguido gracias a su esfuerzo.

QUÉ ES UNA RELACIÓN TÓXICA

Merece la pena prestar una atención especial a las relaciones tóxicas, ya que es un tipo de relación que también se puede dar en la infancia. Ya sabemos lo importantes que son las amistades en la etapa infantil para que se puedan desarrollar socialmente. Consideramos relaciones tóxicas aquellas que pueden causar un daño emocional e influir negativamente en la forma en la que un niño se ve. Estas pueden afectar al autoconcepto y a la autoestima, y pueden provocar ansiedad. Es importante ayudar al niño a identificarlas. Puede que no reconozca que esta amistad le está perjudicando, incluso es posible que piense que el otro es su mejor amigo.

Las amistades tóxicas son aquellas en las que uno altera a otro y le genera malestar. En la infancia son amistades que pueden pegar, insultar y estar generando conflictos. El niño puede llegar a hacer lo que el otro quiera y, en algunos casos, perder su individualidad. Influyen también provocando mal comportamiento en el niño.

CÓMO RECONOCER SI EL NIÑO TIENE UNA AMISTAD TÓXICA

Si nos fijamos en cómo es la relación entre los niños, se puede observar lo siguiente:

- **Un niño domina a otro.** Es el que siempre pone las normas y el que consigue que el otro haga lo que quiere.

- **Existe ausencia de aceptación y apoyo.** El amigo tóxico utiliza frases como «siempre perdemos por tu culpa», «no tienes ni idea de cómo se juega a esto», «es que eres un pesado». Con estas frases se está siempre reprochando el comportamiento y criticando cualquier acción. Estas personas se burlan del otro y le desprecian.

- **Incita a acciones no apropiadas.** El amigo tóxico incita a que se realicen conductas que no están bien y va a conseguir meterle en problemas. Podemos decir que ejercen manipulación en el otro.

- **Siembra desconfianza.** Cuando un niño es tóxico, hace que el otro siempre piense que no sabe actuar, fomenta la inseguridad para que así él pueda imponer sus normas. Si se le cuenta un secreto, no se puede confiar en él.

- **No tiene respeto.** Este tipo de niños utiliza frases en las que habla de forma despectiva de otros amigos o familiares del niño. Por ejemplo, «tu hermana es muy tonta», «si pareces un monstruo con esa cazadora», «tu madre está gorda».

CONSECUENCIAS DE UNA AMISTAD TÓXICA

Las personas tóxicas no tienen por qué serlo para todo el mundo. En algunas ocasiones pueden resultar tóxicas de manera individual porque no encajen con la forma de ser y con los valores que uno tiene, o porque sea tóxico de por sí (Congost, 2022). Estas personas acaban sacando lo peor de uno y provocando formas de comportamiento que no se tendrían con otras relaciones. Son personas que pueden no encajar porque critican, no hablan o hablan mucho, tratan mal a la gente o no se ponen en el lugar del otro.

Las principales **consecuencias** en la otra persona son:

- Provocan ansiedad y miedo.
- Puede llevar a sentimientos de tristeza.
- Hacer que el otro sienta humillación.
- A menudo provocan sufrimiento.

- Producen en el otro angustia.
- Dejan aflorar inseguridades.
- Son causantes de la destrucción de la autoestima.

CÓMO REACCIONAR ANTE UN HIJO CON UNA AMISTAD TÓXICA

Cuando un hijo tiene alguna amistad tóxica, va a necesitar de la ayuda de los padres para ser consciente de la situación y no sufrir los efectos negativos de la misma. Para ello se pueden seguir las siguientes recomendaciones:

- **Observar la relación de amistad.** Se trata de analizar la relación que mantienen, cómo es, qué ha cambiado, cómo está emocionalmente.

- **Tener una conversación con el niño.** Se puede hablar con el niño sobre cómo se siente con la relación que tiene, qué le aporta y en qué se siente perjudicado. Hablarle sobre cómo se pueden respetar unas personas a otras.

- **Reforzar su autoestima.** Hacer que el niño se valore y marque límites. Enseñarle a ser asertivo y aprender a defender sus opiniones y sus derechos.

- **Hacerle sentir seguro.** Que sienta que ante cualquier problema puede tener el apoyo de los padres.

- **Enseñar a un niño cómo reconocer un amigo verdadero.** Para que pueda reconocer un buen amigo hay que enseñarle que este:

    - Celebra tus éxitos. Se alegra cuando has conseguido algo como sacar buenas notas, realizar un viaje familiar, conseguir una nueva marca en deporte, hacer bien los deberes, etc.
    - Te apoya cuando tienes malos momentos.
    - Te trata bien. Es decir, no genera malos sentimientos en uno.
    - Es honesto. Siempre te dice lo que piensa de manera amable.
    - No es alguien que se burla de los demás ni los critica.
    - Se ríe contigo.
    - Respeta las opiniones, también la tuya.
    - Te deja tomar tus propias decisiones.
    - Te escucha cuando ve que lo necesitas de verdad.
    - Te hace sentir bien en general.
    - Es fiel, no te traiciona.
    - Comparte actividades contigo que te gustan.

LA TIMIDEZ

Luis llega a su escuela el primer día y entra en clase. Se sienta y la profesora les pide a todos que se vayan presentado. Cuando le llega el turno desvía la mirada, como si no quisiera que los ojos de los demás se dirijan hacia él. Se pone de pie y no es capaz de levantar la cabeza mientras hace un esfuerzo para que las palabras salgan de su boca y sus ojos miran al suelo. Solo es capaz de decir su nombre y se sienta.

QUÉ ES LA TIMIDEZ

El hecho de que un niño no se relacione de manera correcta cuando está en presencia de otras personas, puede llevarnos a pensar que es tímido. La timidez es un rasgo de personalidad que puede afectar a la relación con otras personas, es la introversión en entornos sociales, la falta de asertividad y determinadas actitudes retraídas. Se convierte en un problema cuando genera incomodidad en situaciones sociales en las que no se puede disfrutar. La timidez impide que el niño se integre en los grupos sociales y puede provocar que tenga malestar emocional. Los niños la manifiestan cuando están con personas o situaciones nuevas (Coplan y Rudasill, 2018).

Los niños tímidos muchas veces pasan desapercibidos, ya que los adultos pueden pensar que no tienen ganas de interactuar. El hecho de ser más callados no significa necesariamente que un niño sea tímido. Ahí entra la importante labor de adultos y maestros de saber reconocer los rasgos de cada niño. En algunas ocasiones, cualquier niño podría parecer tímido, lo que hay que tener en cuenta son todas las características que definen cada caso.

Debemos remarcar las diferencias entre un niño introvertido, vergonzoso y tímido. El niño introvertido no va a tener problemas para relacionarse con otros, tampoco manifestará temor a ser juzgado, solo prefiere estar solo. Tampoco desarrolla temor ni ansiedad frente a las situaciones y personas, le gusta estar con pocos amigos y realizar actividades más tranquilas. Los niños vergonzosos son los que sienten vergüenza, que es un mecanismo de defensa ante algo que desconocen. Están exteriorizando un sentimiento por una humillación que han recibido o por un fallo que han cometido. También hace que los niños tengan pensamientos en los que le pueden criticar por cómo se sienten.

Vamos a analizar ahora con detalle qué caracteriza a los niños tímidos.

CARACTERÍSTICAS DE LOS NIÑOS TÍMIDOS
En los niños tímidos es frecuente encontrar las siguientes manifestaciones:

- **Aislamiento.** Les cuesta relacionarse con otros, y esta conducta se puede percibir en la escuela, fuera de casa y en el hogar. Si observamos a estos niños en el patio del colegio suelen estar solos o jugar con muy pocos niños. No intervienen cuando hay actividades y se ponen rojos cuando se les pregunta algo. Igualmente pueden presentar sudoración, tensión muscular y, cuando hablan, puede notarse cómo les tiembla la voz o las manos. En algunos casos también se presenta malestar gastrointestinal. A estos niños les cuesta dirigirse a otros y suelen estar siempre con sus padres, que tienen que animarles a que jueguen. Cuando alguien se interesa porque cuenten algo, no le gusta explicar qué han hecho. Son niños que disfrutan solos y que están bien con sus cosas.

- **Inseguridad.** Puede que deseen estar en contacto con otros niños, pero aparece el temor de si sabrán jugar como los otros. Cuando están en clase también tienen dudas sobre si sabrán responder correctamente al profesor. De este modo, van desarrollando una tendencia a evitar estas situaciones y aislarse en sí mismos. En algunos casos extremos, también podría llevar a la fobia escolar o ansiedad, ya que se irían desarrollando miedos irracionales a algunas situaciones y tratarían de evitar verse implicados en ellas. Cuando un niño desarrolla esta fobia o ansiedad va a emitir lloros, gritos o quejas y no querrá obedecer a los padres para ir al colegio. Se irá también desarrollando un bajo estado de ánimo que muestra síntomas depresivos y tristeza. Cuando los padres permiten que el niño se quede en casa, están actuando de reforzadores y la conducta se mantendrá.

- **Sufrimiento.** Cuanto más aislamiento se produzca y más inseguridad, más sufrimiento habrá, ya que la timidez hará que les sea más difícil expresar sus sentimientos, y no comentarán a sus padres qué les está ocurriendo.

FACTORES QUE INFLUYEN EN LA TIMIDEZ

Podemos identificar tres tipos de factores que influyen en la timidez, y estos a su vez pueden interaccionar entre sí:

- **Factores biológicos.** Eggum-Wilkens et al. (2015) indicaron que un 70% de la variabilidad en cuanto a la timidez podría deberse a los genes, es decir, que los padres podrían transmitir a sus hijos la timidez. Diversas investigaciones han demostrado que los niños que se crían en ambientes donde los padres son tímidos o tienen ansiedad son más proclives a desarrollar la timidez (Negreiros y Miller, 2014).

- **Factores familiares.** El tipo de apego puede influir. Los niños que han crecido con un apego seguro se sienten a salvo y están protegidos por la presencia de sus padres; confían, ya que cuando perciben alguna amenaza son reconfortados por ellos. Con este tipo de apego, los niños pequeños pueden salir y explorar el mundo que les rodea. Un niño tímido puede ser protegido por sus padres. En el otro extremo tendríamos el tipo de apego inseguro en el que los niños no se sienten muy protegidos cuando están con sus padres. Suelen estar tristes, no se separan de ellos y no son capaces de explorar el mundo por sí solos. En situaciones en las que se encuentran en peligro los adultos no son capaces de reconfortarlos. Esto desarrollará en los niños problemas de comportamiento y ansiedad. Generan así opiniones negativas sobre ellos mismos y sobre los demás.

- **Vivencias.** Los niños criados en un ambiente donde los padres no tienen muchos amigos y hacen poca vida social hará que no cuenten con un modelo de habilidades sociales adecuado. Además, también influye cómo se relacionan con otros iguales para aprender a desarrollar conductas adecuadas en entornos sociales.

RASGOS DE LA TIMIDEZ INFANTIL

Los niños que tienen timidez presentan rasgos característicos como son:

- **Baja autoestima.** El miedo a que los demás les juzguen les lleva a tener una baja autoestima.

- **Riesgo de victimización y exclusión.** Cuando los niños tienden a aislarse, esta conducta es posible que sea vista por los compañeros como «diferente», y puede que no les guste y provoque su rechazo. Los niños perciben al niño tímido como espectador y no lo incluyen en los juegos. El hecho de no ser como la gran mayoría puede acarrear conductas de exclusión y rechazo hacia los que no son iguales. Los niños suelen aceptar mejor a los que se comportan igual y son más sociales. Muchas veces, los que sufren exclusión tienden a unirse.

- **Problemas somáticos.** Es posible que se presenten palpitaciones, temblores, sudores, tensión muscular, sensación de vacío en el estómago, rubor o dolores de cabeza (Henriksen y Murberg, 2009).

- **Falta de habilidades sociales.** Los niños que presentan timidez muestran un déficit en las relaciones sociales. Aunque sepan qué decir y qué hacer, son incapaces de demostrarlo. Terminan teniendo menos comportamientos sociales y mostrándose asustados al no tener confianza en sí mismos.

- **Ansiedad y depresión en la adolescencia.** Desarrollan tristeza en la adolescencia y pueden presentar trastornos de ansiedad y depresión (Zdebik et al., 2019).

- **Trastorno de ansiedad social.** La timidez puede estar relacionada con un bajo rendimiento académico, rechazo a la escuela, síntomas somáticos o abuso de sustancias (Cordier et al., 2021).

A veces, los adultos pueden cometer **errores con los niños tímidos** (Méndez, 2021):

- **Hacer bromas sobre el niño.** Muchas veces, intentando que a los niños se les pase la timidez, se pueden hacer bromas. Esto, lo único que puede conseguir es que se hagan más retraídos, ya que no van a saber interpretar estas bromas. Cuando ante una broma solo se ríe una de las partes, esto deja de ser gracioso y se convierte en una burla.

- **Mostrar la timidez como una cualidad negativa o debilidad.** Cuando un adulto tiende a decirle a un niño que es tímido o que es vergonzoso, puede hacer que el niño se apropie de esta etiqueta y se identifique con ella. Hay que tener cuidado con cómo se califica a un niño para que no haga de esto una identidad. Imaginemos que continuamente le decimos que se está comportando de manera inadecuada. Si el niño está inseguro con lo que está haciendo, esto va a fomentar que se haga más inseguro, ya que va a tender a pensar que está haciendo las cosas mal. En esos casos, si queremos modificar la conducta, es necesario generar confianza en cómo va haciendo las cosas e intentar cambiar el comportamiento sin reproches.

- **Tratar de realizar muchas actividades donde puedan socializar.** Cuando queremos que el niño realice alguna actividad, es importante tener en cuenta su opinión, tratar de identificar qué es lo que le gusta y dónde se va a sentir cómodo.

- **Abuso de comentarios sobre la timidez.** Muchas veces se pueden hacer comentarios dejando evidencia de que el niño es tímido. Este es un error que cometen los padres cuando critican su inseguridad o timidez con otras personas. Se utilizan frases como «no le gusta estar con nadie» o «ya se ha puesto rojo otra vez» o «qué vergonzoso eres». Un niño va a tener en cuenta qué se dice a su alrededor, y estas frases sirven para herirle o, como hemos comentado, etiquetarle.

- **Obligarles a interactuar.** Cuando se fuerza a un niño tímido a asistir a una fiesta, una reunión o una actividad donde no quiere estar, se le obliga a saludar o dar un beso a alguien con el objetivo de que interactúe con otros, se le está dando un mensaje contraproducente, ya que se le está obligando a hacer algo que no quiere. El niño se podrá sentir abandonado y esto hará que su timidez se agrave.

- **Sobreprotección.** A veces los padres, ante el temor de ver a sus hijos tímidos, intentan controlar sus acciones pensando que así les están ayudando. En estas ocasiones, el niño no logra ser autónomo, ya que al final terminará dependiendo siempre de sus padres para realizar cualquier acto. Se debe guiar al niño a realizar las acciones por sí mismo.

EJERCICIOS PARA MEJORAR LA TIMIDEZ

Con los niños funciona muy bien realizar juegos para poder vencer la timidez. Aquí se muestran algunas propuestas.

DIBUJAR UN ANIMAL
- **Objetivo.** Identificar sus miedos.

- **Método.** Se le propone que piense en un animal que a él le resulte tímido. Le pedimos que lo dibuje y luego le invitamos a que nos cuente cómo podríamos acercarnos a ese animal y hacer que sea más fuerte.

EJERCICIO DE RELAJACIÓN
- **Objetivo.** Aprender a relajarse.

- **Método.** Le decimos que se ponga cómodo y que cierre los ojos. Le proponemos que traiga a su mente una situación en la que se ha sentido cómodo y le invitamos a que nos describa con quién está, en qué lugar, qué hace, cómo se siente, etc. Hacemos que conecte con la situación en la que se ha sentido bien y le ayudamos a identificar qué le ha hecho sentirse así. Mientras, vamos valorando las fortalezas que encontramos.

EJERCICIO PARA PRACTICAR POSIBLES SOLUCIONES A UNA SITUACIÓN INCÓMODA
- **Objetivo.** Identificar soluciones.

- **Método.** En un lugar tranquilo intentamos que traiga a la conversación una situación en la que se ha sentido incómodo y le sugerimos posibles soluciones a ese problema. Le ayudamos a identificar cómo podría salir airoso y hacemos que se imagine en ese momento y nos narre cómo sería salir airoso de esa circunstancia.

PEDIR LA HORA

- **Objetivo.** Vencer miedos relacionándose.

- **Método.** Cuando el niño va por la calle puede practicar preguntando la hora a algunas personas. También puede funcionar preguntar por una calle o un comercio.

KARAOKE

- **Objetivo.** Poder realizar una actividad con público.

- **Método.** Hacer un karaoke con amigos.

LA CONFIANZA EN UNO MISMO

Martina ha ido a una fiesta de cumpleaños. Siempre le ha gustado mucho que la inviten sus amigos de clase. Al principio le costó integrarse en el nuevo colegio, pero después de unos meses está muy a gusto. Sabía que su amiga estaba esperando una fiesta de disfraces, así que habló con su madre y le dijo que por qué no se lo contaba a la madre de su compañera de clase. Martina ha hablado también con sus compañeros y se ha enterado de que todos se van a disfrazar porque a su amiga le hace ilusión. Ella ha elegido un traje de vaquero; sabe que algunas de las invitadas van a ir de princesas, pero a ella siempre le ha gustado el mundo del Oeste que descubrió gracias a una película.

QUÉ ES LA CONFIANZA EN UNO MISMO

La confianza en uno mismo quiere decir sentirse seguro de uno mismo, no superior a los demás, sino que se reconoce el talento y los gustos propios. Es ser capaz de identificar las competencias y habilidades de cada uno para determinadas tareas. Esto permite luego desarrollar la autoestima y valorarse a sí mismo. Para lograr la autoconfianza uno tiene que creer en sí mismo, reconocer sus fortalezas y debilidades. Una persona que no confíe en sí misma es posible que huya de las situaciones porque crea que no es capaz de enfrentarse a los retos. La autoconfianza da el impulso para lograr lo que uno se propone y hace que no se padezca ansiedad ni depresión.

La autoconfianza no es algo con lo que se nace, se va desarrollando a lo largo del tiempo. Una persona irá adquiriendo la creencia de que puede tomar sus decisiones y controlar su vida.

La confianza en uno mismo es importante porque:

- Ayuda a que uno se quiera y se acepte a sí mismo.
- Facilita el éxito. Ante varias posibilidades, permite escoger la decisión correcta.
- Favorece tener buenas habilidades sociales.
- Permite no tener límites. La persona se abre a nuevas posibilidades.

QUÉ PUEDEN HACER LOS PADRES PARA FOMENTAR LA AUTOCONFIANZA

Los padres pueden ayudar a su hijo a desarrollar la confianza en sí mismo. Para ello es aconsejable:

- **Dar ejemplo.** Enseñarle cómo se pueden superar las dificultades. Es bueno hacerle partícipe de que también existen algunos miedos en los padres. Se le puede mostrar que es posible superar los retos. Se trata de que vea que también los padres son vulnerables y que superan las situaciones difíciles.

- **No etiquetarlo.** Cuando alguno de los padres está observando a su hijo y le dice «eres el mejor del mundo», el niño puede apropiarse de ese calificativo y, cuando empiece a relacionarse con otros, darse cuenta de que no siempre es el mejor en todo, por lo que se sentirá frustrado. O, por el contrario, el niño puede hacer suya esa frase y sentirse muy superior a todos los demás, lo que es posible que repercuta en que luego desarrolle una personalidad narcisista. Otro ejemplo sería cuando uno de los padres le dice a su hija «eres la peor bailarina»; ocurre lo mismo que en el ejemplo anterior. Estas frases se pueden sustituir por «se te da muy bien esa actividad» o «hoy has bailado regular, pero seguro que ensayando te sale muy bien». Cuando a un niño se le marca con un adjetivo, es posible que haga el calificativo suyo y termine creyéndose que ese es su papel.

- **Apoyarle en sus decisiones.** Un niño necesita sentir que tiene personas que le acompañan en su aprendizaje. Para ello se le puede mostrar que se confía en sus posibilidades y que se le ayudará en lo que se pueda. Por ejemplo, si un niño quiere aprender judo, aunque a los padres no les guste, se le puede apuntar a clase y animarle con lo que está haciendo.

- **Aceptarle como es.** Cada niño tiene sus gustos y su propia personalidad. A pesar de las expectativas que los padres generen sobre cómo será su hijo, es necesario aceptarle tal y como es.

- **Fomentar el que sea valiente.** Ayudarle con sus propios retos y a tener iniciativa propia. No quiere decir que se le apoye en conductas que se consideren de riesgo, sino que dentro de lo que supone un espacio seguro se esté ahí para lo que necesite.

- **Realizar elogios.** Saber decirle una frase que le reconforte y le haga sentir bien cuando ha hecho algo correcto.

- **Dejar que se equivoque.** Para un niño todo puede suponer un reto. Si se está ahí como apoyo cuando lo necesita, se fomenta la confianza. No hay que hacerle los deberes, sino dejar que se equivoque y que pida ayuda en el momento en que lo necesite. Así, cuando algo le sale bien, sabrá valorar su esfuerzo.

- **Dejar que actúe acorde a su edad y su ritmo.** Cada edad tiene un aprendizaje distinto; no hay que esperar que logre las cosas antes de tiempo, sino que vaya evolucionando según su ritmo. De esta forma, puede ir confiando en los pasos que va dando.

- **Ayudarle a establecer metas y objetivos.** Cada pequeña meta que consiga hará que valore cada paso del camino hasta conseguir alcanzar la meta final.

- **Enseñarle a reconocer sus logros.** No hay mejor manera que hacer que sea consciente de lo que va logrando en la vida. De esta manera, reconoce sus fortalezas.

- **Evitar comparaciones.** Si los padres comparan a su hijo con otros, esto puede hacerle sentir mal. Cada persona posee unas capacidades. Se trata de que vea lo que es capaz de conseguir y sentirse orgulloso de ello.

- **Mostrar que se cree en él.** Cuando se dan mensajes positivos, el niño va a valorar lo que hace.

EJERCICIOS PARA MEJORAR LA CONFIANZA EN LOS NIÑOS

JUEGO DE ROLES

- **Objetivo.** Poner en práctica las habilidades.

- **Método.** Jugar a las profesiones. El hecho de interpretar roles pone en marcha sus habilidades para hacerlo de la mejor manera y así aumentar su confianza.

JUGAR A LOS ELOGIOS

- **Objetivo.** Incrementar la seguridad en sí mismo.

- **Método.** En una pizarra se ponen los nombres de los miembros familiares y cada uno va apuntando cosas que hacen los demás y que les gustan.

JUEGO DE DECISIONES

- **Objetivo.** Poder valorar los logros.

- **Método.** Se dan varias piezas de construcción y se le dice al niño que tiene que ir construyendo con imaginación un árbol, una mesa, una silla, un coche, etc.

EL MUÑECO CONFIADO

- **Objetivo.** Reconocer gestos que muestran confianza.

- **Método.** Nosotros servimos de modelo. Con una muñeca a la que se le muevan los brazos y las piernas se le pide al niño que imite nuestras posturas.

NO VEO DÓNDE VOY

- **Objetivo.** Confiar en los demás.

- **Método.** Se le tapan los ojos al niño y le vamos guiando para que pueda encontrar algo. Cuando se acerque al objetivo, podemos hacer que haga movimientos con las manos hasta alcanzar el objeto.

EL ACOSO ESCOLAR
O *BULLYING*

Jenny está en el recreo sentada con un libro en sus manos. Un grupo de compañeras se acerca a ella. Una parece tropezar y le tira el libro. Jenny no le da importancia y lo recoge. Ellas se han parado muy cerca y la observan. Jenny escucha cómo dicen «mírala, si es que no sabe hacer otra cosa que leer, qué aburrida es». Otro día va por el pasillo y se cruza con este grupo de niñas. Otra vez, una de ellas finge tropezarse y le tira del pelo. Jenny se aparta y le pide perdón, mientras el grupo de niñas comienza a reírse y hacerle burla.

QUÉ ES EL *BULLYING*

Bullying es una situación de acoso en los que una persona sufre maltrato o violencia por parte de un grupo de personas que lo hacen de manera continuada y con intención. Este maltrato o violencia es una forma de discriminación que se realiza por una o varias personas (agresores o perpetradores) hacia otra (víctima) burlándose de ella, apartándola de actividades sociales, pegándola, humillándola, rompiendo algo de su pertenencia o quitándoselo, insultando, discriminando, empujando, etc. Es un hecho intencional que se hace para provocar dolor o sufrimiento. Muchas de estas situaciones se sufren en silencio, ya que la víctima no se lo comunica a su entorno y, a veces, hay personas que se convierten en cómplices al observar lo que pasa y no tomando medidas (observadores), ya que tienen miedo de que les ocurra lo mismo. Se produce un desequilibrio entre el acosador y la víctima, ya que el acosador se encuentra en una posición de poder sobre la víctima.

Para que nos hagamos una idea, el *bullying* es un problema de salud pública a nivel global. Las cifras publicadas por la Unesco en (2019) indicaban que uno de cada tres niños en el mundo había sufrido una situación de *bullying* el mes anterior a la publicación del informe, y que uno de cada 13 había sufrido el acoso escolar durante seis días o más en el periodo previo al descrito anteriormente. Existen diferencias entre los países del mundo. Las tasas más altas están en el África subsahariana con un 48,2 %, en Europa y América del Norte, con un 25 % y en América central, con un 22,8 %.

AGRESORES EN EL *BULLYING*

Se realizaron pruebas para tratar de identificar las características de las personas que practican *bullying* y *ciberbullying*, y se han obtenido las siguientes conclusiones (Twardowska-Staszek et al., 2018; Viscardi, 2011):

- Presentan baja regulación emocional, baja empatía y baja tolerancia a la frustración.
- Proceden de contextos familiares vulnerables. Los progenitores han estado ausentes o han ejercido un mal modelado en los niños, pudiéndose mostrar violentos y agresivos delante de ellos.
- Poseen falta de límites y tienen dificultad para seguir las normas.
- Agreden a los que no cumplen los estándares de comportamiento y belleza (Connolly, 2018).
- Agreden por venganza. Pueden dirigirlo contra personas que les han generado algún tipo de ofensa, normalmente cuando entablan discusiones que les producen frustración (Nilan et al., 2015).
- Infravaloran a sus víctimas y las consideran demasiado tímidas y pequeñas a su lado.
- Son impulsivos.
- Frecuentemente necesitan observadores para realizar su conducta y reafirmarse en ella.
- Creen que pueden obtener reconocimiento y una posición en el grupo con esa conducta agresiva.
- Pueden tener malas amistades que les llevan a hacer *bullying*.

Las **consecuencias de ejercer *bullying*** para los agresores son:

- Bajo rendimiento académico.
- Conductas antisociales y delictivas en el futuro.
- Dificultad para poder cumplir normas.
- Autoconcepto negativo, alta autoestima y baja autocrítica.
- Falta de empatía.

VÍCTIMAS DEL *BULLYING* Y CÓMO DETECTARLAS

Cualquiera puede ser víctima de *bullying*, ya que el número de personas sobre el que se realiza es amplio y puede ocurrir al azar. Sin embargo, hay unas características que dan con más frecuencia en las víctimas (Moretti y Herkovits, 2021; Wright, 2016):

- Pueden pertenecer a grupos sociales minoritarios. Por ejemplo, ser de una raza diferente, tener otra religión, tener una orientación sexual minoritaria, etc.
- Desean controlar la situación por ellas mismas y no piden ayuda.
- Transforman el enojo por la humillación en agresiones hacia sus agresores.
- Pueden tomar el acoso escolar como algo normal o una broma.
- Son vulnerables, poseen una conducta pasiva, dificultad de comunicación y baja popularidad. Suelen ser tímidas y tienen una baja aceptación.
- Pertenecen a familias en las que se les sobreprotege, no permiten su autonomía.
- Sienten que el intentar resolver los conflictos por adultos puede hacer que aparezca más *bullying* y aislamiento social, por lo que a veces no piden ayuda a los adultos, sino a sus pares o amigos.
- Siguen utilizando las redes e intentan minimizar el contenido que cuelgan.

La mayoría de las víctimas que sufren *ciberbullying* han sido víctimas del *bullying* anteriormente (Armitage, 2021). Las **consecuencias** que podrían ocurrir **por sufrir *bullying* o *ciberbullying*** se pueden categorizar en tres categorías:

- **Consecuencias relacionadas con el ámbito académico.** Como no querer acudir al colegio, sentir ansiedad ante exámenes, bajo rendimiento académico, baja socialización, bajo sentimiento de aceptación.

- **Consecuencias en la salud.** Sentirse cansadas, bajo apetito, dolor de estómago, dificultades con el sueño, dolor de cabeza, dolor de espalda, mareos, depresión, ansiedad, síntomas psicóticos, autolesiones, ideas de suicidio y comportamiento suicida, abuso de sustancias, pánico, soledad, baja autoestima, hiperactividad, trastornos de la personalidad, soledad, bajas habilidades sociales, conductas sexuales de riesgo, desconexión con padres.

- **Consecuencias futuras en el adulto.** Depresión, ansiedad, pánico, trastornos de la personalidad, suicidio, uso de sustancias, criminalidad.

Es posible que el niño que está sufriendo **acoso escolar** no se lo diga a nadie, aunque hay una serie de señales que pueden **indicar que lo está sufriendo** (Unicef, 2019b):

- Puede dejar de querer asistir a clase, puede bajar su rendimiento escolar o puede mostrar desinterés por el colegio.
- Normalmente deja de participar en actividades con el grupo de compañeros.
- Suele presentar baja autoestima.
- No queda con sus amigos y prefiere estar con adultos.
- Sufre cambios de humor, cambios en la alimentación o en el uso que hace normalmente de las redes sociales.
- Puede manifestar miedo a la soledad, ataques de pánico, insomnio, pesadillas.
- Presenta lesiones físicas, dice que pierde cosas o las lleva rotas.

LOS OBSERVADORES

Los observadores son las personas que se encuentran en el entorno donde ocurre el *bullying* o *ciberbullying* y cumplen además una serie de características (Romualdo et al., 2019):

- Pueden poseer vínculos con el agresor y con las personas agredidas.
- Defender a las víctimas puede implicar que ellos reciban represalias por el agresor.
- Si deciden acusar a un agresor, necesitan recopilar información y estar seguros de ello para no sufrir la crítica de otros, ya que en ocasiones solo ven parte del proceso de acoso.
- En general, actúan a favor de la víctima cuando son sus amigos.
- Si sienten empatía por la víctima, aunque no la conozcan, pueden actuar a su favor.
- Informarán a un adulto más fácilmente si pueden hacerlo de manera anónima.

Hay diferentes **tipos de observadores:**

- **El pasivo.** No interviene en la agresión porque teme que el agresor pueda ir contra él.
- **El espectador activo.** Apoya la agresión y se puede divertir con la agresión.
- **El defensor activo.** A veces ayuda a la víctima.

TIPOS DE *BULLYING*

El *bullying* se puede realizar de diversas maneras (Viscardi, 2011):

- **Acoso verbal.** Suele ser el más habitual, ya que quien lo realiza no quiere dejar huella y que otros puedan enterarse. Mediante él se propagan rumores sobre

la víctima, se emplean humillaciones e insultos, así como motes y descalifica-
ciones.

- **Acoso gestual.** El agresor lo realiza mediante gestos para intimidar o provocar
  miedo en la víctima.

- **Acoso psicológico.** Se amenaza al que lo recibe para provocar miedo y logra
  algo de él que puede ser material o puede consistir en hacerle realizar cosas
  que no quiere. La víctima se siente humillada y no hablará con otros sobre lo
  que ocurre.

- **Acoso social.** Se aísla a la persona del entorno. Se impide participar a la víctima en actividades y se ignora su presencia o no se cuenta con él.

- **Acoso físico.** Es una agresión directa que se realiza mediante empujones, golpes, patadas y que también se realiza rompiendo pertenencias de la víctima.

- *Ciberbullying.* Se realiza por parte de una persona o grupo a través de dispositivos electrónicos y de forma continuada. El agresor suele dirigir el *ciberbullying*
  a una víctima que conoce en persona. Los observadores que escoge son personas que pertenecen a su grupo social y aprueban el comportamiento dando
  «*likes*» o «me gusta» a las publicaciones que realiza el agresor. Las personas
  que lo sufren pueden padecer problemas psicosomáticos, depresión, estrés,
  bajo rendimiento escolar. Se humilla su imagen y su valoración social. Se puede
  ejercer a través de:

- Criticas e insultos.
- Compartiendo información personal, fotos y vídeos o manipulando estos me-
  diante programas de edición.
- Amenazas.
- Hackeo de cuentas personales para poder enviar fotos o escribir comentarios.
- Creando páginas para colgar información, imágenes o críticas sobre alguien.
- Excluyendo a la víctima de grupos o actividades virtuales.

RED DE APOYO EN EL *BULLYING*

El hecho de sufrir *bullying* o ser el agresor puede hacer que el niño no reconozca lo
que está ocurriendo. Si se interviene creando una red de apoyo, esta conducta puede
ser revertida de manera adecuada. El niño tiene que aprender que puede confiar en

los adultos y dirigirse a ellos. Sus principales apoyos serán la familia y la escuela, al igual que los observadores y amigos.

QUÉ PUEDE HACER LA FAMILIA CUANDO UN NIÑO ES AGRESOR

El hecho de que un niño esté teniendo conductas agresivas con otros puede ser debido a que necesita imperiosamente llamar la atención o que está atravesando una situación emocional que le resulte complicada. Se deben seguir unos pasos para ayudar al niño que está realizando *bullying* o *ciberbullying* y detener este comportamiento (Unicef, 2019a):

- El primer paso es **observar qué está ocurriendo y reconocer que hay un problema.** Se puede detectar si tiene síntomas como los que hemos descrito en el apartado de agresores.

- **Tener comunicación con el niño.** Comprender por qué está actuando así, si se siente frustrado, si está teniendo problemas.

- **Observarse a uno mismo.** Muchas veces los niños reproducen lo que ven. Si estamos actuando de manera agresiva, es preciso cambiar el comportamiento para no servir de modelo incorrectamente.

- **Tener en cuenta lo que dice el colegio.** Hablar con el colegio y los maestros es crucial para comprender qué está ocurriendo y enterarse de si han observado algún comportamiento incorrecto.

- **Hablarlo con el niño.** Tener una conversación con él en la que se hable sobre las consecuencias de su comportamiento y de lo que tendrá que hacer para arreglarlo.

- **Consultar con especialistas.** Cuando sea necesario habrá que acudir a especialistas y buscar grupos de apoyo o ayuda en la escuela.

QUÉ PUEDE HACER LA FAMILIA CUANDO UN NIÑO ES VÍCTIMA

La familia no siempre sabe que el niño está sufriendo *bullying*. Las investigaciones muestran que cuando el niño es el agresor muy pocos hablan con sus hijos e intentan solucionarlo, mientras que en el caso en el que el niño es la víctima, las familias brindan apoyo a su hijo. Es importante que los niños sientan el apoyo de sus padres, sean agresores o víctimas, para corregir la conducta. El sentir este apoyo hace que los niños puedan disminuir las agresiones. Los padres, tratando de proteger a su hijo, pueden ignorar que está cometiendo *bullying* o que está siendo acosado (Holt et al., 2008). Es necesario que se involucren con los problemas de *bullying* para poder prevenirlo y ayudar a su hijo si está siendo víctima de acoso escolar. Para ello pueden:

- **Observar.** Tratar de ver si el niño tiene cambios en su comportamiento, estado anímico, estado de salud, bajo rendimiento escolar, etc...

- **Escuchar al niño con empatía.** Ante todo hay que evitar que se sienta culpable.

- **Mantener la calma.** Para aportar tranquilidad y confianza en el niño. Si este percibe los nervios puede agravarse su sentimiento de culpa y malestar.

- **Alejarlo de la culpa.** Dialogar con él sobre el derecho a sentirnos protegidos y ser tratados con respeto.

- **Reforzar su autoestima.** Hacerle ver lo bien que hace pidiendo ayuda y enseñarle lo fuerte que ha sido.

- **Recopilar información.** Habrá que poner atención en recopilar todos los datos que sea posible acerca de lo que está sucediendo: mensajes, testimonios, preguntar a amigos, investigar acerca de los hechos, etc. Hay que hacer ver al niño que es importante que guarde los mensajes que ha recibido o que facilite las pruebas que tenga.

- **Servir de apoyo.** Hacer sentir a la víctima que los padres van a estar ahí.

- **Reportar el incidente a la escuela.** La escuela puede recoger la información y valorar qué está ocurriendo. Después debe mantener entrevistas con las personas implicadas, agresor, víctima y observadores, y pueden iniciar medidas de protección a la víctima como vigilarlo y acompañarlo. También deberá tomar medidas disciplinarias contra el agresor, favorecer conductas de disculpa y proponer medidas que den soluciones, como programas específicos con observadores y resto de alumnado.

- **Intentar ampliar su círculo y fomentar otras actividades fuera de la escuela.** El niño necesita ver que puede seguir relacionándose con otros niños de manera adecuada y que no todos van a ser iguales.

PREVENIR EL ACOSO: QUÉ HACER PARA EVITAR EL BULLYING

Hasta hace poco el *bullying* se consideraba como un ritual en los niños y se normalizaba. Sin embargo, la repercusión y el impacto en la salud del niño, y más tarde en la salud del adulto en el que se convertirá, han hecho que se entienda que es un problema de salud pública que requiere atención urgente.

Las escuelas han desarrollado programas de intervención para reducir la conducta de *bullying* en los niños y en los adolescentes. La mayoría han tomado medidas y han formado al personal para prevenir el *bullying*, para que sean conocedores de las conductas que puede implicar y así poder pararlo a tiempo y obtener mejores resultados.

En España existen varios **programas de prevención del acoso escolar:**

- **El programa de tutoría entre iguales (TEI).** Es un programa para poder prevenir el acoso escolar en el que se involucra a los integrantes de la comunidad educativa y colaboran alumno, escuela, familia y sociedad. Se inició en el año 2002 y empezó a introducirse en centros en el 2003. Es el programa de convivencia con mayor implementación en España (González Bellido, s. f.) en el que los niños tienen un papel muy importante y se ayudan entre ellos. Los mayores protegen a los alumnos más pequeños aportando fortaleza física y emocional.

- **El programa AVE.** Este programa está basado en la detección del *bullying* mediante la aplicación de un cuestionario. El programa se basa en la atención y rechazo al acoso y en la implicación de los alumnos con una política de tolerancia cero. Se da a los centros herramientas para detectarlo, responder de manera temprana y establecer un mapa de riesgo en cada clase.

- **El método Kiva.** Su traducción sería «contra el *bullying*». Inculca la idea de que el acoso escolar es un tema público y común a todos los alumnos. El *bullying* se convierte en algo negativo y despierta el rechazo en otros alumnos y profesorado. Los alumnos reciben instrucciones para denunciar el acoso si lo padecen (*Programa Kiva*, s. f.).

Los padres también pueden **actuar para ayudar a prevenir** las conductas relacionadas con el acoso escolar. Para ello es aconsejable:

- **Identificar las señales de peligro.** Cuando un niño está teniendo un comportamiento extraño, que no es el que normalmente suele realizar, puede ser una señal de alarma que habrá que tener en cuenta.

- **Mantener comunicación con el menor.** El hecho de poder tener una buena comunicación con él va a facilitar el poder enseñarle conductas adecuadas e inadecuadas para ser capaces de reconocer cuándo está siendo víctima de una agresión. En el caso de que tenga comportamientos que pueden perjudicar a otros, se puede trabajar con empatía y hacerle cambiar sus pensamientos sobre otros de manera que no se convierta en acosador.

- **Evitar ser un modelo que tenga conductas agresivas o malsonantes.** El niño será capaz de aprender de sus padres unas pautas de comportamiento alejadas de la agresividad y la ofensa hacia los demás.

- **Modelar en el niño la amabilidad y el liderazgo.** Se trata de ir fomentando en el menor la práctica de actitudes amables y de respeto por el prójimo, así como de hacerle entender el valor de promover estas actitudes en su entorno.

- **Trabajar con la escuela.** El seguimiento que se hace con la escuela sobre el comportamiento del niño puede ayudar a conocerle mejor y ver cómo se desarrolla su etapa académica.

- **Promover las fortalezas del niño.** Enseñarle a controlar emociones y regularlas facilitará que cuando el niño esté enfadado, o frustrado por algo que ha hecho otro, sea capaz de hablarlo y entenderlo sin necesidad de ejercer la violencia.

- **Educación.** Es la base principal. Educar a un niño en valores y normas siempre va a facilitar que su comportamiento sea el adecuado. El respeto a los demás es la base de una buena relación con los compañeros.

- **Enseñarle los límites.** Los límites hacen que el niño sepa parar conductas de otros hacia él que pueden terminar siendo perjudiciales.

- **Ser un apoyo.** Un niño necesita sentir que está seguro y que tiene personas en las que confiar. Así podrá pedir ayuda sus padres, familiares o amigos ante una situación de acoso.

Los observadores y amigos deben actuar también para prevenir el acoso escolar. Entre las acciones que pueden llevar a acabo están:

- **Educarse en *bullying*.** Conocer cuáles son las conductas del *bullying* hace que se reconozca fácilmente cuándo empiezan a ocurrir.

- **Hacerse cómplices de la víctima y escuchar.** Si no son sus amigos, pueden acercarse a ella, escuchar para ver cómo se siente y preguntar cómo ayudar.

- **Alejar a la víctima de la situación de peligro.** Cuando se detecte una situación de peligro, existe la posibilidad de acercarse diciendo frases como «te llama alguien».

- **Alejar a los compañeros que observan.** Ante situaciones en las que hay observadores que no hacen nada ante la situación de acoso, es bueno pronunciar frases como «no es divertido» o «está haciendo *bullying*», para que estas acciones no transcurran como una acto de normalidad.

- **Dirigirse al agresor para que se detenga.** Hay que decirle al acosador que no está haciendo algo agradable y que debe detener su conducta ya que hace daño a otro. Se puede hacer esto también mediante el envío de un mensaje al móvil o al correo.

- **Evitar reaccionar con agresiones.** No hay que dirigirse al agresor con burlas ni reacciones violentas, ya que esto puede empeorar la situación o hacer que el agresor también se convierta en víctima.

- **Denunciar el acoso.** Lo ideal es contárselo a un adulto de confianza para que pueda actuar lo más pronto posible. Pueden ser los padres, los profesores o un hermano mayor en el que se confíe.

- **Ayudar a la víctima a que se sienta segura.** Es necesario permanecer a su lado y no dejarla sola en sitios que pueden resultar conflictivos, como el baño. También se le puede apoyar verbalmente y decirle lo importante que es para uno.

- **Pedir ayuda a otros amigos.** Cuantas más personas estén en contra del agresor, más fácil será que este vea que está realizando una mala conducta. Al mismo tiempo, la víctima se sentirá más apoyada.

EL JUEGO EN LA INFANCIA

*C*arlota *está en el parque. Acaba de llegar con su madre. Es la primera vez que acuden allí y no conoce a nadie. Se dirige hacia la zona del tobogán donde hay muchos niños y observa cómo estos hacen turnos para tirarse. Se dirige hacia una niña y le dice: «¿Puedo jugar con vosotros?». Esta niña la mira, le sonríe y le dice que sí. Después de un rato, Carlota está riéndose y tirándose por el tobogán imitando a otros niños.*

El juego es una acción que se realiza con la finalidad de entretenerse. Es algo innato en el ser humano que se practica en todas las etapas. Tiene un papel muy importante en la vida del niño, ya que va a ayudarle a desarrollar diferentes áreas como la psicomotriz, la cognitiva y la afectivo-social. El juego educa y contribuye a fomentar la creatividad. A través de él el niño va a conocer el mundo y aprender a relacionarse. Durante los años de infancia le dedicará muchas horas, ya que es la actividad principal que realizará. No solo representa un entretenimiento, sino que también le va a ayudar a resolver problemas.

El juego consta de varias **dimensiones** (Hughes, 2021) :

- **Dimensión física-sensorial.** Se recibe información del entorno y del propio cuerpo. Implica actividad física en la que se coordinan movimientos y también se utilizan los sentidos. Cuando un niño juega tiene activos los sentidos y conoce los sonidos, los movimientos y las características del entorno.

- **Dimensión cognitiva.** El niño interpreta y comprende el mundo y a las demás personas. A través del juego se interacciona con el entorno físico y social, se estimula la capacidad de razonamiento y se pueden considerar otros puntos de vista. Asimismo, se desarrolla la imaginación y la creatividad, así como la atención y la memoria.

- **Dimensión socioafectiva.** Con el juego el niño se relaciona con otros, expresa sus emociones y comunica sus necesidades. Mediante él se desarrolla la responsabilidad y el autocontrol.

Las **características del juego** son :

- **Actividad libre y espontánea.** El niño juega de manera natural obteniendo placer, diversión y bienestar con ello.

- **Es motivador.** Para el niño el juego resulta motivador y no se aburre con él. Es algo gratificante para el niño.

- **Función educativa.** A través del juego el niño aprende, explora y comienza a ser creativo e independiente.

- **Función integradora.** Mediante el juego las relaciones sociales se fomentan y el niño hace amigos y aprende a relacionarse con otros.

- **Función terapéutica.** Al jugar se liberan tensiones, produce relajación y el niño se reafirma.

- **Función creativa.** Con el juego se estimula la imaginación.

ETAPAS DEL DESARROLLO DEL JUEGO
El juego tiene un papel muy importante en todas las etapas del desarrollo infantil:

- **De cero a dos años.** El niño realiza el juego en solitario. No necesita interactuar con otros.

- **Dos años.** El niño observa a otros jugar, pero no interactúa. Ejerce de espectador ante otros.

- **Dos años o más.** El niño juega cerca de otros, pero no con ellos. Establece un juego en paralelo.

- **De tres a cuatro años.** El niño comienza a interactuar con otros, aunque no mucho. Puede estar jugando al mismo juego, aunque cada uno está haciendo una cosa diferente.

- **De cuatro a cinco años.** El niño se interesa en la actividad de otros y coopera, aunque no es consciente de ello. Comienza a participar en el juego cooperativo. En este periodo el niño es egocéntrico y puede modificar y cambiar las normas del juego a su antojo.

- **De seis a 12 años.** El niño convierte las normas en reglas. Se juega en grupo y se establecen normas que todos deben seguir.

TIPOS DE JUEGO

Existen diferentes tipos de juego (Pediatrics, 2019):

- **Juego con objetos.** Los niños juegan con un juguete o pueden hacerlo con un objeto, como es el caso en el que pintan una caja de cartón y hacen una casa o un coche, por ejemplo. Utilizan sus destrezas y sentidos para explorar las propiedades de los objetos y hacer experimentos. Pueden dar diversas utilidades a los elementos que utilizan, por ejemplo, cuando son muy pequeños, es posible que utilicen la tapa de un bote como si fuera un plato donde dar de comer a sus muñecos o servir la comida a otros. Un objeto cuadrado se puede convertir en un móvil, cuando tratan de imitar a los adultos. Aquí también tienen cabida los juegos con nuevas tecnologías. Este se puede realizar con ordenador, consolas o móviles.

- **Juego físico.** Es aquel en el que el niño desarrolla sus habilidades motrices. Ayuda a prevenir la obesidad infantil y fomentar la inteligencia. Cuando los niños acuden a un parque infantil adquieren confianza con los toboganes, columpios y demás aparatos y realizan actividades en un entorno que les puede resultar seguro.

- **Juego al aire libre.** Mediante el juego al aire libre los niños emplean todos sus sentidos y desarrollan habilidades como la percepción espacial y el equilibrio. Además mejoran la capacidad de atención. Pueden utilizar normas para los juegos.

- **Juego simulado.** Surge hacia los dos años y con él se representa lo que no está presente. Los niños transforman objetos y simulan otros que no están; es el caso en el que los niños pueden coger un palo y simular que es un caballo. Experimentan con roles sociales y aprenden a colaborar. Mediante este juego simulado se disfrazan, ejercen roles como interpretar profesiones de médicos o policías y aprenden que los objetos pueden tener múltiples utilidades. Según pasan los años, este tipo de juegos adquieren complejidad y es posible que requiera la colaboración con otros niños.

BENEFICIOS DEL JUEGO EN EL NIÑO

Los beneficios que el juego aporta son muy variados y tienen impacto en la salud y en el desarrollo (Dankiw et al., 2020):

- **Beneficios en la actividad física y el desarrollo motor.** Se adquiere flexibilidad, habilidades de movimiento y coordinación. Ayuda a que en sus inicios el niño gatee, dé sus primeros pasos y, posteriormente, ayuda a tener mejor forma física.

- **Beneficios en el desarrollo cognitivo.** Mediante el juego el niño va conociendo el mundo, ya que explora todo lo que le rodea. Surgen pensamientos mediante los cuales planifica y resuelve problemas. El aprendizaje mejora, así como la creatividad. La atención, memoria y concentración también aumentan.

- **Beneficios sociales.** Desarrollan actitudes de solidaridad, cooperación, interacción con otros y mejoran el comportamiento social.

- **Beneficios emocionales.** Se facilita el desarrollo emocional, ya que se aprende a expresar y gestionar las emociones. El juego ayuda a estar de buen humor.

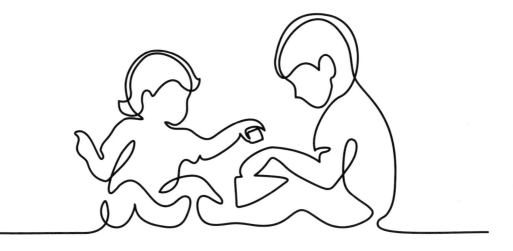

EJERCICIOS CON JUEGOS

LA CADENA
- **Objetivo.** Poner en práctica un juego cooperativo.

- **Método.** Este juego se realiza en grupo. El niño, que va corriendo, agarra a otro de la mano y los dos corren juntos. Agarran a otro y así sucesivamente hasta que todos están corriendo juntos.

EL GLOBO QUE BAILA
- **Objetivo**. Fomentar el juego cooperando.

- **Método.** Se forman parejas en el grupo de niños y estas parejas tienen que sujetar un globo y bailar juntos. Se trata de que el globo no caiga. La pareja a la que se le cae es eliminada. Gana la pareja que mantenga el globo en el aire.

GINCANA PARA ENCONTRAR EL OBJETO
- **Objetivo.** Fomentar el juego social.

- **Método.** Los niños entran en una habitación donde previamente se ha escondido un objeto y se van poniendo pruebas. Deben colaborar para encontrar el objeto. Aquí los padres tienen que ser creativos e ir poniendo pruebas.

Por ejemplo, apagar la luz y leer un mensaje que está escrito en un papel con tinta que brilla al poner una luz. En el mensaje hay una pista para encontrar otro escondido en un libro de la habitación.

Cuando encuentren el libro, descubrirán dentro una nota de papel que contiene otro mensaje con una pista para buscar debajo de un mueble otro nuevo mensaje.

El mensaje escrito en papel que se ha colocado debajo de un mueble les lleva a buscar una llave que se encuentra escondida en un recipiente en la habitación. La llave abre una caja que estará escondida en otro sitio de la habitación y donde está el objeto que debían encontrar.

ADIVINA QUIÉN SOY

- **Objetivo.** Colaborar dibujando.

- **Método.** Los niños tienen que hacer máscaras juntos. Se les dan colores a cada uno y se les divide en grupos. Tienen que pintar una máscara. Entre los grupos se tienen que poner de acuerdo sobre qué personaje pintará cada uno y qué quieren dibujar. La temática puede ser sobre personajes de cuentos, de dibujos animados, de películas, etc.

EL DESIERTO

- **Objetivo.** Realizar elecciones en grupo.

- **Método.** Se les da una lista a los niños con objetos y se les dice que tienen que elegir cinco que se llevarían al desierto como grupo. Los niños tienen que seleccionar los que se llevarían.

EL MODELADO INFANTIL

*A*ndrés va al cuarto de sus padres. Ve que su padre ha dejado la chaqueta en la silla, siempre le ha gustado mucho. Toma la chaqueta de su padre y se la prueba. Le encanta poder tenerla puesta. Sale al salón donde está la familia y se pasea imitando los gestos de su padre, al mismo tiempo que repite alguna frase suya.

Los niños suelen imitar todo lo que ven hacer a los mayores. Así, podemos ver cómo intentan imitar su modo de vestir, repiten sus frases, se sientan igual, les copian al comer. Por eso es tan importante convertirse en un modelo para los hijos, ser un ejemplo de lo que se quiere que repitan. Cuando los niños son pequeños, todavía no han desarrollado la capacidad de saber lo que está bien y mal, simplemente imitan sin distinguir si esa conducta es apropiada o no. Los niños son una réplica de las conductas que ven y observan en su entorno.

Para tratar de crear conductas, pensamientos y actitudes similares se puede utilizar la técnica del modelado. El modelado también conocido como **aprendizaje por imitación o aprendizaje vicario** fue identificado por Albert Bandura en el año 1961 y es una forma de aprender observando el comportamiento de otros. Es importante que la figura a imitar sea alguien de referencia para el niño como los padres, hermanos, profesores o alguien que juegue un papel importante en la educación del niño.

Con esta técnica se enseñan reglas que ayudan a regir la conducta en determinadas situaciones.

FUNCIONES DEL MODELADO
Existen varias **funciones** importantes en el modelado:

- **Aprender nuevas conductas.** Mediante el modelado se aprenden habilidades sociales, cognitivas y motoras, opiniones y creencias. Los niños pueden aprender a hablar, bailar, jugar, montar en bici, etc.

- **Promover o inhibir conductas en función de las consecuencias.** Se puede aprender a nadar cuando el niño ve a otro nadando y observa que flota, o se puede inhibir el tocar una cazuela caliente cuando ve que alguien se ha quemado al tocarla.

- **Incitar conductas.** Cuando se enseña al niño a recoger los juguetes puede ser indicio de que la hora de juego ha terminado y tiene que hacer los deberes. La acción adquiere así un significado.

- **Motivar.** Observar una conducta puede favorecer el interés por realizarla. El que el niño vea a su madre o padre leer y comentar un cuento con él puede motivar que el niño también lea.

- **Modificar la valencia emocional.** Por ejemplo, enseñarle que la oscuridad no es algo malo realizando juegos a oscuras.

PROCESOS Y FACTORES IMPLICADOS EN EL APRENDIZAJE

Según Bandura (1976) en el aprendizaje por observación hay implicados cuatro **procesos** básicos:

- **Atención.** Para que una persona imite una conducta ha de ser importante para esta que despierte su curiosidad. Si esta activa una emoción positiva o negativa se le prestará más atención que aquella que no provoca ninguna emoción. Por eso, si durante el juego con otra persona el niño se ríe, tenderá a repetir lo que está haciendo. De igual modo, si escucha un insulto lo reproducirá. Para para la conducta se imite, debe tener una dificultad adecuada a los conocimientos del niño.

- **Retención.** Está relacionada con la memoria. La persona tiene que representar mediante imágenes, o verbalmente, la información que es relevante para que se realice la acción. Por ejemplo, cuando un niño aprende a manejar un móvil desde muy pequeño está imitando la conducta que está viendo en los mayores; para él no representa dificultad cuando empieza a mover el dedo deslizándolo por la pantalla.

- **Reproducción.** La persona tiene que ser capaz de retener la información que ha visto, almacenarla, recuperarla y posteriormente reproducirla. También obtener *feedback* cuando la reproduce. Es importante contar con las capacidades necesarias para poder reproducir una acción. Si vemos a una niña bailar como lo hace su cantante favorita, previamente habrá visualizado y almacenado los pasos en su imaginación y luego los ha reproducido. Si además alguien le va diciendo los movimientos que debe corregir, o los que están mal hechos, irá mejorando este baile.

- **Motivación.** Para poder repetir una conducta hace falta que le sigan unas cosecuencias. Volviendo al ejemplo anterior, si los padres le van diciendo lo bien que lo hace esto fomentará que siga realizando la acción. Si, por el contrario, le riñen por estar bailando, probablemente no volverá a intentar bailar delante de ellos.

En el modelado **influyen diferentes factores** relacionados con las características del modelo y el observador:

- **Similitud entre el modelo y el observador.** Un profesor puede influir en la conducta de imitación si para el niño representa alguien que le gusta y es un referente.

- **Valor afectivo.** Cuanto mayor sea la afectividad existente entre el modelo y el imitador, más tenderá este a imitarle.

- **Prestigio.** Si el niño sigue a una persona influyente en redes, y le admira, es posible que imite su comportamiento.

- **Eficacia.** Si al observador le parece que la conducta se ha hecho de modo correcto, el niño tenderá a imitarla. Es el caso de un niño que imita a sus padres cocinando si le gusta el pastel que le han hecho. Cuando esté en la cocina, intentará realizar la misma conducta.

- **Capacidades cognitivas de la persona que está imitando.** El nivel alcanzado cognitivamente va a influir a la hora de realizar una conducta. Un niño no podrá escribir un ensayo cuando acaba de aprender a escribir, aunque intente imitar a su madre escritora.

- **Nivel de ansiedad.** El estado de ansiedad en el que se encuentra la persona que imita puede influir en la atención que muestre el observador.

- **Nivel de competencia y habilidades.** Las capacidades que posea la persona que imita son un factor determinante a la hora de imitar. Un niño de cuatro años que intenta imitar a un adulto no podrá construir un puzle de 1 000 piezas sin ayuda, puesto que no tiene sus capacidades motrices y espaciales desarrolladas.

En el modelado se dan **tres fases:**

- **Exposición y observación.** El niño observa qué está ocurriendo.

- **Adquisición.** Hay que tener en cuenta si el niño está prestando atención y reteniendo la conducta.

- **Aceptación.** Que alguien haya visto realizar una conducta no significa que vaya a repetirla, o que vaya a hacerla del modo correcto. Las conductas suelen ponerse en marcha cuando se refuerzan, y se inhiben cuando se castigan. Si un niño saluda a los demás y alguno de sus padres le dice «muy bien hecho, estoy contento de que saludes», el niño va a aprender que a sus padres les gusta y va a repetirlo.

TIPOS DE MODELADO
Podemos distinguir diferentes tipos de modelado:

- **Modelado en vivo.** La persona que ejerce de modelo se encuentra presente cuando el niño realiza la conducta.

- **Modelado simbólico.** El modelo se presenta de forma audiovisual, con Internet o televisión, o también puede hacerse mediante una narración o escritura. Se muestra al niño una película o cuento donde aparece un personaje que imitar y se describe su comportamiento y sus consecuencias. Se le puede presentar un superhéroe que admire y narrarle sus valores a la vez que se le enseñan conductas que puede imitar, como son ayudar a los demás o ser generoso.

- **Modelado participante.** Consiste en realizar la acción simultáneamente el modelo y el observador para luego, con ayuda del modelo, que el niño la repita. Por ejemplo, si un niño tiene miedo a las agujas, un adulto puede ir con él al médico para que vea cómo ponen una inyección a alguien y que luego él reciba la vacuna. O, si tiene miedo a los perros, se puede acariciar uno delante de él para que vea que no hacen nada y que luego el niño repita la conducta. Se le van dando instrucciones mientras el niño va repitiendo la conducta; después de varias veces se deja que lo haga solo.

Este tipo de modelado es posible aplicarlo en diferentes contextos, como es el caso en el que el niño tiene miedo al agua. Se puede ir a la piscina o al mar e ir entrando en el agua con él a la vez que se le muestra que es un lugar seguro.

- **Modelado encubierto.** Se instruye en la conducta de forma imaginaria. Por ejemplo, se le pide que nos describa una situación que le da miedo y que imagine a una persona ante esa situación y cómo la enfrenta. Después se le invita a que se imagine a sí mismo protagonizando esa escena.

- **Modelado pasivo.** Se observa una conducta y se reproduce posteriormente, pero el modelo ya no está presente.

- **Modelado en autoinstrucciones.** La persona puede observar a otra realizando una conducta e ir verbalizando los pasos que sigue. Posteriormente, se va diciendo los pasos que tiene que seguir cuando realice esa conducta por sí sola. Este procedimiento se desarrolló inicialmente por Meichenbaum (1971). Pongamos como ejemplo el niño que tiene que hacer una presentación en clase. Se puede ir diciendo que tiene que estar calmado al comenzar, que debe realizar respiraciones para calmarse, que va a ser capaz de hacerlo bien, que puede colocarse en un sitio frente a los demás en el que se sienta cómodo, que tiene que seguir unos pasos en la exposición, que puede cometer algún error o improvisar sin saberse todo de memoria, etc. De este modo, cuando se enfrente a la situación, le calmará seguir el paso a paso.

CÓMO PONER EN PRÁCTICA EL MODELADO

A la hora de tratar que el niño realice determinadas conductas hay que seguir los **siguientes pasos:**

- **Escoger quién va a ser la persona que le va a retransmitir ciertas enseñanzas.** Es importante saber quien va a hacer de modelo para enseñar, por ejemplo, a lavarse los dientes todas las noches, aprender a hacer la cama, vestirse, etc.

- **El modelo ha de llevar las acciones delante del niño.** Si se pretende enseñarle a lavarse las manos antes de comer, es necesario realizar esta acción todos los días delante del niño.

- **Dar indicaciones precisas.** A la hora de vestirse, hay que ayudarle a elegir su ropa e indicarle que primero se pone un calcetín, luego otro y después los zapatos, dándole instrucciones de cómo se hace.

- **Hacer que preste atención.** Hay que asegurarse de despertar su atención, que la mantenga mientras se desarrolla la acción y que trate de retener lo que estamos haciendo.

- **Hacer correcciones.** Si es necesario, habrá que indicarle cómo hacerlo bien y corregir sus errores.

- **Tener paciencia y ser comprensivos.** Saber que el niño no va a aprender todo la primera vez y que le llevará tiempo. Mostrar siempre una actitud paciente.

- **Mostrar gratitud y agradecimiento.** Siempre que logre imitar una acción que se le propone, hay que reforzar esa actitud y agradecer su esfuerzo.

Igual que estamos prestando atención a las conductas que queremos favorecer, también hay que ser especialmente cuidadosos con las **que no queremos que hagan:**

- **No realizar conductas en las que se falte el respeto al otro.** Si nos ven actuando de esta manera, luego podrán copiar estas acciones.

- **Pedir disculpas cuando se ha hecho algo mal.** De este modo el niño interioriza que esta es la conducta que debe tener.

- **No insultar delante de él.** Cuando estamos enfadados podemos pronunciar palabrotas o insultar a otros. ¡Cuidado con estas conductas que pueden reproducir con terceros!

- **No realizar conductas que puedan incitar al odio, al racismo, a la discriminación.** Si un niño ve conductas de este tipo, crecerá pensando que es lo normal y tenderá a menospreciar y discriminar a otras personas porque pensará que son diferentes.

REFORZAR O CASTIGAR

uando hablamos de cómo corregir una conducta del niño que puede no parecer buena, una de las primeras palabras que nos viene a la mente es el castigo. Pero también existe otro término que acuñó Skinner (1957) que es el de refuerzo. Vamos a distinguir qué significa cada concepto, castigo o refuerzo, a lo largo de este capítulo.

Los niños pueden realizar conductas como mentir, negarse a comer, tener berrinches, malestar, acciones que van en contra de las normas y reglas de un lugar, como puede ser la casa, el colegio, la casa de un familiar, la calle, etc. Cuando se educa, los padres tienen como objetivo principal que los niños realicen conductas positivas y supriman las negativas, pero muchas veces es difícil saber cómo conseguir esto. Tratan de establecer estas reglas mediante obligaciones, juegos o intentando razonar. Otras veces se les da un premio por cada conducta que realizan bien o un castigo por aquellas que realizan mal. También pueden poner límites. Lo cierto es que es difícil saber cómo hacerlo de la mejor manera.

		AUMENTA LA CONDUCTA	DISMINUYE LA CONDUCTA
SE PRESENTA UN ESTÍMULO	Bueno	Reforzamiento positivo	
	Malo		Castigo positivo
SE QUITA UN ESTIMULO	Bueno		Castigo negativo
	Malo	Reforzamiento negativo	

EL REFUERZO

El refuerzo se puede entender como una forma de aprender en la que el niño asocia una conducta con unas determinadas consecuencias. De esta manera la conducta se podrá repetir o no en el futuro.

EL REFORZAMIENTO POSITIVO

Juan ha estado jugando en su habitación y ha dejado todos los juguetes tirados por el suelo. Su padre le pide que los recoja y Juan se niega. Su padre logra convencerle y después le da un abrazo y le dice lo orgulloso que está de lo bien que lo ha hecho.

Juan ha jugado al fútbol con su equipo y sus padres han acudido a verle. Durante todo el partido han estado animándole, han visto cómo marcaba un gol y han aplaudido mucho mientras se ponían de pie para que los viese bien. Cuando acaba el partido, en el que además el equipo ha ganado la liga, sus padres le regalan un videojuego que Juan estaba deseando tener.

El reforzamiento positivo es un procedimiento mediante el cual se aplica un estímulo agradable para hacer que aumente la probabilidad de que una conducta se repita en el futuro.

Entre sus **características** se encuentran:

- **Afianza una conducta.** Se trata de que la conducta se repita con más frecuencia a la vez que se consolida.

- **Utiliza recompensas agradables.** Como palabras, gestos o algún tipo de premio.

- **Debe utilizarse de forma adecuada.** Se tiene que recurrir a él solo en situaciones que realmente lo requieran. Así se genera la asociación.

El reforzamiento positivo cuenta con una serie de **beneficios,** como son la estimulación de la capacidad para esforzarse y su valoración. El niño tratará de esforzarse para conseguir más recompensas y empezará a valorar aquello que hace. Al mismo tiempo es capaz de reconocer sus fortalezas, ya que puede distinguir aquello que le cuesta de lo que no y aumenta su autoestima. Cuando un niño recibe comentarios positivos, presta más atención a lo que hace y aprende más fácilmente.

Hay varios **tipos de reforzadores positivos:**

- **Refuerzo material.** Es la recompensa real que se puede tocar, como juguetes, dinero, un pastel o un videojuego, por ejemplo.

- **Refuerzo social.** Es aquel que se provoca mediante una acción, como una sonrisa, un gesto, un halago o un abrazo.

- **Refuerzo natural.** Se produce como resultado de la conducta. Si un niño hace gimnasia está más ágil, si estudia obtiene buenas notas, si juega con plastilina tiene una figura, etc.

Entre los **factores que influyen para que un reforzador sea eficaz,** encontramos los siguientes:

- **Tener claro la conducta que se quiere incrementar.** Si queremos que un niño sea ordenado, habrá que empezar porque recoja sus objetos y luego ampliarlo a otros elementos de la casa.

- **Elegir los reforzadores en función de los intereses del niño.** Si a un niño le gusta dibujar, podemos escoger reforzadores como rotuladores, ceras, lápices de colores. Si es un niño al que le gusta el deporte será mejor seleccionar algo relacionado con ello, como ver un partido, una raqueta o una pelota. Si le gusta la cultura, un libro, visitar un museo, viajar, etc.

- **Buscar operaciones puntuales que le motiven.** Los reforzadores son efectivos cuando la persona no tiene acceso a ellos durante un tiempo. Si son continuas, no resultan eficaces.

- **Usar instrucciones.** Explicar cuál es la conducta que esperamos que realice.

- **El reforzador ha de ser inmediato.** Si le decimos que ha hecho algo bien ha de ser en el momento en el que lo hace, no tres días después de que haya realizado la conducta.

- **Usar elogios.** Es necesario decirle con palabras que lo ha hecho bien.

- **Retirar el reforzador cuando la conducta deseada se ha mantenido durante varios intentos.** El reforzador material se debe retirar gradualmente cuando el niño realiza la conducta y dejar solo los verbales o de contacto como son palabras agradables o abrazos.

EL REFORZAMIENTO NEGATIVO

Marta no quiere comer las lentejas que tiene delante. Mira fijamente el plato, llora, deja el tenedor y se cruza de brazos. Su padre le retira el plato.

Otro día Marta no quiere hacer los deberes. Su madre está persiguiéndola por toda la casa repitiéndole que tiene que hacerlos antes de merendar y que si los hace no tendrá que ayudarla a preparar la cena. Marta se sienta a hacer los deberes.

El reforzamiento negativo es el procedimiento mediante el cual se retira un estímulo negativo y se logra una conducta deseada.

Entre sus **características** se encuentran:

- **Hace más probable que se realice una conducta.** No se crea una conducta de la nada, sino que se modifica una conducta

- **Elimina los estímulos no deseados.** Motiva a la persona para realizar una actividad.

- **Ignora los procesos mentales.** Se centra en la conducta y no tiene en cuenta lo que está pensando la persona.

- **Puede tener resultados desagradables.** Cuando se quita un estímulo, este a veces puede activar sentimientos de desgana, como cuando el niño tiene que lavar los platos para que su padre no le riña; esta actividad no tiene por qué gustarle.

- **Genera resultados inmediatos.** Conlleva la realización inmediata de la acción. Es el modo de evitar recibir el estímulo negativo.

Para que **sea eficaz** es necesario:

- **Determinar la conducta que se quiere modificar.** Para que exista éxito en su aplicación se debe reconocer previamente la conducta que se quiere fortalecer o suprimir.

- **Seleccionar el estímulo aversivo.** Es necesario definir el estímulo aversivo que se quiere suprimir para que su retirada provoque placer y la persona se sienta motivada.

- **Comunicar que acciones se van a realizar.** Se tiene que explicar qué consecuencia va a tener que poner en práctica esa conducta.

- **Utilizarlo con precaución.** Cuando se tiene cautela se evita que la persona pueda desarrollar agresividad o que se vuelva temerosa con respecto a la conducta.

EL CASTIGO

Adrián es incapaz de dejar el móvil. En cuanto hay una oportunidad lo tiene en la mano para ver vídeos o escuchar canciones. Pasa muchas horas con él y deja de realizar otras actividades. Su padre está muy enfadado por esta conducta y le prohíbe ir a casa de sus amigos hasta que reduzca el número de horas que pasa con el móvil.

El castigo (Vega, 2020) surgió en épocas muy remotas. A través de su uso, la figura de autoridad hacía que se cumpliese su voluntad, como el castigo físico que se aplicaba a los esclavos. No era algo justificado y muchas veces las consecuencias eran exageradas si lo comparamos con el hecho que había provocado que se aplicase. Antiguamente no se dudaba de por qué una figura de autoridad castigaba. Podemos encontrar referencias en el antiguo Egipto, Roma, Grecia, entre un número elevado de otras culturas. En algunos casos llegaba a convertirse en tortura y las personas sobre las que se aplicaba no podían defenderse.

Este tipo de solución para evitar ciertas conductas, que no son del agrado de las figuras de autoridad, se ha ido transmitiendo a lo largo de los siglos y se ha instaurado como algo normal en muchos hogares. Los hijos que se enfrentan a él es muy probable que luego lo apliquen con sus propios hijos. Un niño al que le pegan puede desarrollar una manera similar de comportarse, a la vez que sufre miedo, desconfianza y frustración.

Se ha demostrado que a largo plazo el castigo no es eficaz, sin embargo, ¿por qué se sigue castigando? En ocasiones, la propia herencia determina que continúe existiendo; la persona no se pregunta si está bien o mal. También puede ser una manera fácil y rápida de tratar de solucionar algo. Cuando un niño repite una conducta inadecuada, muchas veces puede provocar enfado y frustración en los padres que tratan de solucionarlo de la manera más rápida.

El castigo se suele aplicar después de una mala conducta y los padres, después de aplicarlo, en el momento en que se paran a reflexionar, pueden sentirse en ocasiones culpables o con malestar por lo que han hecho. La aplicación del castigo impide que se busquen soluciones. En estos momentos está en marcha el cerebro primitivo de los padres, que es el que les protege de las situaciones de amenaza o peligro. No se utiliza el raciocinio. El niño, por su parte, aprende a comportarse bajo el miedo o la culpa y podrá desarrollar resentimiento hacia sus progenitores (Wernicke, 2009).

TIPOS DE CASTIGO
Existen diferentes tipos de castigo (Martin y Pear, 2019):

- **Castigos físicos.** Son los que producen un daño físico, como son los golpes, tirones de orejas, cachetes, etc. No tienen ninguna valoración agradable.

- **Castigos verbales.** Se realizan mediante palabras o frases. Con ellos se trata de hacer ver que los actos tienen consecuencias. Pueden parecer órdenes e ir acompañados de gestos. Se utiliza el insulto o la humillación. Es cuando los cuidadores dicen algo parecido a «mira lo que has hecho», «no sirves para nada», «eres lo peor».

- **Castigos de tiempo fuera.** Se aplican cuando se aleja al niño de un lugar donde ha hecho una conducta y se le hace que reflexione o piense sobre lo que ha hecho.

- **Valor de respuesta.** Se le quita al niño algo valioso.

Como ya se ha indicado, el castigo surge después de una conducta. Puede ser un castigo positivo, cuando supone añadir algo desagradable, o un castigo negativo, si lo que se hace es eliminar algo que resulta valioso.

EL CASTIGO POSITIVO
Irene ha llegado del colegio con una herida en el brazo provocada por un mordisco. Le ha dicho a su madre que ha sido otra niña en el colegio. La madre de Irene va a hablar con la profesora y allí se entera de que Irene había estado pegando a una niña y esta reaccionó mordiéndola. La madre de Irene está muy enfadada porque le ha mentido y allí mismo la reprende e Irene se siente avergonzada.

El castigo positivo se produce después de una mala conducta y provoca una consecuencia o un estímulo que va a resultar desagradable. Esto va a hacer que la conducta disminuya. Cada vez que el niño haga algo que los padres no quieren, se le presenta un estímulo desagradable. Debe ser algo coherente con la conducta y proporcional, no exagerado. El niño va a tratar de escapar a ese estímulo desagradable. Este castigo se realiza inmediatamente después de que se haya producido la conducta. No debe ser algo que haga que el niño lo perciba después como negativo o que le provoque sufrimiento. Por ejemplo, no se le debe castigar con comer fruta, ponerse a hacer sus tareas o causarle algún tipo de sufrimiento. Se le puede reñir después de una pelea o sacarle del lugar donde está realizando la mala conducta.

EL CASTIGO NEGATIVO

José y Adrián están peleando en casa porque cada uno quiere jugar a un videojuego y están gritándose el uno al otro. Su padre entra en la habitación y apaga la consola diciendo que no podrán jugar hasta que se pongan de acuerdo.

Adrián está enfadado porque el día de Reyes no ha recibido todos los regalos que quería y empieza a lanzar los juguetes que le han dado al suelo. Su madre le dice que no va a jugar con ninguno de ellos mientras no se calme y guarda todos en una caja.

En el castigo negativo se elimina algo que el individuo aprecia con el fin de tratar de que la conducta negativa desaparezca. Por ejemplo, si un niño habla mal a sus padres, se le puede castigar sin que vaya al parque, o si un niño tira todos los juguetes por el suelo y no los recoge, se le puede castigar sin postre o dejarle sin ir al cine. Debe ser algo que tenga significado para él. No debe suponer un trauma.

En muchos casos, cuando se castiga, lo que se está haciendo también es retirar el cariño de sus progenitores. Se le dicen frases como «has sido un niño malo», «no me des besos» o también se le ignora.

Son muchos los momentos en los que el niño no entiende estos castigos, no puede pensar en las consecuencias, simplemente va a entender que se le está privando de algo. Y algo que también pasa es que si ya ha transcurrido tiempo desde que tuvo lugar la conducta que se quiere modificar, no entienden la asociación entre el hecho y el castigo. Del mismo modo, el niño puede aprender que cuando hace algo mal los padres le están prestando atención.

Muchas personas siguen defendiendo el castigo físico empleando frases del tipo «a mí me daban un tortazo alguna vez y he salido bien», «aunque me pegaban soy una persona normal», «le agradezco a mis padres que me dieran un cachete de vez en cuando, me sirvió para aprender».

INCONVENIENTES DE LOS CASTIGOS

El castigo imposibilita la comunicación entre padres e hijos y la reflexión de los actos. El niño no aprende a responsabilizarse de sus conductas.

Axelrod (2013) indica que a largo plazo no son efectivos. El castigo en el que se priva al niño de algo no es una estrategia de la que el niño aprenda, ya que va a ser algo inmediato y no lo recordará la próxima vez que haga lo mismo.

- **No hay relación entre una conducta y el castigo.** El castigo no es una consecuencia inmediata de algo que hace el niño. Es una sanción y no va ser algo razonable para el niño.

- **No es un aprendizaje.** Es una manera de que el niño pague por algo. El niño necesita equivocarse y aprender para adquirir una destreza. El castigo solo aparece como un juicio, no como algo que entienda como importante. Si un niño es castigado por no hacer algo, lo que aprende es que la consecuencia es que no le dejarán hacer otra cosa que le gusta.

- **Se puede volver en contra.** Un niño que ve que le castigan sin postre en casa porque no ha recogido su cuarto, cuando esté en otra casa puede no recogerlo porque las figuras que le castigan no están presentes. Aprenden que unas personas les pueden castigar y otras no. El niño también puede utilizarlo copiando la conducta cuando esté con otras personas y castigándoles para tratar de obtener algo.

- **Efectos emocionales.** Pueden provocar frustración, ira y resentimiento.

Lo importante es entender por qué un niño ha hecho algo, qué es lo que le ha llevado a ello, cómo se siente e intentar modificar estos hechos.

Los últimos años se han hecho investigaciones que demuestran que los niños que han recibido castigos físicos tienden a ser más agresivos hacia los padres, hermanos, compañeros y pueden desarrollar conductas antisociales. También se ha visto que pueden influir en problemas como ansiedad, depresión o abuso de sustancias (Heilmann et al., 2021).

LAS HABILIDADES SOCIALES

*L*uca sale al recreo a jugar con sus amigos. Han decidido jugar a hacer carreras, pero uno de ellos no está de acuerdo con las reglas habituales y hoy quiere cambiar y que todos le hagan caso, por lo que se ha producido una discusión que no tiene pinta de acabar. Luca se detiene, les observa y se da cuenta de que realmente solo tienen que hacer lo que la mayoría quiera. Les dice: «esperad un momento, creo que no nos vamos a poner de acuerdo, qué os parece si vemos a qué queremos jugar la mayoría y así ya está». Propone que cada uno hable por turnos y finalmente llegan a un acuerdo y vuelven a jugar.

QUÉ SON LAS HABILIDADES SOCIALES

Según Caballo (2013) son un conjunto de conductas que realiza un individuo en interacción con otros y que le permiten expresar sentimientos, deseos, opiniones, actitudes, sabiendo respetar a los demás y adaptándose a la situación.

Las habilidades sociales son los recursos de los que dispone una persona para lograr interaccionar con los demás de forma positiva. Las personas que cuentan con ellas son capaces de comunicarse mejor, de reconocer los problemas de los demás y ayudarles a buscar una solución. El hecho de desarrollar habilidades sociales también va a tener un papel fundamental a la hora de alcanzar un equilibrio emocional. Los pilares de las habilidades sociales son las habilidades de comunicación y emocionales.

Podríamos decir que en la primera infancia las habilidades sociales se ven vinculadas al juego. A medida que se avanza en edad, destacan las habilidades verbales y las de interacción con otros. A los niños les resulta muy fácil hacer amigos. Desde muy pequeños, con tres años, podemos ver cómo algunos son capaces de establecer relaciones espontáneamente y eligen amigos por su proximidad o porque les gusta jugar a lo mismo. A veces también pueden mostrar frustración cuando otro niño les quita su juguete. Cuando tienen cuatro años son capaces de realizar tareas de colaboración, discutir, tener habilidades de negociación, hacer rituales con sus amigos, vestir y comportarse igual que ellos. De este modo, el periodo de los tres a los cinco años resulta esencial para desarrollar capacidades sociales y que el niño aprenda a comprenderse a sí mismo y a los demás.

La base del desarrollo social comienza en el nacimiento y se establece hasta los ocho años. En este periodo el niño irá adquiriendo experiencias que impactarán a lo largo de su vida. Cada vez que logra adquirir conocimientos se va enfrentando a tareas más complejas y difíciles y esto le irá dotando de confianza y seguridad. De esta forma, es partícipe en experiencias sociales con las que va conformando sus redes de apoyo que le hacen seguir adquiriendo más recursos.

Las habilidades sociales **se pueden desarrollar:**

- **Mediante experiencia directa.** Desde que nacen, los niños están rodeados de personas con las que van interactuando y con las que se van produciendo determinadas experiencias que ellos van adquiriendo e interpretando según su forma de ser y pensar.

- **Mediante imitación.** Los niños imitan las conductas de las personas que son importantes para ellos y van aprendiendo también a interpretar las situaciones y a reaccionar a ellas.

- **Mediante refuerzos.** El reforzamiento social que tengan de sus conductas hace que actúen de una determinada manera.

CLASIFICACIÓN DE LAS HABILIDADES SOCIALES

Arnold Golstein (1999) clasificó las habilidades sociales proponiendo una serie de conductas que conformarán las habilidades sociales en la vida de una persona y que le permitirán desarrollarse eficazmente. Las clasificó en varios grupos:

- **Habilidades sociales básicas.** Son por ejemplo escuchar, iniciar o mantener una conversación, formular preguntas, dar las gracias, saber elogiar o presentarse.

- **Habilidades sociales avanzadas.** Consisten en pedir ayuda, saber ofrecer una opinión, capacidad para pedir disculpas, sugerir instrucciones, saber darlas y seguirlas o tener capacidad de convicción.

- **Habilidades afectivas.** Suponen conocer los sentimientos, entender, respetar y afrontar los de los demás, así como expresarlos, manifestar afecto, gestionar correctamente el miedo, tener la capacidad de consolar a otros o de autocompensarse a uno mismo.

- **Habilidades alternativas a la agresión.** Como pedir permiso, compartir algo, ayudar a los demás, negociar, tener autocontrol, defender los derechos, responder a las bromas, no entrar en peleas, etc.

- **Habilidades para enfrentar el estrés.** Incluyen la gestión de la vergüenza, tolerancia al fracaso, capacidad de formular quejas y de responderlas, saber enfrentar presiones de grupo, gestión de conversaciones complicadas, tolerancia al rechazo, capacidad de confrontar mensajes o defender a amigos, entre otras.

- **Habilidades de planificación.** Implican tener iniciativa, recoger información, resolver problemas, tomar una decisión, concentración para realizar tareas, establecer objetivos, etc.

PRINCIPALES HABILIDADES SOCIALES EN NIÑOS

Existen unas habilidades sociales más características en los niños (Lacunza y de González, 2011) (Miller, 2019):

- **Apego.** Es la capacidad de establecer lazos con otras personas.

- **Empatía.** Saber ponerse en el lugar del otro.

- **Asertividad.** Capacidad para defender lo que uno piensa sin hacer daño a los demás.

- **Cooperación.** Habilidad de saber colaborar con los demás hacia un objetivo común.

- **Comunicación.** Capacidad para escuchar, expresar emociones, sentimientos, ideas u opiniones.

- **Autocontrol.** Habilidad para interpretar y gestionar las emociones de una manera controlada.

- **Comprensión de situaciones.** Supone entender qué ocurre sin culparse uno y sin tomarlo como algo personal.

- **Resolución de conflictos.** Capacidad de resolver problemas mediante acuerdos y conductas no agresivas.

- **Establecimiento de lazos de amistad.** Los niños pequeños tienen una gran habilidad para hacer amigos, se relacionan muy bien socialmente. En esta época, las amistades suelen surgir de manera espontánea. Un niño se acerca a otro en el parque y enseguida comienzan a jugar juntos, eligen por su proximidad. También es un periodo en que pueden discutir con otros, muestran preferencias y se interesan por cómo se comportan los demás. Se pueden tener varios amigos según las actividades que se vayan a realizar. Todo esto favorece que los niños desarrollen sus habilidades sociales y las perfeccionen al mismo tiempo. Posteriormente adquirirán nuevas habilidades de comunicación y esto les permitirá valorar otras perspectivas y entrar en grupos. De igual modo van surgiendo relaciones de apego que, en algunos casos, se perpetuarán durante años. Se crean rituales con los amigos y se puede tener «un mejor amigo».

- **Gestión de las burlas.** Capacidad para identificar cuando alguien bromea sobre otro y este no lo recibe como una broma y se siente ofendido. Cuando los niños saben cómo gestionarlo, saben decir que no le hace gracia al otro, o saben cómo ignorarlo y buscar apoyo.

- **Gestión del sentido del ridículo.** El sentido del ridículo se activa cuando el niño tiene miedo al rechazo. No se trata de que esté controlando continuamente todo lo que hace para no caer en él, consiste en actuar con naturalidad y saber reírse de uno mismo.

- **Saber perdonar.** Capacidad para dejar de lado el enfado o la ira hacia alguien que le ha herido y poder actuar con amabilidad.

- **Saber pedir ayuda.** Cuando el niño siente malestar debe saber cómo pedir ayuda y a quién.

- **Mostrar afecto.** Si un niño sabe expresar cariño mediante gestos y palabras, es decir, tiene un desarrollo emocional adecuado, posteriormente será una persona segura de sí misma.

- **Compartir.** El hecho de compartir puede ser una situación difícil para un niño. Supone dejar algo a otro que le pertenece. Comenzar a compartir cuando sabe que algo le será devuelto, hace que aprenda a relacionarse con los demás y vea los beneficios, ya que se fomentarán relaciones positivas y se darán situaciones divertidas.

FACTORES QUE INFLUYEN EN LA FALTA DE HABILIDADES SOCIALES

A veces se tienen dificultades para adquirir las habilidades sociales. Entre los principales factores que pueden influir en la falta de estas habilidades encontramos los siguientes:

- **Ansiedad.** Ante experiencias negativas o debido a un proceso de aprendizaje incorrecto se pueden dar respuestas inadecuadas. Un niño que está intentando jugar con otro y no entiende qué tiene que hacer en el juego, y una y otra vez se equivoca, puede ponerse nervioso. Si además le riñen, es posible que termine con ansiedad.

- **Evaluación cognitiva deficiente.** Si el niño tiene un autoconcepto negativo le va a dificultar que desarrolle habilidades sociales. Cuando un niño piensa que no vale para hablar en clase, y se lo dice una y otra vez, va a terminar teniendo una opinión negativa de sí mismo.

- **Falta de motivación.** Si un niño tiene una conducta social y es reforzado negativamente puede que no vuelva a intentar realizar esa conducta. Si acude a un grupo de deporte y cuando acaba de practicar sus padres le dicen que qué mal lo ha hecho, empezará a generar falta de motivación en él.

- **No saber discriminar.** Cuando un niño no sabe discriminar si lo que le está pasando vulnera o no sus derechos es posible que tenga conductas sociales inadecuadas. Si otro se ríe de él pero está contento porque tiene un amigo y no recibe el mensaje de que nadie debería burlarse de él no va a saber distinguir si eso está mal.

- **Obstáculos ambientales restrictivos.** Si el ambiente no favorece que tenga respuestas sociales apropiadas estas no se emitirán. Esto ocurre en ambientes con educación autoritaria o donde no hay afectividad. Los niños criados en entornos muy exigentes van a esconder cómo son realmente porque les van a coartar la libertad de poder expresarse como son.

PROBLEMAS DE TENER ESCASAS HABILIDADES SOCIALES

En los niños pueden aparecer diversos problemas debido a la falta de habilidades sociales (Rodríguez, 2016):

- **Falta de autoestima.** Si un niño tiene pocas habilidades sociales, el sentirse solo le puede llevar a pensar que es por su culpa y su autoestima puede disminuir.

- **Dificultad para expresar deseos y opiniones.** Si un niño carece de habilidades sociales no sabrá interpretar qué quieren decir los demás y no podrá expresar sus deseos y opiniones.

- **Dificultad para entablar relaciones.** El no saber cómo entablar relaciones puede provocar timidez y ansiedad.

- **Problemas escolares.** Cuando un niño no sabe adaptarse al entorno puede tener un bajo rendimiento escolar, también causado por no ser participativo y colaborativo en las tareas de grupo.

- **Malestar emocional.** El ser humano necesita relacionarse para tener un buen equilibrio emocional. Si un niño no se relaciona correctamente, el equilibrio falla.

CÓMO FOMENTAR LAS HABILIDADES SOCIALES EN LA INFANCIA

Hemos visto lo importante que es poseer habilidades sociales para lograr tener un buen equilibrio emocional. Estas se desarrollan fundamentalmente en los primeros años de vida, por eso es imprescindible fomentar la adquisición de estas habilidades en los niños. Para ello es necesario:

- **Cuidar su autoestima.** Es importante hacer que los niños tengan una imagen positiva de sí mismos y que aprendan a valorarse. Esto les hará desenvolverse adecuadamente en las relaciones sociales. Se les pueden enseñar valores, metas y mostrarse que se pueden equivocar sin criticarles.

- **Transmitir valores.** Enseñarles qué es lo importante en su vida, hacia dónde quieren caminar y que puedan respetar y tolerar a los demás.

- **Ser un ejemplo.** Como ya sabemos, los niños imitan todo. Hay que ser un buen ejemplo para ellos a la hora de relacionarse con los demás, ya que esto influirá también en su manera de hacerlo.

- **Hablar sobre sus ideas y creencias.** Ante determinadas situaciones, buenas o malas, hay que explicarles lo que está ocurriendo para que puedan entender. Si alguien hace algo que no nos gusta y nos sentimos mal, hay que dejarles claro que no hay que permitir que nos traten mal, pero siempre bajo la comprensión y una actitud que muestre respeto y entendimiento. Por ejemplo, si alguien nos grita, es necesario que entiendan que quizás esa persona está atravesando una mala situación.

- **Fomentar la capacidad de escuchar y entender.** Enseñar a escuchar siempre qué nos quieren decir los demás y cómo hacerse entender por otros.

- **Emplear refuerzos.** Si están con amigos y han hecho algo bien, hacérselo ver.

- **Dotar al niño de un ambiente rico en relaciones.** El hecho de que puedan tener relaciones además de con sus padres va a favorecer que se sepan desenvolver en ambientes variados.

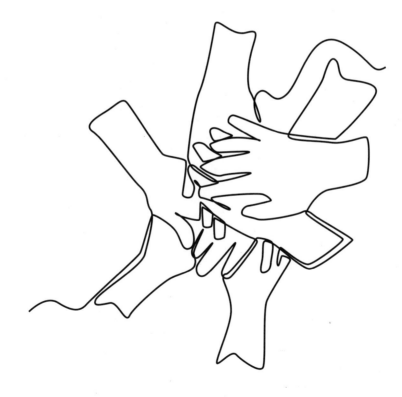

EJERCICIOS PARA FOMENTAR LAS HABILIDADES SOCIALES

DICCIONARIO DE PALABRAS IMPORTANTES

- **Objetivo.** Aprender qué significan las emociones y las habilidades sociales.

- **Método.** Se le pide al niño crear un libro donde van a aparecer diferentes términos que él tendrá que ir describiendo. Para realizarlo se le irán leyendo cuentos e historias relacionados con palabras que se refieren a emociones y actitudes. Las palabras serán: envidia, felicidad, tristeza, alegría, *bullying*, confianza, maltrato, amor, paciencia, perdón, gratitud, asco, enfado, respeto, juego, compartir.

OBSERVAR FOTOGRAFÍAS

- **Objetivo.** Reconocer relaciones sociales.

- **Método.** Se utilizan diversas fotografías donde aparece una familia en una mesa, un grupo de amigos hablando, el patio de un colegio y los niños jugando, dos niños delante de un ordenador, un niño mirando a su padre delante de una pastelería, un niño acariciando un gato, una familia dándose un abrazo. Así, podríamos ir escogiendo diversas fotos que representen habilidades sociales. Se las vamos mostrando al niño y le vamos haciendo preguntas sobre qué están haciendo, cómo se relacionan, cómo cree que se sienten, qué gestos utilizan, de qué están hablando, etc.

RECONOCER GESTOS

- **Objetivo.** Aprender lenguaje no verbal.

- **Método.** Se presentan al niño dos muñecos y le decimos que nos muestre qué deberían hacer (mirarse de frente, darse un beso o un abrazo, permanecer en el lugar, etc.) en cada una de las situaciones siguientes: se encuentran en la calle; uno llega a casa del otro; uno entra en la tienda donde está el otro; o uno va al colegio y hay un niño nuevo. Se trata de recrear diferentes situaciones en las que hay que interactuar con otros.

¿QUÉ TE GUSTA OÍR?

- **Objetivo.** Desarrollar conductas para mostrar el aprecio a los demás.

- **Método.** Se le explica al niño qué es un halago o cumplido. Se le da una hoja y colores y se le pide que represente una persona que le gustaría que le dijese algo bonito. A continuación se le invita a que escriba la frase que le gustaría oír. Luego se le pide que realice un dibujo en el que se represente a él mismo y que ponga a otra persona a la que le gustaría decirle algo bonito. Se le anima a escribir en ese folio la frase que le gustaría decir al otro.

SOY AGRADECIDO

- **Objetivo.** Fomentar la gratitud.

- **Método.** Se selecciona un bote para cada miembro de la familia y los demás van escribiendo frases de agradecimiento a cada uno de ellos que van depositando en su bote correspondiente. Al final del mes, cada miembro de la familia puede tomar su bote y leer los mensajes de gratitud.

EL TEATRO DE COQUI

- **Objetivo.** Resolución de problemas.

- **Método.** El adulto inventa cada día una historia sobre un personaje que se enfrenta a diferentes situaciones y al que debemos ayudar a resolverlas. Estas historias las puede crear observando al niño y viendo en qué áreas tiene más dificultades.

Por ejemplo, nuestro personaje se llama Coqui y es un niño que tiene que ir al colegio. Coqui llega el primer día y no conoce a nadie. En la hora del recreo lo vemos completamente solo. Preguntamos al niño: ¿cómo crees que se siente? ¿Qué podríamos hacer para ayudarle? Las soluciones pueden ser muy diversas, desde acercarnos a hablar con él, invitarle a jugar con nosotros, sentarnos a su lado o presentarle a nuestros amigos, hasta invitarle a casa o crear una actividad para que él se sienta integrado.

Otro día, por ejemplo, Coqui parece triste cuando llega a clase. Se pregunta al niño: ¿cómo podemos ayudarle? Podemos tratar de hacerle sonreír, preguntarle qué le pasa, dejarle nuestro juguete, etc.

LA COMUNICACIÓN

Cuando hablamos de comunicación lo primero que nos viene a la cabeza es el lenguaje. Sin embargo, hay que distinguir la comunicación, que es el proceso de intercambio de información, y el lenguaje, que es la capacidad que tiene el ser humano para poder expresar y comunicar qué siente o piensa por medio de palabras o signos.

El niño comienza a comunicarse con los demás mediante signos: cuando tiene hambre llora, cuando quiere que le cambien el pañal llora o se mueve como molesto, cuando quiere que le abracen o sonríe o llora, cuando quiere que le alcancen un objeto llama la atención y lo señala. Posteriormente irá desarrollando la capacidad de hablar mediante sonidos. Esta capacidad es algo que ocurre sin que el niño sea consciente y se va incorporando en las diferentes situaciones de su vida. En su formación influyen los padres que facilitan estímulos, el ambiente y la escuela (Maggio, 2020). El lenguaje es una habilidad que nos permite comunicarnos con otros, desarrollar el pensamiento, interactuar con el mundo y nos ayuda también a expresar emociones y sentimientos y poder regularlos.

ELEMENTOS DE LA COMUNICACIÓN
En la comunicación intervienen varios elementos:

- **Emisor.** Persona que codifica y emite el mensaje. Es la parte encargada de dar forma a un pensamiento, opinión o idea y transformarla en un mensaje que se pueda transmitir.

- **Receptor.** Persona que recibe la información. Este debe estar en disposición de recibir el mensaje, ya que sin su figura no existiría la comunicación.

- **Código.** Conjunto de signos y reglas que permiten construir señales. Este código es compartido por el emisor y el receptor.

- **Canal.** Medio por el que el mensaje se transmite del emisor al receptor. Puede ser una conversación, un móvil, un escrito, etc.

- **Mensaje.** Conjunto de señales que conforman la información. Pueden ser palabras, signos, imágenes o sonidos.

- **Contexto.** Circunstancias que rodean la comunicación y que influyen en la transmisión del mensaje. Existen un **contexto lingüístico,** el entorno que rodea un enunciado, un **contexto sociocultural,** que lo conforman las normas y costumbres, y un **contexto situacional,** que son las circunstancias en las que ocurre el enunciado.

FASES DE LA COMUNICACIÓN

La comunicación es un proceso bidireccional donde una persona da forma a una idea, pensamiento u opinión y la transforma en un mensaje que se transmite de un emisor a un receptor. Requiere de varias fases:

- **Planificación.** El emisor decide y selecciona el contenido que quiere transmitir. Es una etapa en la que se planifica.

- **Se codifica el mensaje.** El emisor debe realizar una propuesta que sea entendible por el receptor. Debe seleccionar la estructura adecuada. Si el emisor intentase hablar en otro idioma que no fuese el del receptor, y este lo desconociese, no podría comunicarse solo con la palabra. Elegir el medio adecuado hace que el receptor reciba el mensaje correctamente.

- **Se transmite el mensaje.** Para ello se selecciona el canal correspondiente. Aquí finaliza la labor del emisor.

- **El receptor recibe y decodifica el mensaje.** Se produce la interpretación por parte del receptor del mensaje recibido.

- **Se da *feedback* del contenido.** El receptor da retroalimentación al emisor emitiendo una respuesta y haciéndole ver que lo ha comprendido y recibido. Aquí el emisor asiente, formula preguntas, se utiliza el lenguaje no verbal, se presta atención, etc.

La comunicación ha sido un **factor importante para el desarrollo de la humanidad.** Mediante ella el ser humano ha sido capaz de desarrollar la ciencia, el ocio o la cultura, por ejemplo. La posibilidad de compartir con los demás ha abierto el camino para poner en común ideas y mejorarlas.

En el niño el proceso de comunicación es importante ya que le ayuda a relacionarse con otras personas y obtener información del medio exterior. Este proceso, como ya hemos dicho, ocurre sin que haya una enseñanza. Mediante la comunicación que se establece con la familia y con el entorno el niño va generando un concepto de sí mismo, va formando su pensamiento y es capaz de expresar sus necesidades, así como entender las de los demás. Desarrollará empatía y podrá vincularse con otros e integrarse en los grupos sociales. Gracias a la comunicación será capaz de transmitir a los demás sus estados de ánimo.

HABILIDADES DE COMUNICACIÓN

Hay una serie de habilidades que favorecen una buena comunicación. Estas son:

- **Aprender a iniciar conversaciones.** Cuando dos personas están juntas, una de ellas es la que inicia la conversación. A algunas se les da mejor que a otras que esto ocurra debido a su carácter. Interesarse por el otro con preguntas como «¿Qué tal?», «¿Cómo va todo?» van a hacer que se produzca una respuesta y que la conversación continúe.

- **Aprender a escuchar.** Muchas veces, cuando alguien cuenta algo, la otra persona está pensando en que alguna vez le ocurrió algo parecido y también quiere narrarlo. Hay que aprender a poner atención e interesarse por lo que otros están exponiendo sin dejar que nuestra imaginación vuele.

- **Poder llamar la atención del receptor.** La persona que inicia la conversación tiene que captar la atención y el interés de la persona que escucha. No se trata de hacerse el interesante sino de estar atento a los demás, es decir, observar qué les llama la atención y estar también pendiente de ellos.

- **El contacto visual.** Cuando se mira a una persona a los ojos mientras se habla se está demostrando que existe interés en interactuar.

- **Hablar con claridad.** El hecho de que la conversación se realice de una manera fácil de entender facilita que esta fluya.

- **Establecer turnos para hablar.** No tendría sentido que en una conversación hablase solo uno o que hablase todo el mundo a la vez. Se trata de poder establecer un diálogo y, para ello, hay que marcar turnos en los que se habla y se escucha.

- **Claridad del lenguaje.** El lenguaje que se utiliza tiene que ser entendible y fácil para todos los partícipes.

- **Saber argumentar.** Tener la capacidad de rebatir lo que una persona dice o ampliar el objeto de la conversación permite que esta resulte interesante.

- **Ser original.** Los temas de conversación cuanto más innovadores son más llaman la atención.

FACTORES QUE INFLUYEN EN EL DESARROLLO DEL LENGUAJE

Para poder desarrollar el lenguaje hay cuatro **habilidades básicas** que influyen en su evolución:

- **Audición.** El tener un buen nivel de audición es importante para el desarrollo del lenguaje verbal.

- **Mecanismos de conexión y comunicación con el entorno.** Tener la posibilidad de observar el mundo es un valor esencial, al igual que poder comunicarse con la mirada y los gestos.

- **Poseer habilidades de cognición.** Algunas de ellas son la atención, la memoria y la sensopercepción.

- **Habilidades motoras.** Poder mover labios, lengua y mejillas permite articular las palabras.

Entre los **factores que influyen** en el desarrollo del lenguaje encontramos:

- **Factores genéticos.** Existen factores que son propios de los genes de cada uno.

- **Factores prenatales.** Son aquellos que ocurren antes del nacimiento. La edad de la madre o su estado emocional podrían influir, así como las dificultades que aparezcan durante el embarazo, como pueden ser infecciones, amenazas de aborto, presión arterial, azúcar en sangre, consumo de sustancias, etc.

- **Factores perinatales.** Son aquellos factores que afectan al niño durante el nacimiento. Hablamos de dificultades en la respiración, infecciones o que el niño sea prematuro. Todos estos factores pueden influir a nivel físico, motor y cognoscitivo.

- **Factores postnatales.** Son aquellos que ocurren después del nacimiento. Factores como la alimentación, enfermedades o infecciones pueden afectar posteriormente al aprendizaje y al desarrollo del lenguaje.

- **Factores sociales.** Son todas las estimulaciones que se llevan a cabo durante el desarrollo. Forman parte de ellas el contacto con otras personas y con el entorno. Aquí tiene importancia la familia a la que el niño pertenece. Hay padres que favorecen el intercambio cultural y esto será una buena opción para fomentar las inquietudes. El hecho de poder transmitir a los hijos conocimientos facilita la realización de actividades con otros, la curiosidad y su vocabulario.

- **Pautas de crianza.** El que el niño se críe en un ambiente de apego seguro, o que los padres tengan pautas de crianza adecuadas facilita el aprendizaje del lenguaje.

ETAPAS DEL DESARROLLO DEL LENGUAJE

El lenguaje es algo que se va desarrollando durante los primeros años de vida del niño y que posteriormente se puede ir mejorando. Se pueden distinguir varias etapas de evolución durante la infancia.

ETAPA PRELINGÜÍSTICA

- **De cero a tres meses.** El bebé se comunica con sonidos y gestos, está explorando. Es una fase de ejercitación articulatoria de los órganos que intervienen en la fonación y la escucha.

- **De cuatro a siete meses.** Durante este periodo, el bebé es capaz de expresar los estados de ánimo y emite sonidos, al mismo tiempo que mejora su capacidad de atención. Esta es la fase en la que el bebé actúa de forma voluntaria y siente curiosidad por todo. Emite gritos para escucharse, que luego se transforman en gritos de enfado o alegría.

- **De ocho a 12 meses.** El bebé es capaz de pronunciar algunas sílabas con la intención de comunicar y reacciona cuando escucha su nombre. También puede señalar objetos.

ETAPA LINGÜÍSTICA

Es la fase holofrásica. En esta etapa el niño va integrando el contenido desde que emite la primera palabra. Cuando un niño dice «agua», quiere decir «quiero agua» o «dame agua». Se llama fase holofrásica porque al principio se utilizan muchos monosílabos.

- **De 12 a 14 meses.** Aumenta el balbuceo y es capaz de entender órdenes sencillas. En este periodo suele observarse la creación de algunas frases y se va incrementando el vocabulario.

- **De 15 a 24 meses.** Ya se ha adquirido un vocabulario de entre 20 y 50 palabras. Señala partes de su cuerpo y objetos habituales. Entiende también algunas instrucciones.

- **De 24 a 36 meses.** Es la fase de combinación. Se produce un incremento del vocabulario, mucho más rápido que en etapas anteriores. Puede llegar a 896 palabras de promedio. Se utilizan proposiciones y el lenguaje es entendible. Construye frases con sujeto y predicado y aparece el uso de verbos. Los niños empiezan a hacer preguntas o frases con intención exclamativa y muestran interés en las explicaciones.

- **De 36 meses a cinco años.** Constituye la fase avanzada. Se completa el desarrollo del lenguaje en el niño. El habla se parece ya mucho a la de los adultos. Tienen más capacidad de comprender el lenguaje que de producirlo. El vocabulario a los cinco años puede llegar a 2 300 palabras y se utilizan los pronombres. Hacen preguntas sobre el comportamiento social y pueden representar mentalmente cosas, acciones o situaciones.

CÓMO MEJORAR LA COMUNICACIÓN INFANTIL

Existen varios mecanismos que influyen en la adquisición del lenguaje:

- **Imitación.** El niño tiende a imitar lo que ve, es por ello que es importante que tenga una figura que imitar.

- **Observación.** El poder observar es un elemento que sirve de motivación para adquirir el lenguaje. El niño aprende a nombrar un objeto y utilizarlo en frases. La observación le sirve también para interpretar lo que está viendo y lo comprende.

- **Acción.** El niño clasifica los acontecimientos, personas u objetos y establece relaciones entre ellos. Así, cuando sabe varias palabras, puede usar la frase. Interactúa con otras personas y utiliza el lenguaje.

Una de las maneras de mejorar la comunicación es **estimulando el lenguaje infantil.** Los padres son los principales estimuladores del lenguaje. Los bebés empiezan primero imitando los movimientos y sonidos que hacen los padres para, posteriormente, articular palabras. En esta etapa infantil es vital que el niño se sienta protegido y atendido por sus padres. Se debe estimular que el bebé tenga necesidad de comunicarse. Esto se puede realizar mediante estimulación de órganos de la fonación como besos o imitación de gestos. Es mejor utilizar frases cortas, que el bebé pueda entender, y animarle a que pida y elija cosas. El oído se puede estimular mediante canciones o sonidos.

Una vez que el niño ha adquirido sus primeras palabras, para hacer que sea capaz de hablar y escuchar, es importante fomentar el que aprenda a iniciar conversaciones, que utilice el contacto visual, que sepa distinguir cuándo es el turno para hablar, y que se exprese de forma amable, al igual que aprenda cuándo hay que terminar una conversación. Para todo esto los padres pueden servir de modelo y también utilizar técnicas de premio y reforzamiento. Se les puede ir guiando con frases como: «Ahora es tu turno para hablar», «Vamos a escuchar qué está diciendo el abuelo», «Me encanta cómo has hablado a tu tía hoy», etc.

EJERCICIOS PARA MEJORAR LA COMUNICACIÓN

ADIVINAR PELÍCULAS

- **Objetivo.** Aprender a comunicarse mediante mímica.

- **Método.** En grupo se forman dos equipos. Un integrante de cada grupo debe pensar una película y, mediante mímica, intentar representar el nombre. Los integrantes de su grupo tienen que adivinar el nombre de la película en dos minutos. Si no lo adivinan, serán los integrantes del otro grupo los que deban adivinar el nombre. Gana un punto cada grupo que acierte. Se podrá fijar un límite de tres o cinco películas por grupo, dependiendo del tiempo que se quiera jugar.

¿QUÉ SOY?

- **Objetivo.** Reconocer objetos.

- **Método.** Sale un niño delante del grupo y piensa en un objeto. Los demás le van preguntando cómo es su forma, para qué sirve, su tamaño, su color, etc., para adivinar qué objeto es.

¿CON QUIÉN VOY?

- **Objetivo.** Reconocer objetos, animales, seres vivos o personas que pertenecen a un mismo grupo.

- **Método.** Cada persona dice una palabra que represente un grupo, como profesiones, mamíferos, países, flores, etc. Los demás miembros del grupo tienen que nombrar otras personas, seres vivos u objetos que pertenezcan a esa denominación.

SOMOS DIFERENTES

- **Objetivo.** Estimular la atención.

• **Método.** Se presentan dos dibujos iguales que tienen algunos detalles diferentes que hay que buscar. El niño debe señalar en el dibujo cada diferencia que encuentra.

LO QUE QUIERO DECIR

Objetivo. Mejorar la comunicación cuando damos instrucciones.

Método. Un niño o un adulto le va dando instrucciones a otro niño para que dibuje lo que está pensando. Tiene que indicar los colores, la forma del dibujo y todos los detalles posibles. Cuando acabe debe comprobar si coincide con lo que tenía en mente.

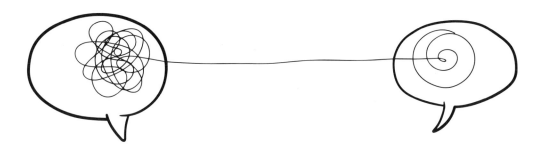

EL AUTOCONTROL

*C*lara *está actuando en la función de fin de curso donde sale al escenario con un grupo de niñas que realizarán una obra de teatro. Durante la actuación suena una música y Clara tiene muchas ganas de bailar cuando la escucha. Esa música le recuerda un baile que hace en su casa. La profesora le explicó que cada uno tiene un papel que debe seguir para que la obra salga bien, así que, aunque tiene muchas ganas de bailar, se queda en el escenario de pie y continúa recitando su papel.*

QUÉ ES EL AUTOCONTROL

Cuántas veces pensamos lo que nos gustaría poder controlar nuestras emociones, impulsos y pensamientos. El control sobre lo que nos rodea, y también sobre lo que sucede en nuestro interior, nos hace tener más seguridad. Para ser capaces de controlar es necesario conocernos y saber dónde tiene que empezar el cambio. Pensamos en ejercer control sobre la dieta, la salud, las actividades que realizamos, nuestro espacio, etc. El autocontrol, también a veces conocido como fuerza de voluntad, es una destreza mediante la cual el niño es capaz de evitar ciertas conductas no deseadas e inapropiadas y actuar de una manera que es socialmente aceptable. Aprender a controlar los impulsos y deseos es algo que se puede adquirir.

Kelly McGonigal (2012) por su parte indica que hay tres **tipos de autocontrol.** Podemos diferenciar el «no voy a hacer», «voy a hacer» y «quiero hacer»:

- **Autocontrol «no voy a hacer».** Implica decidir no hacer algo, aunque nos apetezca, porque sabemos que no es lo que debemos hacer. Es lo que facilita no comer dulces cuando estamos haciendo dieta. En el caso de un niño es lo que le permite no dibujar en el sofá porque sabe que no lo tiene que hacer.

- **Autocontrol «voy a hacer».** Es el que realizamos cuando sabemos que algo es importante. El niño hace un muñeco de plastilina en clase porque sabe que es importante hacer las tareas en el colegio.

- **Autocontrol de «quiero hacer».** Permite pasar de no hacer nada a empezar algo que está en nuestros objetivos. Un ejemplo es cuando el niño quiere jugar al tenis y empieza a ir a clase.

Atendiendo a la clasificación de Kanfer (1981) se pueden distinguir dos tipos de autocontrol:

- **Autocontrol decisional.** La persona tiene que elegir entre una alternativa que tiene consecuencias inmediatas positivas o negativas y otra de consecuencias posteriores con mayor valor cuantitativo o cualitativo.

- **Autocontrol demorado.** Es el que utiliza técnicas cuando una persona tiene que conseguir un objetivo porque ha tomado una decisión sobre algo. Este autocontrol implica poder resistir a la demora o la tentación de la gratificación y también supone tolerar la aversión o resistir el dolor.

Estos tipos de autocontrol se ven muy claramente con el experimento del malvavisco que vamos a exponer a continuación.

Este experimento consistía en llevar a un niño a una habitación donde había un malvavisco o nube de azúcar y le explicaban que si podía resistir la tentación y no comérsela, cuando el investigador volviera a entrar en la habitación el niño podría tomar más de una. El experimentador salía de la habitación y dejaba al niño solo para observar si intentaba autocontrolarse. Además le decían que podía tocar el timbre y el investigador regresaría a la habitación. Cuando el niño tocaba el timbre y entraba el investigador, le explicaban que si esperaba sin tocar el timbre y no se comía la golosina podría tener dos. El tiempo que transcurría era de unos 15 minutos. Un tercio de los niños fue capaz de esperar. Estos desarrollaron técnicas de autocontrol durante la espera como intentar mirar a otro lado, tocarlo, olerlo o alejarlo. Los niños que lograron esperar tenían más de cuatro años. Con este experimento se demostró que cuando los niños se comían la golosina sin esperar obtenían una recompensa inmediata, pero no eran capaces de obtener gratificaciones en el futuro poniendo en marcha el esfuerzo y la paciencia. También con el seguimiento que se realizó 14 años después de estos niños se descubrió que los que no fueron capaces de esperar tenían más baja autoestima y una frustración mayor, mientras que los que habían esperado eran más competentes y tenían más éxito académico, se mostraban menos agresivos y eran menos ansiosos ante el rechazo social (Mischel y Gilligan, 1964).

COMPONENTES DEL AUTOCONTROL Y DESARROLLO EN NIÑOS

En el autocontrol intervienen ciertas **habilidades** en el niño como son:

- **La introspección.** Se refiere a la capacidad de uno mismo de reconocer el estado emocional en el que se encuentra y que se pueda detener antes de llegar a ese punto de no marcha atrás. Es el momento en el que el niño percibe que está demasiado enfadado y es capaz de utilizar algún recurso para que ese enfado no vaya a más.

- **Bloqueo del impulso.** Esta capacidad se desarrolla a partir de los siete años y es el momento en el que el niño puede pensar en una respuesta mejor a lo que está ocurriendo. Se puede ir estimulando también desde los años anteriores.

- **Autorrefuerzo.** El autocontrol debe ir unido a la capacidad de automotivarse. Quiere decir que el niño debe sentirse contento con los resultados que está obteniendo, ver que se producen avances en su conducta. Para ello es importante que los padres le refuercen esos comportamientos.

Las primeras figuras que van a influir en el comportamiento del niño son los padres o familiares significativos, los maestros y los medios de comunicación. Con el paso del tiempo el control se va internalizando y son los niños los que adoptan las habilidades autorreguladoras. Podemos diferenciar en el desarrollo del autocontrol **en diferentes etapas** (Hudson, s. f.):

- **De los 12 a los 18 meses.** El autocontrol comienza cuando los niños cooperan. En esta etapa son conscientes de lo que esperan sus padres y obedecen voluntariamente a las cosas que se les pide. También tienen la necesidad de ir forjando su independencia, por lo que empezarán a surgir los desafíos con los que mostrarán su enfado y gritarán cuando se enfaden, podrán ignorar a sus padres o no pararán de hacer ruido.

- **De los 19 a los 24 meses.** La capacidad de autocontrol va mejorando. Los niños son capaces de resistir las tentaciones y pueden obedecer órdenes y sentirse mal cuando rompen alguna norma. Si se le dice al niño «no saques las cosas de los cajones» puede empezar a hacerlo. Habrá que emplear recordatorios verbales. El comportamiento sigue controlado por las personas cercanas. Cuando comienzan a hablar se inicia la regulación de su conducta. En esta época no tienen muy claro el concepto del tiempo, pero sí que sabrán la secuencia en la que suceden las cosas y el avisarles a tiempo podrá evitar un berrinche. También es una etapa en la que no les gusta compartir y tenderán a pelearse si alguien coge sus cosas. Es bueno empezar a decirles que pueden hacer saber a los demás lo que les molesta.

- **De los 24 a los 36 meses.** Se observan conductas voluntarias que se realizan para obtener metas y objetivos que controlan los adultos. Dan las primeras muestras de obediencia por aprobación social. Con el lenguaje pueden expresar sus deseos sin tener que cumplirlos inmediatamente. En esta época también inician el diálogo consigo mismos para dirigir su comportamiento. Pueden decirse «cuidado» o «no toques». Cuando realizan una conducta no adecuada se les puede formular una alternativa. Si están desenrollando el rollo de papel higiénico se les puede decir «vamos a lavarnos las manos» o «vamos a colocar la toalla bien». El formular explicaciones cuando no les gusta algo les ayudará a comprender.

- **De los tres a los cuatro años.** Muestran negación hacia las órdenes ya que quieren hacer las cosas solos y emplean frases como «tú no», «yo solo». En este periodo es cuando empiezan a desarrollar el sentido del futuro y también la empatía, pueden entender sus propios deseos y los de otro y comienzan a moderar los impulsos.

- **A partir de los cuatro años.** Las conductas son mucho más elaboradas y el entorno promueve que se desarrolle el autocontrol. Se realizan estrategias para posponer el recibimiento de premios y evitar los castigos. En esta etapa comienzan a cumplir las normas sociales y se sienten satisfechos cuando las cumplen.

En el autocontrol intervienen dos tipos de factores:

- **Factores externos.** La familia y el colegio son los principales, ya que aquí empieza el autocontrol.

- **Factores internos.** Son los que se desarrollan internamente en el niño y no se pueden percibir. Forman parte de ellos la observación y la atención, entre otros.

Tener autocontrol siempre puede **aportar beneficios** como son:

- **Ayuda a poder afrontar las situaciones difíciles y complicadas más fácilmente.** Cuando una persona tiene autocontrol no se desbordará emocionalmente y verá todo negro, sino que será capaz de calmarse y ver las opciones que tiene.

- **Mejora la comunicación.** El autocontrol permite establecer turnos y saber escuchar al otro antes de actuar.

- **Ayuda a tener mayor claridad de pensamiento.** Las situaciones que puedan presentar complejidad son valoradas teniendo en cuenta las opciones y pensando sobre ellas antes de actuar.

- **Mejora de las relaciones sociales.** El controlar las emociones negativas es importante para mantener las relaciones sociales, ya que no se desarrollarán conductas agresivas hacia otros y ayuda a mantener la calma. De esta manera, el niño establece relaciones de cooperación y apoyo mutuo.

- **Permite controlar el estrés.** Sobre todo en momentos en lo que se siente estar bajo presión.

- **Mejora la seguridad en uno mismo y aumenta la autoestima.** El autocontrol ayuda a tener una mejor valoración de uno mismo, ya que aporta seguridad.

- **Ayuda a tomar mejores decisiones.** El contar con varias opciones permite valorar cada una de ellas sin actuar impulsivamente.

- **Aumenta la capacidad de concentración.** El autocontrol permite enfocar la atención y evitar las distracciones.

- **Mejora el bienestar emocional.** Tener autocontrol da mayor satisfacción general con la vida.

- **Permite cumplir objetivos personales.** Los niños que no tienen mucho autocontrol tienden a romper las reglas y las normas básicas de convivencia y presentan problemas para concentrarse. El autocontrol ayuda a poner la atención en el objetivo que se desea alcanzar.

- **Permite aumentar el rendimiento académico.** El autocontrol requiere esfuerzos de concentración, memoria y atención, por lo que puede facilitar el logro de los objetivos académicos (Tangney et al., 2018).

ÁREAS EN LAS QUE EL NIÑO DESARROLLA AUTOCONTROL

Gail Belsky distingue entre **tres tipos de áreas** donde los niños desarrollan autocontrol:

- **Control emocional.** Es la habilidad que tiene alguien para manejar los sentimientos. Los niños que no saben controlar sus emociones se enfadarán mucho cuando pierdan en un juego o cuando saquen malas notas. Son niños que reaccionan de una forma exagerada y que luego están de mal humor durante mucho tiempo. De igual modo ocurre con las emociones positivas; si están muy contentos son muy efusivos y les cuesta calmarse. Los niños que carecen de control emocional:

    - Se frustran muy pronto y se rinden cuando las cosas no ocurren como quieren.
    - No responden bien a la crítica.
    - Tienen dificultades para calmarse cuando alguien les ha enfadado.
    - Reaccionan bruscamente ante las pequeñas cosas.
    - Son muy intensos y ruidosos tanto si algo les gusta y están felices como si están enfadados y molestos.

- **Control del movimiento.** Es la capacidad de controlar el movimiento del cuerpo. Este control permite que los niños permanezcan quietos, que respeten a los demás sin invadir su espacio y que puedan seguir órdenes. Es cierto que a los niños les cuesta estarse quietos cuando están contentos, pero hay una época en la que esa inquietud desaparece. Si un niño sigue manifestando esto puede tratarse de hiperactividad. Los niños que no poseen control de movimiento pueden:

    - Ser muy activos.
    - Jugar con objetos en las manos.
    - Presentar dificultades para quedarse sentados o estar en fila.
    - Interrumpir las conversaciones y sus actividades.
    - Correr aunque alguien les pida que no lo hagan.
    - Moverse por clase cuando el profesor explica.
    - Moverse tropezando con objetos o personas.

Control de impulsos. Permite que los niños piensen antes de actuar. Pueden plantearse qué pasaría si hacen algo. Cuando los niños carecen de esto pueden:

- Actuar y decir cosas sin pensar.
- Actuar de forma agresiva.
- Interrumpir.

- Tener explosiones emocionales.
- Posponer las tareas o apresurarse a hacerlas.
- Seguir las normas dependiendo del día.

CÓMO AYUDAR A LOS NIÑOS QUE CARECEN DE AUTOCONTROL

Los niños que carecen de autocontrol pueden necesitar una serie de apoyos (Mischel, 2015):

- **Ayudarles a empatizar.** Necesitan conectar con sus emociones. Hay que hacerles ver cómo se siente el otro y cómo se siente él para que se sitúen y vean cuál sería la mejor manera de comportarse.

- **Ser siempre positivo.** La actitud positiva de los padres genera un clima de aprendizaje y motivación.

- **Preparar el futuro.** Ayudarles a planificar y luego mostrarles cuáles pueden ser las consecuencias de lo que hacen; eso les coloca en una posición más fácil para dirigir su conducta a lo que más deseen.

- **Dar elogios.** Cuando hacen algo bien y reciben un elogio entienden que han tenido un buen comportamiento.

- **Aprender con el juego.** Se puede utilizar el juego como una manera de que aprendan a controlar sus movimientos y sus emociones.

- **Dar espacio.** Los niños que pierden el control necesitan un espacio para calmarse y distanciarse de lo que ha ocurrido.

- **Dar recompensas.** Las conductas que se han realizado correctamente pueden recibir una recompensa.

- **Alejar las tentaciones.** Para concentrarse mejor es conveniente alejar todo tipo de distracciones u objetos que puedan llamar su atención, como juguetes o móviles.

- **Dejarles ser como son.** No se trata de que los niños logren hacer todo de la mejor manera y busquen ser superhéroes esforzándose siempre al máximo. Se trata de que den lo mejor de sí mismos, hasta donde se vean capaces, sin que les genere sufrimiento.

- **Tener paciencia.** Los padres son el modelo para los hijos. No deben perder el control sobre sí mismos y que los hijos tomen ejemplo. Si ven que los padres actúan relajadamente, aprenden que esa es la manera correcta de comportarse.

AUTOCONTROL Y REGULACIÓN EMOCIONAL

El autocontrol está muy ligado a la regulación emocional. Tener recursos para trabajar el autocontrol va a posibilitar la regulación emocional en el niño. Para ello es necesario:

- **Identificar las emociones.** Enseñar al niño los nombres de las emociones le ayuda a entenderlas y puede hacer que las exprese. Esto se puede trabajar a través de cuentos y juegos.

- **Expresar las emociones.** Cuando un niño se siente enfadado o triste se le tiene que hacer saber que es normal que se sienta así, y también se le debe enseñar cuál es la manera correcta de expresarlo. Para ello le podemos explicar que si está triste puede llorar o sentirse cabizbajo y que no pasa nada porque muestre su emoción.

- **Hablar de emociones.** Tener la posibilidad de hablar de las emociones en casa facilita que el niño también aprenda a hablarlo con otros. Los padres son un modelo y, como ya sabemos, el niño va a intentar reproducir las conductas de estos.

- **Ayudarle a identificar cuándo puede perder el control.** Si es capaz de identificar este momento y realizar una conducta alternativa, esto va a facilitar que baje la intensidad de su enfado. Se le pueden enseñar conductas alternativas como son técnicas de relajación, ir al lugar de calma o salir de la habitación. Si estas conductas se aprenden antes es más fácil poder llevarlas a la práctica en los momentos de frustración o enfado.

- **Ayudarle a resolver problemas por sí mismo.** Enseñarle que cualquier problema tiene varias opciones, que aprenda a verlas, valorarlas y a tomar una decisión en consecuencia.

EJERCICIOS DE AUTOCONTROL

SOMOS ESTATUAS
- **Objetivo.** Controlar la motricidad.

- **Método.** Se le enseñan fotos de estatuas al niño para que ponga la misma postura y permanezca así, sin moverse, hasta que no pueda más. Se puede hacer en grupo. Pierde el que antes se mueva.

ESCUCHAR UN CUENTO
- **Objetivo.** Aprender a escuchar y trabajar la atención.

- **Método.** Le leemos un cuento al niño ante el que tiene que permanecer atento. Luego él tiene que contarlo reproduciendo el mayor número de detalles.

BOLA DE RELAJACIÓN
- **Objetivo.** Aprender a canalizar emociones y calmarse.

- **Método.** El niño tiene una pelota blanda o hecha de tela rellena de arroz o semillas que puede apretar cuando se sienta enfadado, nervioso o con ira.

CARRERA DE TORTUGAS
- **Objetivo.** Aprender a controlar los impulsos.

- **Método.** Se realiza una carrera con varios niños. Aquí gana el que va más lento. El niño debe realizar movimientos muy lentos para conseguirlo. Con esto aprende a no ser impulsivo y controlar sus movimientos.

NARRO LO QUE HAGO
- **Objetivo.** Relajarse.

- **Método.** Se le pide al niño que haga una tarea. Tiene que ir contando lo que hace para estar en contacto con el presente y ser consciente de la tarea. Cuando finaliza se le solicita que reconozca algo positivo que ha hecho y que se dé un mensaje a sí mismo.

LA EMPATÍA

L aura ha vuelto del colegio triste. Cuando su madre le ha preguntado qué ha ocu- rrido, le ha contado que su mejor amiga ha estado llorando nada más llegar a clase y se ha pasado todo el día así. Laura ha querido saber qué le pasaba y le ha explicado que tuvieron que sacrificar a su perro el día anterior, ya que era muy mayor y estaba muy enfermo. Laura le cuenta a su madre que le da pena que su amiga haya perdido a su perro, ya que siempre le había enseñado fotos de los dos juntos y le quería mucho. Antes de volver a casa Laura le dio un abrazo grande a su amiga.

QUÉ ES LA EMPATÍA

Cuando las personas ponen en marcha la capacidad de entender a los otros y crear bienestar en las relaciones que se establecen están actuando con empatía. Los padres o cuidadores quieren que sus hijos se encuentren felices y tengan bienestar, y para ello van a inculcarles unos valores y una educación y van a tratar de satisfacer sus necesi- dades. Los padres son capaces de ver cómo se encuentra su hijo, qué está sintiendo, y esto lo hacen mediante la empatía. Asimismo, tratarán de inculcarle el amor por sí mismo, por los demás y por el entorno en el que habita. Los niños que han crecido en un ambiente empático desarrollarán empatía por los demás.

La empatía es una capacidad que surge de la relación con los demás, es saber qué piensa el otro, qué necesita y sentirlo como si le ocurriese a uno. Consiste en po- nerse en la perspectiva del otro, percibir sus emociones y sentimientos. Por ejemplo, tenemos empatía cuando alguien llora y tratamos de consolarlo (Carpena, 2016). La empatía es fundamental para comunicarse con los demás. Mediante ella se establece un camino para ayudarles, mostrar solidaridad y compañerismo. Permite establecer vínculos sanos y se expresa mediante palabras y también con el lenguaje no verbal, como son los gestos.

No debemos confundir empatía con simpatía. La simpatía es coincidir con el otro, de modo que si un padre ve que a su hijo le gusta jugar a los videojuegos y a él también, cuando le vea jugar sentirá simpatía por los sentimientos que este tiene, es decir, también va a tener ganas de escoger un videojuego y va a disfrutar igual que el niño. La empatía es entender al niño y sentirse contento por él. En este caso, si a un padre no le gustan los videojuegos y a su hijo sí, cuando le vea jugar va a sentirse contento por verle así, aunque no comparta sus gustos.

Podemos encontrar diferentes **tipos de empatía:**

- **Empatía primigenia.** Es aquella que mostramos cuando vemos a alguien bostezar y nos dan ganas de hacer lo mismo, o cuando vemos a alguien reír y nos reímos sin saber por qué.

- **Empatía afectiva o emocional.** La persona se contagia de las emociones del otro y puede comprenderlas y sentirlas. Permite decir: «soy capaz de sentir lo que sientes».

- **Empatía cognitiva.** Es tener pensamiento en perspectiva, es decir, que se pueda pensar o imaginar qué siente el otro sin conectar con sus emociones. Podríamos decir: «sé que sientes» y «sé que piensas».

- **Empatía compasiva.** Se puede conectar con la capacidad de captar qué le ocurre al otro y tener la necesidad de ayudarle. Es el caso del ejemplo de Laura al comienzo del capítulo.

DESARROLLO DE LA EMPATÍA

El cerebro es un órgano que va madurando a lo largo de los años. En él tienen lugar las conexiones neuronales y se forman los pensamientos, las emociones, el habla, la escucha, los sentidos o el movimiento.

En el ser humano existe la capacidad de sentir las emociones de los demás como si fueran propias. Hay zonas cerebrales que se activan cuando vemos expresiones en otros que reconocemos como nuestras. Es lo que conocemos como contagio emocional. Este fenómeno provoca que cuando vemos a otro ser humano sentir pena, asco o cualquier otra emoción es posible tener la misma activación neuronal que la persona que lo está sintiendo. Este es un proceso primitivo mediante el cual entramos en sintonía con los demás.

En el desarrollo de la empatía juegan un papel fundamental las **neuronas espejo.** Estas se descubrieron a finales del siglo xx (Hernández, 2007). En el laboratorio se vio que había un tipo de neuronas que se activaban de la misma forma en el animal que observaba y en el que realizaba una acción. En los humanos se activan de manera más desarrollada y flexible (Rizzolatti y Craighero, 2004). Si una persona imagina una acción, la mente está predispuesta a hacer lo mismo, aunque no la lleve a cabo. Así podemos sentir las mismas emociones que otro. Desde bebés estas neuronas se ponen en funcionamiento cuando imitan las caras de otras personas. El papel fundamental de estas neuronas es el reconocimiento de las acciones que otros realizan y la capacidad de imitarlas.

Genéticamente podemos decir que hay personas que tienen mayor capacidad para contagiarse de los demás. Esto no significa que cuando nos contagiamos de las emociones de otros tengamos empatía. El **contagio** forma parte de la empatía, pero no implica que tengamos que hacer nuestras las emociones de los demás, sino que podemos sentir lo mismo diferenciándonos de la emoción, solo entendiendo qué le ocurre al otro. De otra manera no podríamos ayudarle. Imaginemos que vemos a un niño llorando y también nos ponemos a llorar. Si esto ocurriese no podríamos calmarle, ya que necesitaríamos primero tranquilizarnos nosotros. Es algo fácil de diferenciar.

La empatía depende de diferentes áreas cerebrales que interactúan entre sí. Algunas están presentes en la corteza cerebral y otras en partes más profundas del cerebro. Las últimas investigaciones muestran que los genes podrían desempeñar un papel en el desarrollo de la empatía, sin embargo, no hay nada determinante. Hay una sustancia que también juega un papel importante, la oxitocina. Otros estudios muestran que las **hormonas** también son importantes a nivel prenatal, ya que preparan al cerebro para comportarse de un modo determinado e influyen en la socialización. Otro aspecto que también influye es el proceso de gestación, ya que se ha visto que si las madres sufren estrés durante el embarazo puede repercutir en la empatía que sus hijos desarrollen posteriormente. Es posible que muestren dificultades a la hora de gestionar sus emociones y esto, evidentemente, tendrá impacto en los demás. La empatía depende de las experiencias y aprendizajes que se tienen tras el nacimiento, aunque influyen también los factores biológicos (Albiol, 2019).

El primer sentimiento empático en los niños se produce en la época de bebé, ya que estos se pueden contagiar del llanto. Posteriormente, a los dos años, es cuando la capacidad de tener perspectiva evoluciona. El niño empieza a tener conciencia de los demás. Al principio no será capaz de ver qué le gusta al otro, pensará que es lo mismo que le gusta a él. Posteriormente, a los cinco o seis años, podrá saber qué le gusta al otro, aunque siempre condicionado hacia lo que le gusta a él. Si le gustan las muñecas, pensará que al otro le puede gustar una parecida a la suya.

A partir de los ocho años ya distingue qué le gusta a él y al otro. Esta capacidad de perspectiva hará que a los nueve o 10 años pueda ser empático emocional y cognitivamente, estando plenamente desarrollado a los 20 años. Como podemos ver, la empatía evoluciona al mismo tiempo que el desarrollo cerebral. Todos los estadios de la empatía van interaccionando unos con otros hasta alcanzar la madurez.

Otro punto a tener en cuenta en el desarrollo de la empatía es la **regulación emocional.** Esta se refiere a la capacidad de comprender las emociones del otro y también saber manejarlas. Hay una situación típica en la que un niño está comiendo y otro se acerca y le quita algo de su plato. Si el primer niño, en vez de comprender que el otro solo quería probar algo, se pone a llorar, gritar y tira todo el plato de comida sin poder parar el llanto, va a repercutir de manera negativa en sus relaciones con otros y en lo que él mismo está realizando. Esto puede hacer que en el futuro reaccione siempre así y no deje que nadie se acerque. Por eso es tan importante saber reconocer las emociones del otro. Un niño que sea capaz de entender que el otro niño solo siente curiosidad y le deja que se acerque, e incluso le da comida, será capaz de regularse y entender.

Hoffman (2008) propone varias etapas en el desarrollo de la empatía:

- **Empatía global.** Durante el primer año de vida el bebé no percibe que los demás sean diferentes.

- **Empatía egocéntrica.** En el segundo año de vida el niño es consciente de que otro está pasando por una situación diferente a la suya. Asume que los estados internos que atraviesa el otro son los que experimenta él, y es capaz de emitir relaciones de apoyo iguales a las que él utiliza para calmarse.

- **Empatía hacia los sentimientos de los demás.** Alrededor de los tres o cuatro años el niño tiene conciencia de que los sentimientos que percibe son diferentes a los de los otros. Tiene una visión menos egocéntrica y trata de actuar sobre la situación del otro.

- **Empatía hacia las circunstancias vitales de otro.** Va desde el final de la niñez en adelante y a lo largo de toda la vida. Se pueden percibir los sentimientos de los demás como experiencias de vida y verlos de manera diferente a los propios.

EDUCAR CON EMPATÍA

Cuando hablamos de empatía como elemento presente en la educación, nos referimos a la capacidad de reconocer las emociones y sentimientos de los niños. Las personas que son capaces de entender sus emociones y sentimientos podrán abordar de mejor manera la educación emocional de los niños, ya que las reconocerán más fácilmente en los otros.

Se trata de hacer que el niño conecte con sus emociones y sea capaz de expresarlas. Así, cuando un niño está jugando con su hermano y le da un golpe sin querer y se cae al suelo, no se trata de decirle que pida perdón, sino de que pregunte a su hermano si está bien y vea cómo se siente. Después podrá preguntarle qué hacer para que se sienta mejor, si necesita un abrazo, que le dejen solo, etc.

Los niños aprenden lo que ven. Unos padres empáticos harán que el niño copie estos comportamientos y los desarrolle con los demás. Como ya comentamos anteriormente en otro capítulo, los hogares donde existe un apego seguro fomentan la comprensión y el respeto por los demás. Es importante educarle en emociones y que sea capaz de nombrarlas y distinguirlas. Cuando le pase algo, la mejor manera de conectar es que vea que los padres se interesan por él y le explican qué está sucediendo con sus emociones. El hecho de hacerle ver cómo se siente otro también es vital para que pueda ponerse en su lugar, así como la comunicación con los demás.

Del mismo modo, los centros educativos y el profesorado pueden hacer también que se estimule la comunicación y las conductas de compasión hacia los demás. Una enseñanza donde se inculcan valores y se enseña a los niños a descubrir las emociones, va a hacer que estos se puedan poner en el lugar del otro y ante conductas sociales sepan cómo desenvolverse y poner en práctica la empatía. Esto también les ayudará en diversas situaciones a identificar si los demás se encuentran mal porque están sufriendo acoso escolar o están teniendo problemas en casa. Así, si un niño está en clase y ve que algunos están ridiculizando a otro, podrá tener conductas de tipo protector, ayudándole a buscar la ayuda de adultos, contándoselo a los padres o dando parte a los profesores. Un clima escolar donde se enseña empatía facilita el que los niños sean unos para otros una fuente de apoyo y comprensión y mejoren las relaciones que establecen con sus semejantes.

Los **educadores empáticos** tienen ciertos rasgos:

- No etiquetan a los demás. No se debe poner una etiqueta al niño como el más listo, el más guapo, el más torpe, etc.

- No ridiculizan a los niños. Se adaptan a las circunstancias de cada uno y no lo juzgan o critican.
- Son afectuosos.
- Saben escuchar.
- Son tolerantes.
- Emplean métodos colaborativos.
- Dan prioridad al premio en vez de al castigo.
- Son receptivos. Saben captar las necesidades del niño.
- Muestran gratitud. Les agradecen sus actos.
- Ofrecen autonomía. Permiten al otro mostrarse tal y como es.

Hay que tener en cuenta que cada niño es diferente y tiene un desarrollo cerebral distinto, por lo que hay que respetar el ritmo de cada uno y fomentar las fortalezas y habilidades según las capacidades que posee el niño en cada momento. Muchas veces los padres se angustian porque su hijo lleva un ritmo diferente a otros; ser padres empáticos y captar las habilidades de un niño significa ser capaces de potenciar sus capacidades según se van desarrollando. Si un niño no ha aprendido a leer bien a la edad de seis años no significa que sea peor que otros, simplemente está siguiendo su propio ritmo, que podría ser más lento, pero no peor. El motivarle y ayudarle es algo fundamental para que vaya adquiriendo esta habilidad. No se deben utilizar frases como: «Qué lento eres» o «Mira cómo tus compañeros ya saben leer». Este tipo de comentarios solo provocan frustración en el niño.

ENTENDER LAS NECESIDADES DEL NIÑO

Entender las necesidades de un niño es establecer un diálogo que no solo se logra con palabras. Los niños pueden entablar relaciones de manera verbal y otras veces mediante gestos. Hay varios tipos de necesidades en la infancia (Brazelton, 2005):

- **Necesidad de sentirse queridos y cuidados.** Gracias a las emociones los niños pueden razonar y saben resolver los problemas que se les plantean. Estas emociones se aprenden de los demás. Un niño necesita ser amado, respetado y comprendido.

- **Necesidad de protección física y seguridad.** Un niño, según nace, no podría sobrevivir. Necesita que le cuiden y le protejan.

- **Necesidad de tener experiencias acordes a las necesidades individuales.** Cada niño tiene experiencias individuales, ya que es diferente a los demás.

- **Necesidad de tener experiencias apropiadas a su nivel de desarrollo.** Los cuidados que se le dan a un niño deben ser acordes a la edad que el niño tiene. No se les puede tratar como adultos, ni al revés. Cada edad requiere unos cuidados determinados.

- **Necesidad de fijar límites, estructuras y expectativas.** El niño tiene que conocer las reglas y normas del ambiente en el que crece. Existen normas dentro de la familia, en el entorno escolar y en la sociedad.

- **Necesidad de tener comunidades estables y continuidad cultural.** Se debe tratar de crecer acorde a los valores de la familia y sociedad. De igual modo, hay que respetar la diversidad cultural que se encuentra en todos los ambientes y sociedades.

- **Necesidad de protección en el futuro.** Se debe crear un entorno seguro en el futuro, ya que de otro modo no tendría sentido todo lo anterior.

EJERCICIOS PARA FOMENTAR LA EMPATÍA

LO QUE LOS CUENTOS NOS DICEN

- **Objetivo.** Reconocer emociones.

- **Método.** Se lee un cuento y se muestran las ilustraciones de los personajes al niño. Cuando el cuento ha finalizado, se le pide que describa cómo se sienten los personajes según la expresión que muestra la ilustración y lo que ha ocurrido en la historia. Después se le pide que describa qué ha aprendido de los personajes. Esta actividad sirve para conectar con las emociones de otros y descubrir sentimientos y pensamientos.

EL FINAL QUE QUIERO

- **Objetivo.** Ayudar al niño a ser solidario y a comprender los problemas de los demás.

- **Método.** Se le cuenta al niño una situación ficticia en la que una persona o animal necesita ayuda y se le pide que invente un final para esa historia. Pueden ser historias sobre encontrar un animal herido, tener que ayudar a una persona mayor que no tiene fuerza para subir los escalones o llevar una bolsa o una historia sobre una persona ciega que necesita ayuda, por ejemplo.

EL HÉROE SOY YO

- **Objetivo.** Conectar con la expresión corporal y aprender a ser receptivo con los demás.

- **Método.** Jugar a ser otra persona. El niño tiene que jugar a ser un personaje de ficción y contar cómo se siente y cómo puede ayudar a otros personajes. Los demás tienen que adivinar quién es.

ADIVINA QUIÉN SOY

- **Objetivo.** Aprender a entender lo que otro quiere decir.

- **Método.** Jugar a dibujar lo que otro describe. En grupo, por turnos, cada persona explica un personaje que tiene en mente sin decir el nombre, solo explicando qué hace. Los demás tienen que dibujarlo.

EL MIMO

- **Objetivo.** Reconocer emociones.

- **Método.** Se toman varias cartulinas y en cada una se escribe una emoción. Luego se ponen boca abajo. El niño escoge una y tiene que representar la emoción con mímica. Los demás deben adivinar qué emoción es.

LA ASERTIVIDAD

*A*driana ha recibido un regalo de cumpleaños que no le ha gustado, ya que esperaba otro que había pedido. Cuando sus abuelos le preguntan qué le parece, ella responde que muchas gracias, que aunque no es lo que esperaba está segura de que podrá divertirse con su nuevo juego y sus amigos.

QUÉ ES LA ASERTIVIDAD

La asertividad es una habilidad social que permite expresar lo que sentimos sin hacer daño a los otros y sin ser pasivos. La persona es capaz de defender sus opiniones y derechos sin dejarse llevar por los demás.

Un niño asertivo se caracteriza por:

- **Sabe decir «no» cuando no quiere algo sin sentirse culpable.** Muchas veces, cuando un niño dice «no» siente que le están juzgando y se siente culpable. El niño asertivo está seguro de su opinión si no quiere algo y no le importa lo que piensen los demás.

- **Pide ayuda si la necesita.** Ante dificultades que se le presentan va a buscar ayuda para solucionar sus problemas y sentirse acompañado y guiado.

- **Sabe expresar sus sentimientos y emociones de manera clara.** Cuando le preguntan cómo está, es capaz de poner nombre a sus sentimientos y emociones y explicarlas.

- **Defiende sus derechos y los de los demás.** Si se está cometiendo una injusticia va a defender sus derechos y los de los demás.

- **Pide disculpas cuando es necesario.** Si reconoce que ha molestado a alguien sabe pedir perdón.

- **Discrepa de las opiniones de otros con respeto.** Si no está de acuerdo con lo que otro le dice expresa su opinión con respeto.

- **Negocia con otros.** Sabe negociar con otros sus intereses y lucha por ellos cediendo cuando es necesario.

- **Tiene una buena autoestima.** Sabe valorarse y aceptarse como es.

- **Ayuda a otros si lo necesitan.** Cuando alguien necesite su ayuda va a estar allí.

- **Acepta un «no» como respuesta.** Sabe respetar que otro le diga «no» sin enfadarse.

- **Controla las situaciones.** No se deja llevar por lo que está ocurriendo, sino que controla sus actos eligiendo lo que más le conviene.

CÓMO ENSEÑAR ASERTIVIDAD A LOS NIÑOS

La función que deben realizar los padres es enseñar a sus hijos a ser respetuosos con los demás al mismo tiempo que son capaces de decir lo que piensan sin sentirse mal por ello. Como pasa con otras habilidades sociales, una de las mejores maneras es que los padres sirvan de ejemplo y también que les enseñen a ser asertivos en las situaciones que les causan mayor conflicto y que aparecen constantemente en su día a día. Para ello es necesario:

- **Hacerle ver cuáles son sus errores.** Cuando un niño lleva a cabo una acción tiene que ser responsable de su conducta, aunque esta no haya sido buena. Tiene que saber reconocer dónde están sus fallos y sus virtudes.

- **Dejar que exprese sus opiniones.** Cuando un niño hace algo tenemos que dejar que exprese cómo se siente ante esto sin menospreciarle o castigarle. Debe ser capaz de reconocer sus emociones y sentimientos, siendo consciente de las consecuencias de su conducta.

- **Poner en práctica la empatía.** El niño debe ser capaz de ponerse en el lugar del otro y darse cuenta de cómo se siente ante algo que ha ocurrido.

- **Fortalecer la autoestima.** Un niño con una autoestima fuerte podrá ser asertivo más fácilmente, ya que no dudará sobre aquello que tiene que expresar y tendrá en cuenta al otro.

- **La importancia de decir «no».** Cuando un niño aprende a decir «no» de manera justificada está haciendo valer sus derechos.

- **Hacerle ser respetuoso.** Cuando se ponen límites y normas en una familia cada uno sabe respetar a los demás sin imponer sus criterios.

- **Aceptar diferencias en los demás.** El niño puede, a través de diversos entornos, relacionarse y aceptar la diversidad cultural con respeto.

- **Tener criterio propio.** El niño tiene que aprender a tomar sus propias decisiones sin dejarse influenciar. Esto le protegerá en situaciones de riesgo.

- **Saber negociar.** El niño aprende a ganar y ceder cuando está en determinadas circunstancias donde le puede costar conseguir algo.

Además de enseñarle se pueden poner en práctica unas **dinámicas que le ayudarán a ir practicando la asertividad.** Hay ejercicios que sirven para mejorar la asertividad, como son escuchar y estar atento a las opciones posibles. Cuando nos cuenta una situación problemática debemos escuchar qué le está pasando y darle consejos apropiados para su situación. No debemos tratar de resolver sus problemas, ya que esto no le ayudaría a ver diversas perspectivas, sino que siempre confiaría en los padres y se acostumbraría a que otros resuelvan sus problemas. Se le deben facilitar herramientas adecuadas, enseñarle a pensar y buscar soluciones. Se le puede ayudar a buscar soluciones haciéndole ver el abanico de posibilidades que tiene delante. Para ello podemos hacer una tormenta de ideas y tratar de buscar la mejor solución posible. Cuando alguien le ataca, no hay que enseñarle a defenderse siendo violento, hay que darle el mensaje de que las cosas se pueden resolver de manera educada. Hay que mostrarle cómo ceder y negociar.

TIPOS DE ASERTIVIDAD

Lourdes ha quedado con sus primos para ir al cine. Cuando llegan compran palomitas y bebidas para ver la película. Cuando se sientan, su prima siempre sujeta las palomitas y se come casi todas, sin darle oportunidad a los demás para que cojan. Esto ha ocurrido las tres últimas veces que han ido.

A la hora de hablar con su prima para solucionar esta situación, Lourdes puede emplear diferentes tipos de asertividad:

- **Asertividad pasiva.** Lourdes habla con sus primos y todos están molestos por la situación, pero ninguno se atreve a decirle nada. Lourdes le dice a su prima que va a sujetar ella las palomitas, pero que puede coger todas las que quiera.

- **Asertividad agresiva.** Cuando salen del cine Lourdes le dice a su prima que cuánto come y que podía dejar algo para los demás.

- **Asertividad pasivo-agresiva.** Durante varios días más que acuden al cine Lourdes se calla, pero la quinta vez que van Lourdes le quita las palomitas a su prima durante la película y se las da a sus otros primos.

- **Asertividad asertiva.** Cuando acaba la película, Lourdes habla con su prima en privado y le dice que todos tienen ganas de comer palomitas y no han podido alcanzarlas porque ella se había sentado en un extremo y que, por favor, el próximo día comparta con todos, que así será mejor y estarán todos contentos.

Como podemos ver, en la asertividad pasiva Lourdes ha respondido sin expresar sus sentimientos y dejando que otra persona tome el control de todo. En la asertividad agresiva ha mostrado toda su ira ofendiendo y siendo agresiva. En la asertividad pasivo-agresiva ha ido aguantando e incrementando su enfado hasta que ha explotado y, en la asertividad asertiva, le ha expresado a su prima cómo se estaban sintiendo todos y le ha pedido de manera respetuosa lo que le gustaría.

La asertividad es una habilidad muy importante que va a permitir que el niño pueda expresarse sin ser influenciado por los demás. Es esencial para saber escuchar y comunicarse adecuadamente respetando las opiniones de otros. El niño aprende también a responsabilizarse de sus actos y no actuar impulsivamente, ya que tomará conciencia de ellos. Es una habilidad que servirá para que sea capaz de defenderse de los ataques de otro sin dejarse avasallar.

DERECHOS ASERTIVOS

Smith (2017) realizó una lista con los derechos asertivos que cualquier persona debería conocer para tratar de ser asertivo:

- **Derecho a juzgarse uno mismo.** Cada persona tiene derecho a juzgar su comportamiento, pensamientos y emociones y hacerse responsable desde el inicio de ellos y de las consecuencias que tiene en los demás.

- **Derecho a elegir justificar el comportamiento.** Cada persona tiene derecho a no dar razones para justificar su comportamiento y comportarse sin tener que convencer a los demás de por qué hace las cosas.

- **Derecho a elegir ser responsable de los demás.** Se trata de respetar tanto los intereses propios como los de los demás y buscar soluciones conjuntas si esto es posible.

- **Derecho a poder cambiar de opinión.** Cuando se practica la asertividad, el hecho de ver diferentes puntos de vista puede hacer que la persona cambie de opinión.

- **Derecho a cometer errores.** Una persona puede cometer errores y asumir que confundirse es humano y así aprender para futuras situaciones sin sentir culpa.

- **Derecho a no contar con la aprobación de otro.** Cuando tomamos una decisión, esta puede gustar a otros o no. Como ya sabemos, es imposible agradar a todos. Es necesario aceptar que nuestras opiniones y conductas podrán gustar a unos y a otros no.

- **Derecho a decir a los demás «no lo sé».** Cuando nos preguntan sobre algo que desconocemos podemos decir «no lo sé». No tenemos por qué saber de todo.

- **Derecho a tomar decisiones que no sean lógicas.** Cuando tomamos decisiones seguimos nuestros propios valores y criterios, aunque a los demás no les parezcan lógicas.

- **Derecho a no cumplir las expectativas ajenas.** No tenemos por qué saber y cumplir todo lo que los demás esperan de nosotros. Ser asertivo significa poder decidir.

- **Derecho a no ser una persona perfecta.** Cuando somos asertivos tomamos nuestras decisiones y podemos mostrarnos a los demás sin alcanzar la perfección. Es poder decir sobre lo que hacemos «no me importa».

EJERCICIOS PARA FOMENTAR LA ASERTIVIDAD

EL BUZÓN DE LOS SENTIMIENTOS

- **Objetivo.** Aprender a comunicar sentimientos.

- **Método.** El niño deposita en una caja con una ranura un papel donde ha escrito las situaciones en las que se ha sentido mal por algo que había hecho otro. Al final de la semana se abre la caja buzón y se lee. Hay que buscar con el niño maneras de comunicar al otro cómo le ha hecho sentir su conducta.

LA IMPORTANCIA DE DECIR «NO»

- **Objetivo.** Aprender a decir «no».

- **Método.** Buscar con el niño situaciones en las que le gustaría decir «no» a otros y practicar con él como lo diría sirviendo de modelo.

UN FINAL FELIZ

- **Objetivo.** Aprender a expresar opiniones.

- **Método.** Preguntar al niño por cuentos que le gusten y plantearle otro final. Dialogar con él por qué le gusta ese final y debatir acerca de por qué opinamos cada uno que nuestro final es el mejor.

PUEDO SER DIFERENTE

- **Objetivo.** Aprender a respetar a los demás.

- **Método.** Se dibujan monstruos y se recortan. Cada miembro de la familia elige uno y le pone unos adjetivos para describirse. Entre todos se habla de cómo es cada uno y se presenta a los demás. Se crean situaciones con los monstruos como que uno se ríe de otro por ser de color verde y ayudarle a defenderse. O situaciones en las que un monstruo pisa a otro sin querer porque es más torpe y le tiene que pedir perdón a otro.

LA CRÍTICA

Lucía ha participado en una exhibición de gimnasia y su madre ha visto que ha cometido algún fallo que otros días no ha realizado. Cuando finaliza la exhibición le dice: «lo has hecho muy bien, es verdad que los ejercicios de hoy tenían algo más de dificultad y te han costado más, pero no te preocupes que seguro que el próximo día te saldrá mejor».

QUÉ ES LA CRÍTICA

La crítica es una opinión que ejerce alguien sobre el comportamiento de otra persona. La forma en la que el adulto se relaciona con el niño va a tener un fuerte impacto en la imagen que estos se forman de sí mismos y de su autoestima y, del mismo modo, también tiene repercusión en la manera en la que afrontan la vida, en su capacidad para socializar y en cómo cultivan amistades y enfrentan los retos de la vida. La relación establecida entre ellos es la base de su desarrollo posterior.

Algunos padres piensan que con la utilización de la crítica constante van a influir en los comportamientos de sus hijos. Cuando las críticas son demasiado frecuentes afectan a su estado emocional y también al funcionamiento del cerebro.

La crítica no solo viene de los padres. En algunas ocasiones provienen de los amigos o del propio niño hacia otros cuando empiezan a establecer comparaciones y se burlan de los demás. Los niños se pueden sentir por encima de otros y para destacar esto expresan opiniones negativas sobre las cualidades que poseen los demás.

También existe una crítica del niño hacia sí mismo: es la conciencia crítica. Esta suele aparecer cuando busca la perfección o quiere agradar a otros y no lo consigue. Se inician entonces una serie de reproches que dirige contra él.

CÓMO REACCIONA EL CEREBRO A LAS CRÍTICAS

Cuando un niño siente que le están criticando demasiado evita prestar atención a lo que le dicen. Se pone en marcha un mecanismo de desconexión de la mente y el cerebro utiliza técnicas de evasión emocional como un factor de protección.

En algunas investigaciones se ha puesto de manifiesto que estos niños que se sienten criticados prestan menos importancia a las emociones y gestos que se ven en los rostros de los demás. Suelen ser menos sensibles a las emociones de otros y esto puede hacer que desarrollen trastornos emocionales como la ansiedad y la depresión (Binghamton University, 2018).

Por otra parte, cuando la crítica es muy abundante se la puede considerar como maltrato y se produce estrés, que está asociado a trastornos del desarrollo cerebral que en algunos casos afecta a los sistemas nerviosos e inmunitarios.

Las críticas tienen una serie de **consecuencias** como:

- **Baja autoestima.** La crítica puede producir emociones como inseguridad, enfado o tristeza.

- **Negatividad y pesimismo.** Cuando un niño crece oyendo continuamente cómo le infravaloran aprende que no está haciendo las cosas bien. Se vuelve malpensado, crítico consigo mismo, perfeccionista y maniático. No va a tener ganas de conocer a otras personas por el miedo a la crítica que le puedan hacer los demás.

- **Ansiedad y miedo.** Si el niño recibe críticas por lo que hace, cada vez que realice una conducta nueva estará en alerta y con miedo esperando otra crítica.

- **Perfeccionismo.** Cuando el niño recibe una crítica por hacer algo, la próxima vez que realice la misma actividad intentará hacerla de la mejor manera para evitar que le critiquen.

- **Posible hostilidad hacia el progenitor que critica.** La crítica por parte de alguno de los padres puede hacer que el niño sienta hostilidad hacia este.

- **Baja empatía.** Cuando un niño recibe críticas destructivas aprende que el otro no está entendiendo sus emociones, y este comportamiento se podrá repetir de él hacia otros.

TIPOS DE CRÍTICA

Existen diferentes tipos de crítica:

- **Crítica constructiva.** Es aquella expresión que permite al niño avanzar y se realiza con el objetivo de ayudar a otra persona. Se pretende que el niño realice un cambio positivo y obtenga beneficios en su manera de realizar la conducta. La crítica constructiva se basa en una observación objetiva, sin juicio, en la que se proponen nuevas maneras de actuar para mejorar una conducta o situación. Se debe formular de manera respetuosa. Después de la observación, si algo no se entiende se le puede preguntar por qué lo ha hecho así. Se formula realizando comentarios positivos al niño en los que se le elogia por lo que ha hecho, del tipo: «qué bien lo has hecho», «estamos orgullosos de ti», «eres muy bueno haciendo esta actividad», «qué cariñoso eres siempre». Se debe buscar el momento adecuado para realizar una crítica y no esperar que transcurra demasiado tiempo después de la conducta.

  Para **mejorar la crítica constructiva** hay que:

  - Ser respetuoso.
  - Buscar un lenguaje adecuado que el niño pueda comprender y utilizar un tono suave.
  - Señalar la conducta sin criticar a la persona.
  - Aportar soluciones. Consiste en señalar otros caminos útiles sobre cómo mejorar lo que se ha hecho.
  - Permitir que el niño pueda expresar su opinión sobre lo que ha hecho.
  - Ser asertivo. Los adultos también deben aprender a decir las cosas sin que el niño se sienta herido.

- **Crítica destructiva.** Su objetivo es quitar valor a las acciones del otro, establecer un juicio de valor o infringir daño. Esta crítica no permite posibles vías de solución de una conducta y se centra en algo del pasado.

  Para **mejorar la crítica destructiva** hay que:

  - **Entender qué ha ocurrido.** Es fundamental antes de emitir una opinión es conveniente ver qué ha llevado al niño a actuar de esa manera, entender por qué hace las cosas así y analizar su versión poniéndose en su lugar. Es decir, ser empático, ya que así se entenderán las emociones y sentimientos que está teniendo el niño.

- **Ser concreto.** Muchas veces, cuando se establece una crítica destructiva, se emplean frases como: «Es que eres un desordenado» o «Nunca limpias nada». En vez de emplear calificativos que pueden dañar la autoestima del niño, es mejor explicarle lo que ha hecho mal para que pueda enfocarse en el problema. Si el niño ha dejado la mesa sin recoger después de comer, en vez de decir: «Es que eres muy sucio y dejas todo tirado» es mejor pronunciar frases como: «Dejar los platos en la mesa después de comer no está bien, hay que lavarlos y dejarlos en el fregadero».

- **No etiquetar.** Cuando empleamos siempre un mismo calificativo, el niño puede terminar apropiándoselo y creerse esa etiqueta. Si siempre se olvida de lavarse los dientes, en vez de decir: «Qué sucio eres siempre», es mejor expresar: «No está bien que no te laves los dientes, ya que se te pueden estropear».

- **Poner el foco en la solución.** Si ha hecho algo mal está bien preguntarle de qué otras maneras podría haberlo hecho.

- **Utilizar mensajes positivos.** Cuando la conducta que no se desea tiende a repetirse, en vez de indicarle siempre lo que hace mal es mejor, el día que lo hace bien, hacérselo saber elogiando lo bien que lo ha hecho. Imaginemos un niño que nunca quiere ir a visitar a su abuelo. El día que conseguimos que vaya a visitarle es cuando hay que hacerle ver lo contenta que está toda la familia de su visita y lo mucho que se valora que haya ido, a la vez que se resaltan los momentos buenos de la visita que hayan sido divertidos.

- **Pensar en las consecuencias siendo asertivos.** Cuando realizamos una crítica destructiva las consecuencias pueden ser devastadoras para la persona hacia la que se dirige. Los niños pueden llegar a ser muy vulnerables. Se trata de transformar nuestra opinión para generar que se sienta mejor y no ser destructivos. Así será consciente de lo que ha hecho mal, pero sin sentirse hundido, ya que puede entender, gracias a las posibles alternativas, que siempre hay un camino para hacer las cosas mejor.

- **Practicar la autorreflexión.** Otras veces, cuando una persona critica a otra, es posible que tenga sentimientos de insatisfacción consigo misma, dificultad en las relaciones con otros o baja empatía. El ponernos en nuestra propia piel y ver qué nos está ocurriendo nos ayudará a tratar a los otros de una manera mejor. Los padres muchas veces están agotados porque han tenido un mal día en el trabajo o porque se sienten mal consigo mismos o simplemente porque el niño no ha parado y están cansados. Esto no es motivo para volcar estos sentimientos en el niño. El proceso de autorreflexión ayuda a ver qué se está proyectando y las consecuencias que esto tiene.

EL PENSAMIENTO CRÍTICO EN EL NIÑO

Otro tema del que merece la pena hablar es el pensamiento crítico. Es la habilidad que tiene el niño para valorar la opinión de otro o las informaciones que recibe. Le permite ejercitar su capacidad de reflexión y razonar de manera adecuada y eficiente. Para empezar a trabajar con el pensamiento crítico necesitará escuchar a los demás y recoger información. Será capaz de tomar decisiones correctas y resolver problemas de la mejor manera. No será una persona influenciable en el futuro, sino que podrá analizar y desarrollar sus conclusiones.

Esta habilidad se puede aprender, y los adultos pueden enseñarle de varias maneras. Cuando el niño sienta curiosidad por algo podemos hacer que reflexione para que obtenga sus propias conclusiones, aunque luego el adulto añada más información. Si quiere saber, por ejemplo, por qué un avión vuela, podemos hacerle reflexionar sobre el tema por medio de preguntas, para que emita sus conclusiones, y luego darle una explicación.

A continuación se indican algunas propuestas que permiten practicar:

- **Realizar actividades en las que fomentemos su capacidad de reflexión.** Los juegos de misterio son muy beneficiosos para desarrollar esta reflexión. Se le puede pedir que recopile pistas sobre lo que ocurre y llegue a sus propias conclusiones.

- **Servir de modelo cuando se está haciendo algo.** Por ejemplo, cuando cocinamos podemos hacerlo en voz alta para que el niño escuche qué nos está llevando a utilizar unos ingredientes. Otro ejemplo puede ser cuando estamos arreglando algo en casa.

- **Comentar una película o libro.** Si vamos a visionar una película o leer un libro podemos preguntarle si conoce algo de lo que va a ver y qué idea tiene sobre si le va a gustar. Al finalizar le pedimos que nos diga en qué ha cambiado su opinión. También se le puede preguntar qué hubiese cambiado y qué le ha gustado.

- **Buscar información, ser capaz de contrastar diversas fuentes y analizar las dudas.** Cuando le manden hacer un trabajo en el colegio puede practicar la exposición del tema en casa y plantear dudas.

- **Trabajar en equipo.** Cuando un niño realiza un trabajo con otros, estos tienen que llegar a un acuerdo y establecer el guion que van a seguir. Esto implica escuchar otros puntos de vista y ceder en algunos temas.

- **Lluvia de ideas.** Ante los problemas que se plantean en un hogar se puede hacer una lluvia de ideas de todos los miembros sobre las posibles soluciones a este. Después se analiza entre todos cuáles serían los inconvenientes y las ventajas de cada una de ellas. Con esto el niño pone en marcha su capacidad de escucha y reflexión sobre las opiniones de los demás.

- **Enseñarle a comparar.** Existen diversos juegos en los que el niño tiene que encontrar las diferencias entre un dibujo u otro. También se le puede plantear la comparación entre personajes de superhéroes o de cuentos tratando de encontrar qué diferencias ve entre ellos. Otra posible manera es con el visionado de películas. Hoy en día existen películas realizadas con diferentes técnicas, de dibujos y con personas, así puede comparar y expresar cuál le ha gustado más y por qué.

- **Aprender de los errores.** Cuando se equivoca en algo hay que hacerle cuestionarse de qué otras maneras es posible llevar a cabo esa acción.

- **Fortalecer su autonomía.** Dejarle que realice actividades y resuelva problemas de manera autónoma.

LOS CELOS EN LA INFANCIA

Jorge está sentado en el sofá del salón, al lado de su madre. Desde que su herma-no ha llegado a casa nota como que ella no puede jugar con él todo el tiempo y se pregunta qué hace su hermano para que todo el mundo esté pendiente de él. Sus abuelos y tíos llegaron ayer y trajeron muchos regalos para el bebé. A él también le trajeron cosas, pero no era su cumpleaños ni nada. Se tira al suelo y se pone a llorar mientras piensa: «A ver si así mamá viene y me da un abrazo».

QUÉ SON LOS CELOS

Los celos son un estado afectivo en el que el niño tiene miedo a que disminuya el cariño o la atención que recibe principalmente de sus padres, u otras personas importantes para él, y que prefieran estar con otra persona, que muchas veces es un hermano. El niño puede desarrollarlos a cualquier edad y mostrar envidia hacia la persona que recibe la atención. Perciben la llegada del hermano como una amenaza. Las causas de los celos pueden ser reales, cuando el niño es comparado con los hermanos por sus padres, o pueden ser imaginarias, cuando el niño malinterpreta los comportamientos.

Los celos pueden ser algo normal si son pasajeros y pueden convertirse en patoló-gicos cuando se prolongan en el tiempo y provocan síntomas en el niño.

FACTORES QUE INFLUYEN EN EL DESARROLLO DE LOS CELOS

Hay de tres tipos: desencadenantes, predisponentes y de mantenimiento.

FACTORES DESENCADENANTES

Son los factores que influyen en la aparición de los celos, los sentimientos y las conduc-tas asociadas a estos. Existen una serie de factores que van a hacer que todo cambie y favorezcan su aparición (Climent, 2017):

- **Nacimiento de un hermano.** Cuando un nuevo hermano llega al hogar los padres van a tener que dedicar mucho tiempo al cuidado del niño. Este tipo de celos es conocido como el síndrome del príncipe destronado, que consiste en que el niño tiene que hacer un proceso de aceptación de que un nuevo miembro ha llegado y va a necesitar tiempo de cuidados. No depende solo de que llegue el primer hermano, puede ocurrir también con la llegada de otros hermanos.

- **Cambio de la estructura familiar.** Un cambio en la forma de la familia puede desestabilizar al niño. Si los padres se divorcian y encuentran una nueva pareja puede hacer que el niño se sienta desplazado y celoso hacia el nuevo miembro. También es posible que nazca un niño, las rutinas cambien y sienta que todo es diferente por la llegada de su hermano y proyecte este enfado hacia él.

FACTORES PREDISPONENTES

- **Diferencia de edad entre hermanos.** Si la diferencia de edad es aproximadamente de entre dos o cinco años, el niño tiene más posibilidades de desarrollar celos.

- **El lugar que ocupa el niño en la jerarquía familiar.** Se pueden dar celos del hermano mayor al pequeño, pero también a la inversa. Para que surjan en el hermano mayor es preciso que haya estado vinculado a su progenitor y tenga miedo de perder el cariño que le daban, por lo que es bastante más probable que los hijos mayores puedan sentir celos. Los celos en el hermano pequeño ocurren de manera más infrecuente. Suelen estar más protegidos en la familia y pueden desarrollar dependencia emocional, que a su vez hace que quizá tengan intolerancia a la frustración. Esto va a hacer que cuando quieran tener los mismos privilegios que sus hermanos mayores, y no lo consigan, desarrollen celos. En el caso de los hermanos medianos estos no han tenido ni los privilegios de los mayores ni tampoco los de los pequeños, lo que hace que se sientan entre dos aguas y discriminados.

- **El temperamento del niño.** Niños con temperamento sensible, detallistas, que les cueste expresar emociones, inseguros, que tengan mal humor y poca tolerancia a los cambios tendrán más posibilidades de tener celos. Estos suelen aparecer a partir del primer año de vida, aunque pueden surgir en cualquier momento. El punto álgido se da en niños de dos años y hay más probabilidad de que aparezcan antes de que el mayor cumpla cinco años.

- **El estado emocional de la madre.** El que la madre tras el parto se sienta cansada, con depresión o con trauma postparto puede hacer que el niño achaque estos cambios a la llegada del hermano y comiencen los celos.

- **Composición familiar.** En los ambientes donde se sufren carencias afectivas, como malos tratos o agresividad, se pueden desarrollar situaciones de necesidad de atención, por lo que el niño no quiere compartir a sus padres con otros. De igual modo, en los ambientes donde se tolera todo, se sobreprotege al niño o se le hace creer que es el centro es posible que aparezcan celos porque estas conductas pueden variar y el niño piense que se le está abandonando por otro.

- **Relación con la madre.** Los niños que están apegados a sus madres pueden sentir la pérdida del apoyo afectivo que tenían con la llegada del hermano menor, y esto genera desconfianza e inseguridad. El hecho de que existan situaciones de enfrentamientos constantes de la madre con el hijo va a hacer que la relación que el niño establece luego con sus hermanos pueda ser más conflictiva.

FACTORES DE MANTENIMIENTO

- **Exigencias familiares.** La llegada del primer hijo puede hacer que los padres tengan una mayor rigidez con este, se preocupen más por él y estén más ansiosos. Con la llegada de un hermano el niño puede sentirse desplazado y los padres comenzarán a reñirle y corregirle. Los niños están intentando llamar la atención de sus padres y cuando estos les riñen esta conducta se refuerza, y además corrobora para ellos que han perdido el afecto de sus padres, lo que les llevará a tener más celos para seguir llamando la atención.

- **Comparación entre hermanos.** A veces los padres desarrollan conductas de comparación sin querer. Por ejemplo, pueden decir frases como «Fíjate en tu hermano». Esto, que a primera vista no parece un problema, puede provocar el efecto contrario ya que, en lugar de esforzarse para llegar a ser como su hermano, pueden despertar celos o envidias, ya que se está estableciendo una comparación. También en situaciones de competencia se puede provocar la rivalidad entre hermanos a ver quién lo hace mejor y es posible que aparezcan los celos.

- **Características del hermano.** Un niño que tenga una discapacidad requiere más atención y cuidados que otro al que no le ocurra nada. Esto puede ser vivido como que están haciendo más caso al otro, lo que podrá provocar que aparezcan los celos.

MANIFESTACIONES DE LOS CELOS

En caso de celos, estas son las manifestaciones más frecuentes en los niños:

- **Agresividad.** Se muestran agresivos hacia sus hermanos moviendo la cuna rápidamente, quitándole el chupete o dejando caer un muñeco en la cuna.

- **Desobediencia.** Se pueden vestir más lentos cuando se lo dicen sus padres, tirar objetos, interrumpir a sus padres cuando hablan, etc., buscando siempre llamar la atención.

- **Tristeza.** Es posible que el estado de ánimo de los niños se vuelva más triste cuando tiene celos porque sientan que han perdido el cariño de sus progenitores.

- **Regresión.** Pueden volver a querer el chupete cuando ya se lo habían retirado, hablar de manera más infantil, querer dormir con los padres si ya dormían en su cama, dejar de controlar los esfínteres, etc.

- **Alteración del sueño.** Es posible que aparezcan dificultades para quedarse dormidos o que tengan pesadillas.

- **Alteración de los hábitos alimenticios.** Puede aparecer pérdida de apetito o cambiar los gustos alimenticios.

- **Indiferencia.** Ignoran al hermano como si no estuviese, no hacen caso cuando llora y no les gusta estar con él en la misma habitación.

- **Obediencia.** Muestran mucho interés por su hermano para agradar a los padres.

- **Colaboración exagerada.** Hacen todo lo que los padres le piden: ayudan a arropar al hermano, le ponen el chupete o se fijan en si ha hecho algún movimiento que muestre que está molesto.

- **Somatizaciones.** Aparece dolor de estómago o cabeza.

- **Ansiedad.** Se muestran ansiosos si la madre no está presente.

PREVENIR Y REGULAR LOS CELOS

Para **evitar que los celos hagan su aparición** en el niño cuando se produce un cambio familiar es aconsejable seguir una serie de pautas y consejos que ayuden a aceptar el cambio, como por ejemplo:

- No decirle que su hermano va a jugar con él cuando nazca, ya que se van a generar expectativas que no se van a cumplir hasta pasados unos meses después del nacimiento.

- Explicar al niño que un bebé necesitará cuidados y dedicación, pero que eso no va a cambiar el cariño que los padres sienten.

- Explicar al niño las ventajas de ser un hermano mayor, por ejemplo estrenar siempre la ropa, ser un ejemplo para el pequeño, etc.

- En el caso de que un progenitor vaya a presentar una nueva pareja, explicarle cómo se siente y que eso no va a traer cambios. También es bueno ir integrando a esta persona en actividades familiares prestando atención al niño.

Hay diversas **estrategias** que se pueden aplicar para regular los celos en el niño y que no se conviertan en un problema:

- **Fomentar la cooperación entre hermanos.** Enseñarle a compartir tareas y objetos comunes como muñecos. Tienen que aprender a ser generosos entre ellos.

- **Observar las conductas inadecuadas y analizarlas.** Buscar las posibles causas de los celos y reaccionar sin darles demasiada importancia.

- **Involucrar al niño en el cuidado del bebé.** Se le puede pedir que le dé el chupete, que le tape, que ayude en la hora del baño, etc.

- **Alabar los aspectos positivos.** Decirle lo bien que lo hace cuando está prestando atención a su hermano y cuidando de él.

- **Evitar comparaciones.** Cada hermano es diferente y lo mejor es no hacer comparaciones que hagan a uno sentirse inferior al otro.

- **Estimular la expresión de emociones.** Hablar con él sobre cómo se siente y enseñarle a regular sus emociones.

- **Reservar tiempo para cada niño.** El bebé necesita cuidados, pero tampoco hay que descuidar a los otros hermanos. Hay que dedicar tiempo a juegos y cuidados con ellos.

- **Realizar actividades en familia.** Se puede salir a dar un paseo, realizar comidas o jugar todos juntos.

- **Ignorar las conductas inadecuadas.** En vez de regañar al niño cuando esté tratando de llamar la atención, y que esto provoque que los celos aumenten, es mejor reforzar los momentos en los que actúa bien.

- **Promover un clima de tranquilidad.** Hacer que la situación en casa no suponga estrés para el niño.

- **Dar seguridad.** Ser un apoyo para el menor de manera que sienta que su mundo no ha cambiado y que se pueda sentir seguro.

- **Favorecer el diálogo.** Utilizar una comunicación asertiva en la que el niño pueda expresar sus dudas y temores.

- **No se debe demostrar preferencia por ningún hijo.** Todos los hijos son iguales. Los niños deben sentir que son especiales con las características que posea cada uno. Es importante que se valoren las cualidades de cada uno. En una casa ninguno es igual, pero todos tienen la misma importancia para los padres.

EL PERDÓN

*A*ndrea ha estado jugando con su hermano y le ha roto su juguete favorito cuando ha saltado encima de él. Ha oído el ruido del crujido y se ha dado cuenta de que algo estaba sucediendo al ver la cara de su hermano y que comenzaba a llorar. Se ha sorprendido mucho de lo que había pasado. Al principio ella se ha asustado también y le han entrado ganas de llorar, pero luego se ha dado cuenta de que no podía hacer nada por arreglarlo. Se ha acercado a él y le ha dado un abrazo mientras le decía: «Perdona, ha sido sin querer».

QUÉ ES EL PERDÓN

Saber pedir perdón es tener la capacidad de pedir disculpas y tomar la responsabilidad por algo que ha ocurrido. El perdón se pide desde el corazón y conecta con los sentimientos de los demás. Es una decisión que lleva a tomar conciencia de los actos que uno ha realizado y las consecuencias que ha tenido. Cuando se le enseña a un niño a pedir perdón se están dando valores y normas de educación y el niño se responsabiliza.

El saber perdonar, por otra parte, es algo que ayuda a los niños a manejar sus emociones, dejar atrás el enfado y actuar con amabilidad hacia otro.

Hay diferentes **tipos de perdón**:

- El perdón que se le pide a alguien por haberle hecho daño o causar un daño sobre algo que valora.

- El perdón que uno se pide. Es el que ocurre cuando uno se da cuenta de que ha hecho algo mal hacia sí o hacia otro.

- El perdón que le damos a otro. Es cuando perdonamos a otro por algún daño que nos ha causado.

El perdón **es importante** porque ayuda a reconocer los errores que uno ha cometido y se tienen en cuenta las emociones de los demás. El perdón está relacionado con la responsabilidad de los actos. Con él se desarrolla la empatía y la salud emocional se vuelve fuerte y permite afrontar los obstáculos.

Cuando uno sabe perdonar deja de lado la venganza y la ira y reconoce que el error tiene que ser olvidado. Pedir perdón implica humildad y capacidad de arrepentimiento. El niño aprende que no debe cometer los mismos actos con los que ha realizado un daño o perjuicio.

CÓMO ENSEÑAR A LOS NIÑOS A PERDONAR

Hay diferentes modos de enseñar a los niños a perdonar. Destacamos los siguientes:

- **El modelado.** Un niño que ve en casa que sus padres no tienen ira cuando alguien comete algún acto contra ellos va a copiar estos comportamientos. Los padres tienen que servir de modelos.

- **Fomentando su autoestima.** Un niño con una autoestima alta aprende de sus errores y sabe reconocerlos.

- **Enseñando a los hijos.** Los padres deben hablar con sus hijos y hacerles ver que cuando perdonan están soltando la ira. Es importante que reconozcan las emociones que están sintiendo. Del mismo modo han de entender que el resentimiento no lleva a nada, solo al odio y a la agresividad.

- **Perdonar no implica olvidar.** Significa que el niño acepta lo que ha ocurrido y se libera de las ganas de venganza, se libera de la ofensa.

Para ello es importante también que los padres actúen:

- Sirviendo de **modelos.**

- **Enseñándoles empatía.** El valor de la empatía ayuda a que el niño se pueda poner en el lugar del otro.

- **Sin obligar al niño.** Es mejor que el niño no realice las cosas sin saber por qué. Debe ser consciente de lo que hace, de otra manera solo estará soltando una frase sin ningún sentido para él. Hablando con él se logra que conecte con sus actos y las consecuencias que estos han tenido. Luego, mostrándole los sentimientos del otro podrá conectar con lo que ha pasado y pedir perdón.

BENEFICIOS DEL PERDÓN

El acto de perdonar aporta una serie de beneficios en las personas, entre los que se encuentran los siguientes:

- **Se produce una mejora en las relaciones sociales.** Las relaciones mejoran al poder arreglar una situación que causa malestar.

- **Se liberan emociones.** Cuando uno pide perdón se siente en paz con el otro y se conecta con uno mismo.

- **Hace que nos sintamos mejor.** Cuando se pide perdón o se perdona se puede seguir siendo amigos a la vez que nos hace mejores personas.

- **Ayuda a afrontar las situaciones.** El perdón hace que se pueda realizar una reflexión sobre lo que ha ocurrido.

- **Mejora la asertividad.** Se puede decir lo que uno piensa sin hacer daño al otro.

- **Ayuda a tener pensamientos positivos.** Aporta tranquilidad y se liberan los sentimientos negativos.

- **Aumenta la autoconfianza.** Se liberan las sensaciones de estrés y ansiedad y se aprende a confiar en los actos.

- **Se aprende a distinguir lo bueno de lo malo.** El niño puede ver las consecuencias de sus actos y conectar con lo que hace daño y lo que es beneficioso para otros y para él mismo.

EJERCICIOS PARA CONECTAR CON EL PERDÓN

LO QUE NO QUIERO
- **Objetivo.** Reconocer las conductas que pueden dañar a otros.

- **Método.** Se pide al niño que piense en qué conductas le pueden molestar y se le explica que eso también puede hacer daño a otros.

EL ESPEJO
- **Objetivo.** Reconocer el malestar.

- **Método.** Se ponen dos niños uno frente al otro. Uno debe llorar o quejarse, por ejemplo, y se le pide al otro que imite la acción. Se van alternando los papeles. Luego se les pregunta cómo se han sentido y se les dice que esas son las conductas que no queremos que ocurran porque nos hacen sentirnos mal. Posteriormente se les puede enseñar a pedir perdón.

LA PAPELERA
- **Objetivo.** Reconocer lo que no nos gusta.

- **Método.** Se le pide al niño que escriba en una hoja algo que haya hecho mal o que haya ofendido a otro y esa hoja se arruga y se tira a la papelera. Ese papel representa sus errores y, cuando lo tira, está pidiendo perdón, liberándose de algo que no le gusta.

NO TENGO MÁS COLORES
- **Objetivo.** Reconocer cómo nos sentimos cuando nos ofenden.

- **Método.** Se reparten colores y cada color representa una emoción. Se les quita a los niños los colores que representan las emociones buenas y se quedan con los que representan las emociones malas y les preguntamos cómo se sienten. Les hacemos ver que así es como nos sentimos cuando alguien nos hace algo malo. Les damos los colores que representan las emociones buenas y les decimos que cuando alguien nos pide perdón está cambiando las emociones malas por las buenas.

SÉ PERDONAR

- **Objetivo.** Saber cómo es el proceso de perdonar.

- **Método.** Se les da a los niños unas marionetas y tienen que interpretar una historia sobre cómo se pide perdón. Se les corrige o se les refuerza lo que han hecho bien.

EL VALOR DE LA GRATITUD EN LOS NIÑOS

La gratitud es uno de los valores más importantes en los niños. La gratitud es un sentimiento de aprecio y significa poder dar valoración a las cosas que los demás hacen por nosotros. La gratitud es un valor que se aprende y está en relación con la generosidad. Cuando un padre da las gracias a otra persona en una tienda o para pedir paso dice «por favor» está favoreciendo que su hijo aprenda esta conducta. La gratitud les ayuda a liberarse de la culpa, el enfado, el miedo y la tristeza, ya que la gratitud hace que una persona se pueda vincular emocionalmente con otros. Cuando una persona aprende a dar las gracias y realiza esta acción, está sintiendo bienestar y es reconocido por los demás. Poder dar las gracias significa poder interpretar lo que otro hace por uno. También hay otro tipo de gratitud que es la que se practica hacia uno mismo, es la que ponemos en marcha cuando dejamos de culparnos y aprendemos de nuestros hechos. A veces resulta más complicado que poder agradecer a los demás, pero todo se puede conseguir aprendiendo y practicando y llegar a convertirlo en un hábito.

La gratitud no es algo innato, ya que no todas las personas pueden sentir gratitud. Es un sentimiento que ayuda a cooperar con los miembros de la sociedad y que nos ayuda a vivir en armonía porque se necesita la ayuda de los demás. El hecho de practicar la gratitud hace que los demás se sientan bien con nosotros y ayuda a que haya más conductas beneficiosas hacia los demás. Cuando recibimos gratitud nos sentimos bien y vamos a querer seguir sintiéndonos así, lo que nos llevará a desarrollar más gratitud.

CARACTERÍSTICAS DE LOS NIÑOS QUE DAN LAS GRACIAS

Los niños que demuestran gratitud poseen una serie de características (Wood et al., 2007). El agradecimiento es importante para la salud física, psíquica y mental.

- **Son más pacientes y tolerantes.** Saben que cuando alguien está realizando una acción lleva su tiempo y supone un esfuerzo en la persona, por eso saben esperar y aceptan que los demás actúen de forma diferente.

- **Confían en los demás.** Si un niño da las gracias reconoce que el otro ha hecho algo significativo por él y que puede confiar.

- **Son personas más felices.** La gratitud genera felicidad y satisfacción, ya que se reconoce los actos buenos de otros. La gratitud cambia el cerebro. Según un estudio llevado a cabo por Robert A. Emmons y Mike McCullogh (2002) en el que se llevo a cabo la realización de un diario en tres grupos. Un grupo debía escribir las cosas por las que se sentían agradecidos, otro debía explicar las cosas que les fastidiaban y otro seguían acontecimientos neutrales. Después de 10 semanas de seguimiento los que habían escrito sobre la gratitud se sentían un 25 % mejor que los otros grupos, mostraban menos problemas de salud y rendían más.

- **Pueden apoyar emocionalmente a otros**. Emmons (2019)realizó un estudio posteriormente en el que pidió a la gente que escribiese sobre cosas por las que se sentían agradecidos y en esos escritos se vio que estas personas eran más propensas a ayudar a otros lo que les hacía sentirse bien consigo mismos.

- **Hacen pensamientos constructivos.** Cuando se dan las gracias se ha hecho antes un proceso de búsqueda de soluciones prácticas y positivas. El pensamiento constructivo puede ayudar a que alcancen metas en la vida y permite que se puedan equivocar menos.

- **Son altruistas.** Cuando el niño siente gratitud reconoce que un hecho favorable que le ocurre se debe a la acción realizada por otra persona. Se muestra respeto a la persona que ha realizado la acción y ayuda a que la relación con la otra persona sea mejor.

- **Son más empáticos.** La gratitud es un sentimiento que ayuda al niño a apreciar y valorar los hechos de los demás, como recibir un regalo, recibir un favor, conectar con la naturaleza y valorar lo que tenemos, valorar el esfuerzo que hace un profesor, o apreciar el que hace un entrenador cuando enseña al niño a cómo realizar algo y conseguir sus metas. Con estas situaciones se producen acciones que le provocan alegría y aprenden a ver qué está haciendo el otro y cuánto esfuerzo ha dedicado. En cualquier acto puede ganar el que da y el que recibe y se trata de ver esta conexión.

- **Son más generosos.** Cuando alguien da algo no lo hace esperando recibir algo a cambio, lo hace de manera desinteresada. El poder ver esto ayuda a que el niño reconozca los beneficios que conlleva un acto en el que lo realiza. El niño aprende del otro y se vuelve más generoso en sus actos, el simple acto de dar las gracias ya es un hecho de generosidad hacia el otro.

- **Son más positivos y optimistas.** El ser agradecido con uno mismo y con los demás hace que el niño valore todo lo bueno que tiene en su vida. El niño aprende a ver el sentido de lo que recibe y se enriquece con ello, lo cual le impulsa a seguir adelante y tener metas. El niño puede ver lo positivo de lo que recibe y lo que tiene a su alrededor, lo cual le hace tener una visión optimista de la vida y ver su entorno de manera esperanzadora.

- **Tienen menos depresión.** Las personas que son agradecidas y generan buenos sentimientos tienen menos riesgo de sufrir depresión. Como se ha comentado antes, la gratitud lleva a tener una visión positiva de la vida y a tener sentimientos positivos, lo que hará que el niño no caiga en la tristeza. Seligman realizó un estudio en el que los participantes recibían diversas intervenciones. Se vio que a los participantes a los que mandó escribir una carta de gratitud a alguien en su vida mostraron caídas en las puntuaciones en depresión y esto se prolongó hasta un mes después. Este estudio probó también que eran más felices.

- **Pueden enfrentar mejor los cambios en su vida.** El hecho de ser agradecido, tener menos niveles de depresión y ser más optimista y positivo ayuda a que los cambios se puedan afrontar de mejor manera.

TIPOS DE GRATITUD

Gratitud verbal es la que se expresa con palabras como «gracias», «te agradezco...», «estoy contento por tu ayuda».

- **Agradecimiento concreto.** Es un agradecimiento que se muestra cuando un niño quiere compensar a otro por algo que ha hecho. Aparece en niños de unos ocho años. El niño dice: «debería darle algo a mi amigo por lo que ha hecho», «quiero regalarte esto por haber...». Tiene un carácter egocéntrico, ya que el niño da un valor subjetivo a lo que da y lo considera beneficioso para otro.

- **Agradecimiento conectivo.** Es el agradecimiento realizado cuando se trata de crear un vínculo. El niño dice frases como: «le daría cualquier cosa», «le ayudaría siempre que me lo pidiese». Coloca al niño en una posición de igualdad, el niño agradece, no con algo material, sino con amor o amistad. Suele aparecer en niños de 11 o 12 años.

- **Agradecimiento finalista.** Es el agradecimiento que tiene relación con hacer realidad un deseo. El niño dice: «intentaré ser siempre bueno con mis padres», «voy a sacar siempre buenas notas». El niño pondrá todo su empeño.

Algunos autores también indican dos tipos de gratitud:

- **La condicional.** Es aquella que se siente cuando las cosas salen como uno espera.
- **La incondicional.** Es poder sentirse bien cuando no ocurre nada especial.

BENEFICIOS DE PRACTICAR LA GRATITUD
Shoshani (2020) realizó tres experimentos con niños de tres a seis años y demostró que la gratitud se puede expresar tanto hacia la persona que realiza el acto hacia el niño como hacia otras personas con actos como son compartir y ayudar, esto afecta al comportamiento prosocial en niños de preescolar. Los niños que ven el acto de gratitud son capaces de entender las funciones de la gratitud y realizar una relación entre las personas implicadas. De este modo pueden realizar acciones de gratitud en el futuro con lo que han aprendido ya que entienden sus consecuencias.

EDUCAR EN LA GRATITUD
Es posible educar a los niños en gratitud aumentándola y teniendo repercusiones en su bienestar.

- **Hablar sobre la gratitud.** Hacerle ver qué sabe sobre la gratitud y ampliar ese concepto que tiene sobre el sentimiento de gratitud. Se le puede preguntar: ¿sabes qué es la gratitud?, ¿a qué personas mostramos gratitud? ¿de qué forma mostramos gratitud? Se deja al niño que conteste y luego con palabras que pueda entender se le explica qué es. Se le puede enseñar que pueden apreciar y querer a quienes les cuidan, a los familiares, a los profesores. Hay que explicarles que se puede demostrar con gestos, palabras, muestras de cariño.

- **Servir de modelo.** Se le puede mostrar al niño que se fije en las cosas buenas que hay a su alrededor y en las cosas buenas que tienen otras personas.

- **Enseñarle a no ser exigente y a tener paciencia.** Mostrarle que cuando quiere algo para otra persona le va a llevar un tiempo y que tiene que saber esperar, ya que las cosas pueden llevar un esfuerzo asociado.

- **Enseñarle que hay que ser feliz con lo que uno tiene.** Esto consiste en que aprenda a valorar lo que posee y que no todos somos iguales, puede aprender que no hay que tener envidia y que se puede disfrutar con lo que tiene.

- **Enseñarle las necesidades de otros.** Puede ver que sin ser iguales es capaz de ayudar a otros con lo que posee y no hace falta que sea algo material porque se puede ayudar con una sonrisa, una muestra de afecto, un abrazo, etc.

EJEMPLOS DE GRATITUD

La gratitud se puede realizar de diversas maneras. Aquí se muestran unos ejemplos, pero las posibilidades son muy amplias.

- **Ser amable con la familia.** Esto genera que haya un buen clima y facilita que las relaciones fluyan.

- **Decir «gracias».** Dar las gracias por lo que se recibe, por los actos buenos de los demás.

- **Escuchar a los demás.** El prestar atención a los demás hace que sientan que nos interesan.

- **No hacer quejas a otros.** Se puede evitar emitir malas opiniones sobre otros.

- **No reprochar a los demás.** Cada vez que alguien realiza una acción la hace de la mejor manera posible.

- **Ser humildes**. Saber reconocer los errores ayuda a que los demás se sientan mejor.

- **Ayudar a los demás.** Cuando un niño de clase no sabe hacer algo, se le puede explicar lo que no entiende.

- **Reciclar.** Cuando se recicla se evita que haya desechos en la naturaleza.

- **Cuidar la naturaleza.** Se puede regar las plantas, plantar una semilla, no pisar las plantas...

- **Hacer elogios a los demás.** El hecho de hacer un elogio al otro es un regalo.

- **Tener detalles con otros.** Es un acto de reconocer algo que nos gusta de los demás.

- **Ser generoso.** Cuando un niño deja sus juguetes, reconoce los actos de los demás, valora las circunstancias de otros y está realizando un acto de generosidad.

- **Dar la bienvenida a un niño nuevo en clase.** Un niño que llega nuevo a un colegio puede sentirse desconcertado y solo. Cuando se le da la bienvenida y se le acoge , el niño que apoya al otro le hace sentir bien.

- **Hacer un regalo.** Regalar algo, aunque no sea material; por ejemplo, una frase bonita en un papel, es una manera de dar las gracias.

- **Mostrar una sonrisa.** Está comprobado que cuando alguien mira a otro y sonríe esto hace que los demás perciban al que sonríe de manera más amable y en muchos casos favorece un gesto de sonrisa en el otro.

EJERCICIOS PARA FOMENTAR LA GRATITUD

EL DIARIO DE GRATITUD

- **Objetivo.** Escribir un diario

- **Método.** El niño tiene que escribir un diario en el que cada día refleje algo importante para él por lo que está agradecido. Por ejemplo, repasar quién le ha ayudado en algo, qué cosas le hace feliz tener, etc.

LA VASIJA DE GRATITUD

- **Objetivo.** Mejorar el bienestar.

- **Método.** Poner una vasija de cristal vacía y decirle al niño que la vamos a llenar de gratitud. Para ello el niño tiene que ir escribiendo en distintos papelitos motivos por los que está agradecido a las personas de su entorno o simplemente, a la vida. Durante un mes el niño puede escribir en un papel mensajes de gratitud e ir echándolos en la jarra.

EL SILLÓN DE GRATITUD

- **Objetivo.** Hacer elogios a los demás.

- **Método.** Este ejercicio se realiza en grupo y cada uno irá sentándose en un sofá. Los demás se van sentando a su lado y le dicen algo que valoran en él. Cuando todos se han sentado se ponen otra vez de pie y se van sentando por turnos realizando el mismo proceso.

LA CARTA DE GRATITUD

- **Objetivo.** Reconocer lo que alguien ha hecho por el niño.

- **Método.** Se elige una persona de la familia que sea importante para el niño, como puede ser la madre o el padre, algún abuelo, algún tío y tiene que escribirle una nota diciéndole por qué es importante en su vida.

PRACTICANDO LAS GRACIAS

- **Objetivo.** Ser amable con los demás.

- **Método.** Salir con el niño a dar un paseo o a comprar en una tienda y enseñarle a sonreír y dar las gracias a los dependientes o a las personas con las que se cruce. Le mostramos en qué ocasiones hay que realizar esto y le acostumbramos a unas normas de cortesía que, como hemos visto, son muy beneficiosas para él.

EL AUTOCONCEPTO Y LA AUTOESTIMA

Vamos a hablar de dos términos que empiezan a conformarse en la infancia: uno es el autoconcepto y otro la autoestima. Ambos irían siempre de la mano. Aunque es muy frecuente confundirlos, son diferentes. El autoconcepto tiene un componente cognitivo más fuerte: es el conjunto de creencias que uno tiene sobre sí mismo. Da forma a la imagen mental de cómo somos. Participa en la conducta y en las vivencias y no es algo innato. La autoestima son las valoraciones que hacemos sobre nuestras características. En ella prevalece la parte afectiva y valorativa y es la que conforma nuestra personalidad. Tampoco es innata, es el resultado de las acciones y sentimientos que van transcurriendo a lo largo de la vida.

EL AUTOCONCEPTO

Elena piensa que es una persona simpática, que le gusta hablar con la gente, que es cariñosa, que es generosa, que se le dan bien las ciencias, que es muy movida, que le gusta siempre inventar juegos.

El autoconcepto (Gurney, 2018) estaría formado por el conjunto de ideas, hipótesis y creencias que una persona tiene sobre sí misma, y todo esto determina cómo se percibe en los diversos ámbitos de la vida. Se construye desde la experiencia que tenemos en la primera infancia y se va desarrollando a lo largo de la vida. El autoconcepto va a depender de las características de cada persona y del ambiente en el que viva. A través de él podemos distinguirnos de los demás. Gurney distingue tres etapas:

- **Etapa del sí mismo primitivo.** Niño menor de dos años. Pasa de reconocerse visualmente a sí mismo a percibirse como una realidad diferente.

- **Etapa del sí mismo exterior.** De los dos a los 12 años. El niño adquiere elementos cada vez más complejos sobre sí mismo a través de experiencias relacionadas con éxitos y fracasos y en una fase en la que interactúa con los adultos. Aprende a definirse a través de sus propios rasgos y características observables. Es capaz de contar con condiciones físicas específicas, preferencias y habla de modo particular en vez de general.

- **Etapa del sí mismo interior.** A partir de los 12 años. Su visión sobre sí mismo es más ajustada, ya que puede establecer una crítica sobre él y es capaz de tener una visión más precisa teniendo en cuenta el éxito y el fracaso.

Para tener más claro qué es el autoconcepto vamos a definirlo a través de los siguientes ejemplos:

- Un niño que llega a clase y los demás eligen jugar a lo que él propone y recibe elogios por lo bien que lo hace siempre, puede verse como líder.

- Un niño al que le cuesta dirigirse a los otros en clase puede tener una definición de sí mismo como tímido.

- Un niño que siempre hace reír a los demás y gasta muchas bromas puede percibirse como gracioso.

- Un niño que nunca sabe decidir qué color poner en sus dibujos o qué juguete elegir puede tener un autoconcepto de indeciso.

Como podemos ver, habrá autoconceptos positivos y negativos. En los positivos se reconocen habilidades, virtudes, fortalezas. Para los que tienen autoconcepto negativo se verán más las debilidades. Como veremos posteriormente, esta forma de percibirnos influirá en la autoestima.

CARACTERÍSTICAS DEL AUTOCONCEPTO

Podemos considerar siete características básicas del autoconcepto (Shavelson et al., 1976):

- **Organizado.** El autoconcepto está estructurado. Las experiencias se almacenan por categorías. Por ejemplo, es posible valorar nuestras características físicas: alto, atlético, feo, guapo, etc.

- **Multifacético.** El sistema de categorizar se adopta por un individuo concreto o por un grupo. Por ejemplo, se puede considerar que un niño es gracioso y ese rasgo va cambiando y adaptándose a las modas que aparecen en Internet.

- **Jerárquico.** Se forman en jerarquías en las que habría un autoconcepto general en la cima y, por debajo, estarían los específicos. Por ejemplo: «Soy buena persona» estaría en la cima y, por debajo, empático, comprensivo o tolerante.

- **Estable.** El autoconcepto general se considera estable y según se desciende en la jerarquía puede depender más de las situaciones. Por ejemplo, un niño puede ser generoso habitualmente, pero si está con un grupo de niños desconocidos puede no compartir nada y ser egoísta. Sin embargo, su rasgo prevalente es la generosidad.

- **Experimental.** Según aumentan la edad y la experiencia nos vamos diferenciando más.

- **Valorativo.** La evaluación del autoconcepto varía en importancia y significado según los individuos y las situaciones. Por ejemplo, valoramos ciertas características según le damos un valor positivo o negativo.

- **Diferenciable.** Las experiencias que cada individuo va teniendo en la vida influyen en el autoconcepto que tenga de sí mismo.

TIPOS DE AUTOCONCEPTO

El autoconcepto que tiene una persona sobre sí misma depende del entorno y la situación. Hay tres tipos:

- **El yo individual.** Son las ideas que uno tiene sobre sí mismo, por las que se diferencia de otros y que le aportan valor. Es cuando uno se dice: «soy valiente, animado, aventurero», etc.

- **El yo colectivo.** Es la apreciación que una persona tiene de sí misma dentro del grupo. Cuando alguien dice: «soy estudiante, español, de habla española», etc.

- **El yo interpersonal.** Tiene relación con los demás. Es el concepto que una persona tiene de sí misma con respecto a sus relaciones. Supone una apreciación sobre si se ha comportado bien o mal o si puede mantener buenas relaciones.

Es la persona que piensa que es generoso con sus amigos, que sabe escuchar, que sabe ayudar, etc.

El autoconcepto se puede clasificar **de manera multidimensional** (F. García y Musitu, 1999):

- **Autoconcepto académico.** Visión que se tiene como estudiante. Comprende las ideas que se tienen sobre las habilidades o capacidades que se poseen para lograr aprender y afrontar el aprendizaje. El niño dice: «soy bueno en inglés, aprendo rápido y me cuestan las matemáticas».

- **Autoconcepto social.** Idea que se tiene en cuanto a las habilidades o competencias sociales que uno posee y pone en práctica cuando interactúa con otros. El niño piensa: «soy tímido, me cuesta contar cosas, no suelo ir a fiestas».

- **Autoconcepto emocional.** Cómo se ve uno en cuanto a sus emociones y su regulación emocional. El niño puede pensar: «soy una persona alegre, a veces me cuesta llorar».

- **Autoconcepto físico.** Comprende habilidades y apariencia físicas. Alguien que dice: «soy bajito, se me da bien el rugby».

DESARROLLO DEL AUTOCONCEPTO

Las relaciones de apego que ha tenido el niño durante su infancia determinarán el grado positivo o negativo del autoconcepto. En un ambiente familiar se transmiten valores y pautas de comportamiento que influyen en su forma de ser. Unos padres que enseñen buenos valores dotarán al niño de unos comportamientos adecuados con sus semejantes. Así, el autoconcepto se desarrolla a través de la interacción con otros y lo que vivimos.

De igual modo, el ambiente escolar influirá también, ya que las experiencias que se tienen en este entorno ayudan a saber cómo relacionarse con otros, cómo comportarse en público o cómo pertenecer a un grupo (García, 2009). Los profesores son personas de referencia para el niño, ya que les ayudan a dar valor a sus éxitos y a sus fracasos, les enseñan a compararse de manera sana con otros y también aprenden qué esperan otros de la conducta propia. Los compañeros del colegio son relevantes para el proceso de socialización, pues se aprenden con ellos otros comportamientos y respuestas y se puede superar el egocentrismo. Se adquieren otros puntos de vista y, de esta manera, se logra la adaptación al entorno en el que uno se encuentra (Coll, 1984).

Igual de importante es el entorno en el que el niño se desarrolla y las actividades que realiza en él. El autoconcepto también se puede desarrollar a través de las historias que oímos. Por ejemplo, las lecturas que realiza un niño pueden hacer que se identifique con un personaje y quiera imitarle.

Hoy en día también está influido por factores como las redes sociales o Internet, ya que estos medios promueven ideales que el niño va a tratar de imitar. Actualmente, un tipo de influencia muy destacada es el papel que juegan los *influencers* y *youtubers*, que con sus audios o vídeos pueden hacer que el niño quiera imitarles o adquirir algunos rasgos que estos promulgan.

El autoconcepto no es estático. Nuestro entorno juega un papel fundamental. Los sitios en los que el niño se desenvuelve van haciendo que este se adapte a ellos y que varíe ciertas actitudes o comportamientos. La gente con la que el niño se mueve va a condicionar que este trate de acomodarse a ellos para formar parte del grupo.

Otras veces una enfermedad, una situación grave, los traumas, el cambiar de lugar de residencia, etc. van a hacer que el niño sea otro, se sienta de manera diferente y modifique cómo se ve a sí mismo y cómo actúa ante los demás.

DIMENSIONES DEL AUTOCONCEPTO

Henri Tajfel (1974) diferenció en el autoconcepto una identidad personal y otra social:

- **La identidad personal** está formada por los rasgos de personalidad que hacen que cada persona sea única.

- **La identidad social** es aquella que tenemos según el grupo social al que uno pertenece. Estos grupos nos ayudan a identificarnos.

FACTORES DETERMINANTES EN LA FORMACIÓN DEL AUTOCONCEPTO

El autoconcepto debería ser entendido como el conocimiento o impresión que uno tiene sobre sí mismo. Existen varios aspectos:

- **Una imagen de uno mismo o yo real.** Es una representación mental sobre uno mismo en el momento presente. Puede estar inflada, y creer que se es el mejor, o tener una imagen negativa en la que se exageran los defectos o debilidades. Por ejemplo: «soy alto, simpático, inteligente».

- **Una imagen o yo ideal.** Esto es cómo nos gustaría ser o cómo creemos que les gustaría a las personas que nos rodean que fuésemos. Por ejemplo: «me gustaría ser futbolista y ganar mucho dinero para comprarme una casa grande».

- **Un yo responsable.** Es el que deberíamos ser o el que las personas piensan que deberíamos ser. Por ejemplo, ser un buen estudiante o tocar el piano.

Estos aspectos no siempre coinciden (Higgins, 1987). Si lo hacen, decimos que es congruente con la realidad, pero muchas veces existe una diferencia entre cómo nos vemos y cómo nos gustaría ser en realidad (este último sería nuestro yo ideal). Cuando no coincide el yo real con el ideal decimos que el autoconcepto es incongruente y esto genera sentimientos de frustración, desánimo y tristeza. Si esto ocurre puede influir negativamente en nuestra autoestima. Esta incongruencia puede formarse durante la infancia.

Si el aspecto real no coincide con el aspecto responsable se generan sentimientos de vergüenza, culpa o estrés. Según Rogers, ciertos comportamientos de los padres o comentarios pueden afectar de manera negativa a lo que los niños piensan de sí mismos. Imaginemos un niño que en el colegio hace un dibujo del que se siente muy orgulloso y va a casa con toda la ilusión para mostrárselo a sus padres. Cuando llega estos le dicen que qué dibujo tan feo y que podía esforzarse más. Indudablemente, el concepto que el niño tiene sobre sí mismo se puede ver deteriorado y, posteriormente, ese niño podría dejar de dibujar porque piense que al no haber valorado nadie su dibujo este era horrible y que no merece la pena esforzarse más. Por el contrario, un niño que llega a casa con un dibujo del que se siente muy orgulloso, se lo muestra a sus padres y estos le dicen que qué bien hecho está y que les ha gustado mucho, en el futuro podrá sentirse motivado para seguir haciendo dibujos, ya que habrá visto que los demás le valoran e irá creando una imagen positiva de sí mismo.

Otra teoría sobre cómo se forma el autoconcepto es la **teoría del yo espejo.** Parte de la idea social de que se construye a través de las ideas que tienen otros sobre nosotros. Formaríamos nuestro concepto a través de la información que nos dan los demás. Percibimos que ellos tienen una idea sobre cómo somos y nos acomodamos a esa idea, o cambiamos nuestras relaciones buscando otras personas que nos vean como pensamos que somos o modificamos la idea que tenemos de nosotros mismos. Generalmente no tendemos a vernos como nos ven los demás, sino como pensamos que nos ven los demás.

El autoconcepto es importante para conocerse y saber lo que gusta de uno mismo y lo que se tiene que cambiar. El que una persona tenga un concepto positivo de sí misma va a influir en sus sentimientos de felicidad y bienestar, ya que esto tendrá un efecto positivo en su autoestima. El autoconcepto va a definir cómo se relaciona una persona con el mundo y con los demás. El ser consciente de nuestros actos y saber cómo funcionamos va a hacer que alcancemos la felicidad. Influye en la motivación por hacer las cosas, en sentirnos bien con nosotros mismos, en cómo interpretamos todo lo que nos rodea, en cómo formamos nuestras relaciones, despierta la curiosidad, da forma a nuestra personalidad y hace que seamos fuertes emocionalmente. Un niño con un buen autoconcepto será un adulto fuerte y seguro de sí mismo.

CÓMO TRABAJAR EL AUTOCONCEPTO CON UN NIÑO

El autoconcepto no es algo con lo que el niño nace, se va configurando a lo largo de la infancia. Para ello es importante:

- **Cuidar la comunicación.** Dar mensajes positivos y ayudar al niño a ver sus aspectos favorables. Hay que elogiar sus habilidades.

- **Evitar el castigo.** Es mejor utilizar reforzamientos.

- **Ayudar a tomar decisiones.** Facilitar al niño que vea las opciones que tiene ante sí y que entienda lo que puede conseguir con cada una.

- **Evitar poner etiquetas.** Es mejor no poner etiquetas ni calificar comportamientos para que el niño no los haga suyos y se identifique con ellos.

- **No sobreproteger.** Dejar al niño hacer las cosas por sí mismo. Debe aprender a enfrentarse con las dificultades que se le planteen.

- **Confiar en sus capacidades.** Tiene que percibir que sus adultos confían en él.

- **Señalar las virtudes en público y corregirle en privado.** De esta manera no se sentirá humillado ante los demás.

- **Estimular su crítica.** Ayudarle a ver qué opinión tiene de las cosas, que se las cuestione y que sea capaz de ver diferentes posturas ante algo.

El autoconcepto permite que las personas sean capaces de reconocer sus destrezas, debilidades, logros, fracasos, preferencias y gracias a él se puede representar la realidad.

LA AUTOESTIMA

Lara ha suspendido el último examen. Cuando llega a casa, como es la primera vez que le ocurre, está un poco nerviosa. Se lo cuenta a sus padres y les dice que no hay de qué preocuparse, que se acuerda de aquella vez que no podía hacer un ejercicio de gimnasia y después de varios intentos le salió muy bien. Seguro que ahora, volviendo a repasar todo y con la ayuda de sus padres si no entiende algo, podrá aprobar el examen.

QUÉ ES LA AUTOESTIMA

La autoestima hace referencia a cuánto nos gustamos, nos aceptamos o nos aprobamos. Es la forma en la que nos valoramos a nosotros mismos. Siempre va asociada a un grado de aceptación y evaluación y es positiva o negativa. La autoestima es el valor que le damos al autoconcepto. Cuando un niño es muy pequeño no tiene una conciencia sobre ella, pero sí tiene conciencia de sentirse seguro o de los miedos que siente. La autoestima en la época infantil va a influir en cómo aprenden y se relacionan los niños y en su estado de felicidad y desempeño.

DESARROLLO DE LA AUTOESTIMA

La autoestima empieza a desarrollarse desde que somos pequeños y es algo que nunca va a dejar de evolucionar. Cuando el bebé nace, las relaciones de apego que empieza a establecer tendrán importancia, ya que marcarán su autoestima. Los niños empiezan a desarrollarla cuando tratan de alcanzar metas y se esfuerzan por algo (Laporte, 2003).

- **En la edad preescolar, hasta los 18 meses.** El niño comienzan a explorar el mundo, puede caminar o gatear. Cuando habla es capaz de decir «yo puedo» y empieza a ser autónomo. Sus padres observan que puede hacer cosas por sí solo, dan valor a lo que hace y lo estimulan. En esta época aparecen los miedos y es capaz de manipular a los demás. Hace dibujos y experimenta la vida de una manera egocéntrica. Este periodo se considera crucial en la autoestima. Todo lo que sus padres le digan tendrá influencia en él.

- **Entre los cuatro y los seis años.** Aparecen nuevas estructuras mentales y es capaz de reflexionar, hacer juicios, cooperar y aprender cosas nuevas. Ya tiene idea de cómo es su físico y su interior. Todas las exigencias que reciba de padres o profesores en el colegio marcarán la autoestima que tenga. Comienza a desear cosas, quiere sacar buenas notas, complacer a los demás o llevarles la contraria. El cómo los demás valoren las cosas que hace y cuánto le exijan influirá en que tenga una autoestima alta o, por el contrario, hacer que desarrolle una baja autoestima. Puede sentirse alabado o herido por otros. En esta etapa las amenazas, agresiones, violencia, etc. pueden marcar su autoestima presente y futura.

- **De los seis a los 12 años.** Será un periodo vital en la formación de la autoestima del niño. Esta influirá en su manera de relacionarse con el mundo. El pequeño puede aislarse o presentar dificultades en tareas y aprendizajes sean escolares o no. Más tarde esto influirá en que pueda presentar problemas relacionados con drogas, alcohol, delincuencia y suicidio. En esta etapa es también muy importante la aceptación por parte de sus iguales. Es el momento en el que surgen las comparaciones sociales e individuales.

FACTORES QUE INFLUYEN EN LA AUTOESTIMA

Existen varios factores que pueden influir en la autoestima (Hills y Argyle, 1998):

- **La reacción de los otros.** Cuando la gente nos admira, emite valoraciones positivas de uno, nos busca y tiene en cuenta nuestra opinión tendemos a desarrollar una autoestima positiva. Si, por el contrario, nos ignoran, nos dicen cosas desagradables o nos llevan la contraria, esto hará que nos veamos negativamente y desarrollemos una autoestima negativa.

- **La comparación con los demás.** Si cuando nos comparamos con otros pensamos que estos son más felices, que han obtenido más logros, que la vida les va mejor, tenderemos a desarrollar una valoración negativa sobre nosotros mismos. Si realizamos valoraciones de los demás en el sentido contrario, tenderemos a tener una autoestima positiva.

- **Los roles sociales.** Algunos roles sociales marcados por los estereotipos, como son el que alguien sea médico, astronauta o famoso influirá en una autoestima positiva. Otros roles sociales, también marcados por los estereotipos, como estar desempleado, ser adicto o tener una enfermedad puede llevar a desarrollar una autoestima baja.

- **Identificación.** Esta depende de lo anterior, ya que se refiere a la interiorización que hacemos de los roles que desempeñamos. Muchas veces nos identificamos con estos y los grupos a los que pertenecemos.

- **La educación.** Es fundamental a la hora de tener una autoestima alta. Frases como: «es muy torpe para hacer gimnasia», «no sabe dibujar bien» o «es muy tímido» van a servir para que el niño integre estas frases en su vocabulario y llegue a creérselas. Hay que dejar que los niños experimenten y descubran por sí mismos de qué son capaces. Del mismo modo, hay que motivarles cuando hacen algo bien. Todo ello influirá en que se quieran más a sí mismos y se sientan orgullosos de lo que hacen.

- **Las experiencias.** El hecho de tener fracaso o éxitos en la vida va a condicionar el que un niño confíe más en sí mismo o, por el contrario, se hunda. Hay que enseñarle a saber gestionar los fracasos de manera que los pueda ver como un aprendizaje para hacerlo mejor la próxima vez.

- **El nivel de perfeccionismo.** Cuando un niño quiere ser perfecto no se permite a sí mismo las equivocaciones. Hay que aprender que en la vida habrá momentos donde las cosas salgan bien y otros que no.

- **El control.** Si una persona se deja manipular por los demás no será capaz de identificar qué es lo que quiere y no podrá tomar decisiones. En este caso la opinión de los demás será necesaria siempre y la propia vida la dirigirán los demás.

COMPONENTES PSICOLÓGICOS DE LA AUTOESTIMA

Entre los modelos que tratan de explicar la autoestima se han propuesto varios componentes que la conforman:

- **Componente afectivo.** Es el sentimiento de valor que tenemos de nosotros mismos. Lo que nos gusta y lo que no. Tiene que ver con las reacciones emocionales como tristeza, frustración u orgullo.

- **Componente conductual.** Se refiere a las intenciones que una persona tiene de actuar según las opiniones que se tengan de uno mismo y lo que se está dispuesto a realizar. Por ejemplo, si alguien quiere apuntarse a clases de guitarra porque sabe que le agradará tocar un instrumento y le gusta la música, pero tiene miedo de que los demás le juzguen.

- **Componente cognitivo.** Formado por las representaciones, creencias, ideas y descripciones que uno hace de sí mismo en diferentes ámbitos de la vida. Está relacionado con los pensamientos que uno tiene de sí mismo sin tener en cuenta las emociones. Se correspondería con el autoconcepto.

LOS PILARES DE LA AUTOESTIMA

Podemos considerar seis pilares que es necesario trabajar para poder afianzar la autoestima (Branden, 2021):

- **Vivir conscientemente.** Está relacionado con ser conscientes del presente, de nuestros pensamientos, sentimientos e intenciones. Se trata de observarse a sí mismo sin juzgar, de conocerse más.

- **Autoaceptación.** Cuando uno se acepta se muestra tal y como es y esto permite que las cosas fluyan. Uno es capaz de ponerse al lado de sí mismo sin pelearse. Somos compasivos con nosotros sin cuestionarnos o criticarnos.

- **Autorresponsabilidad.** Cada uno es responsable de sus actos y pensamientos y es capaz de aceptar lo que hace o deja de hacer. No se culpa a los demás.

- **Autoafirmación.** Tiene que ver con el respeto por uno mismo, con ser asertivo y poder decidir sobre lo que hacemos.

- **Determinación o propósito en la vida.** El tener un propósito dota la vida de sentido. Pueden existir propósitos generales, como ser un buen hijo, o metas, como sacar un curso o aprender a jugar al fútbol. Hay que tratar de buscar las acciones necesarias para conseguir los propósitos.

- **Integridad.** Cuando uno decide algo tiene que haber coherencia entre lo que nos fijamos como objetivo y lo que hacemos.

TIPOS O NIVELES DE AUTOESTIMA

Podemos distinguir cuatro tipos niveles de autoestima:

- **Autoestima alta, sana o equilibrada.** En realidad, esta es la autoestima que todos desearíamos tener. Podríamos decir que es la «normal» para sentirse bien. Se caracteriza porque uno es consciente de lo que vale, de las capacidades que tiene y precisamente por eso, se puede enfrentar a los inconvenientes que se le presentan. Una persona con esta autoestima se va a sentir bien consigo misma, va a ser lo más importante para ella, es conocedora tanto de sus puntos fuertes como de los débiles y está orgullosa de sus cualidades. Del mismo modo, confía en sí misma y puede expresar sus puntos de vista a los demás desde el respeto. Sabe identificar los sentimientos y emociones y los puede expresar a otros. Es capaz de dirigirse hacia nuevos retos, ser solidaria con otros y se divierte en diversas situaciones. Son personas que no se dejan manipular y no necesitan competir con otros.

- **Autoestima sobreelevada o narcisismo.** Son personas que tienen problemas en su relación con los demás. Son egocéntricas y prepotentes. Distorsionan la realidad para tener una mejor autoimagen. Reaccionan con agresividad, ira o violencia ante todo lo que amenace su autoestima y dominan al otro. Estas personas pueden mostrarse amigables ante los demás y piensan que nunca se equivocan. Se creen mejores que nadie. Se consideran las más interesantes del mundo y que los demás las admiran y las quieren. Creen que siempre tienen la razón y harán todo para demostrarlo. Se quieren a sí mismas de manera enfermiza. Están orgullosas de cómo son y se sienten atractivas, al mismo tiempo que piensan que merecen más que los demás. Tienen creencias falsas de seguridad en sí mismas.

- **Autoestima media.** Estas personas se ven por debajo de los demás y fluctúan en sus pensamientos de sentirse por encima de los demás o por debajo sintiéndose poco útiles.

- **Autoestima baja.** La personas con autoestima baja sienten ineptitud, incapacidad, inseguridad y fracaso. Si tienen un resultado negativo buscan rápidamente un líder que las pueda guiar. Tienen siempre la sensación de causar mala impresión en los demás porque se consideran poco interesantes y por esa razón no participan en actividades grupales. Les cuesta mucho alcanzar metas y cuando algo sale mal se culpan a sí mismas del resultado negativo. No se esfuerzan en cuidarse y son pasivas. Cuando tienen que iniciar una actividad se dan por vencidas antes de que esta comience y piensan que no pueden realizarla correctamente. Son personas muy pasivas a las que les cuesta tomar cualquier iniciativa. Los sentimientos que más predominan son los de culpa, falta de control, miedo y temor. La asertividad baja también es una característica de estas personas y no toleran bien las críticas de los demás, aunque paradójicamente, al mismo tiempo se critican a sí mismas. Para cada uno de los tipos de autoestima se deben trabajar conscientemente los pilares que llegarán a afianzarla o reforzarla en los puntos más frágiles, ya que tener **un buen grado de autoestima es muy importante** porque:

- Permite aceptar los errores y tener una mejor opinión de uno mismo.
- Ayuda a tener un mejor desempeño escolar, da seguridad, facilita la toma de decisiones y permite ser empático.
- Tener una buena autoestima no significa que uno sea el mejor en todo, sino que se tiene la capacidad de adaptarse, entenderse y quererse siendo consciente y pudiendo corregir lo que se hace mal.
- Supone ver las cosas de modo positivo.
- Permite valorar las fortalezas y aceptar las debilidades.
- La autoestima es una protección para no tener depresión y ayuda a superar las dificultades de adaptación y aprendizaje.
- Los niños aprenden a tener autoestima a través de la visión de las personas importantes para ellos, como son sus padres, hermanos, familia cercana y amigos.

CÓMO FOMENTAR LA AUTOESTIMA INFANTIL

Hay cuatro aspectos que son parte esencial para desarrollar la autoestima desde la niñez (Marsellach Umbert, 1999):

- **Vinculación.** Está relacionada con las personas con las que el niño establece lazos importantes, como son la familia, el grupo de amigos y el grupo del colegio.

- **Singularidad.** Se refiere a las características que le hacen especial y diferente y que los demás apoyan. Por ejemplo, ser educado, ser amable, ser especial para los abuelos, etc.

- **Poder.** Medios, oportunidades y capacidad de modificar alguna circunstancia de su vida. Por ejemplo, sentir que puede elegir jugar con un amigo.

- **Pautas de guía.** Son las personas de referencia que le dotan de ejemplos adecuados, humanos y que le sirven para establecer los valores, objetivos e ideales.

En la infancia es muy importante que los padres o cuidadores fomenten la estima infantil para que estos puedan aprender a valorarse. Pueden realizarlo de diversas maneras (Laporte, 2006):

- **Tener al niño en cuenta y dedicarle tiempo.** Estos momentos que el adulto pasa con el niño deben estar dedicados a él. Hay que dejar que comience a jugar y luego unirse a su juego. Ayudarle a describir lo que está haciendo y felicitarle con algo positivo. No hay que darle órdenes, sino que debe entender las cosas desde el cariño. Se trata de acompañarlo bajo la calidez. Se le puede felicitar diciéndole: «muy bien hecho», «lo has conseguido», «tú puedes».

- **Mostrar seguridad.** El niño tiene que sentir que puede contar con el adulto y verle como una persona fiable. Hay que cumplir las promesas que se le hacen. El hecho de poner límites contribuye a la seguridad, ya que las reglas establecidas ayudan a entender cómo funciona la familia. El niño aprende cuáles son las horas de la comida, con qué les gusta divertirse en familia, saber que a los padres les agrada que recoja las cosas, etc.

- **Tratar al niño con consideración y respeto.** Es decir, aceptarlo tal cual es, reconociendo sus cualidades y dándose cuenta de los límites. Para ello es necesario conocer al niño, sus necesidades, deseos y sentimientos. Se le pueden inducir buenas conductas.

- **Reconocer las habilidades.** El niño puede tener habilidades físicas, intelectuales, creativas, sociales o interpersonales. Hay que motivarle para que haga actividades que le gustan y en las que es bueno.

- **Mostrar al niño que es querido.** Darle abrazos y decirle frases cariñosas.

- **Corregir los errores desde el cariño.** Hay que evitar que tenga conductas malas haciendo que el niño reconozca las consecuencias de sus actos. No criticarle, ya que las críticas tendrán consecuencias a corto y largo plazo. Si el niño ha hecho algo mal no hay emplear frases como: «Lo sabía que iba a pasar», «Eres un torpe», «No vales para nada». Esas afirmaciones se deben sustituir por: «Se te ha caído. Estabas jugando y le has dado al jarrón. La próxima vez tienes que tener cuidado porque hay cosas que se pueden romper». El niño necesita saber que ha hecho algo mal, pero sin hacerle sentir culpable.

- **Fomentar la autonomía y darle responsabilidad.** Enseñarle a hacer cosas por sí solo, ir dándole tareas acordes a su edad.

- **No comparar**. Se pueden destacar los puntos fuertes sin compararle con otro. Hay que evitar frases como: «Fíjate en tu primo, qué bien juega al ajedrez. Tú no eres tan bueno» o «Qué guapa es tu amiga, es la más guapa de toda la clase, no hay otra igual».

- **No etiquetarlos de mala manera.** Evitar marcarle con un calificativo que le quite valor como puede ser tonto, torpe, desagradecido, etc.

- **No exagerar los halagos y tratar de ser concreto.** No decirle frases como: «Eres el más inteligente del mundo». Evidentemente el niño va a crecer y se dará cuenta de que no es el mejor. Esto puede marcarle en la perfección e intentar agradar siempre a los padres. Se puede cambiar la frase por: «Qué buenas notas has sacado, lo has hecho muy bien».

- **Valorar el esfuerzo, no los resultados.** Supongamos que el niño va a jugar un partido de tenis y pierde. Habría que valorar lo mucho que se esfuerza yendo a clase y lo bien que lo ha hecho en el partido.

- **Validar las emociones.** Hay que enseñar al niño las emociones que puede experimentar y que aprenda a sentirlas y entender por qué le está ocurriendo esa emoción. No tratar de negar con frases como: «Hay que ser un hombre, no se llora», «Mira qué enfadado estás, la gente va a pensar que eres un maleducado». Cada emoción tiene su expresión, y la conducta va asociada a las emociones.

- **No sobreprotegerle.** El niño no debe vivir en una burbuja. Tiene que aprender que las cosas pueden salir bien y mal, que no siempre obtendrá lo que quiere, que hay que aburrirse para ser creativo.

Hay otros factores que **pueden disminuir la autoestima:**

- **La baja autoestima de padres o cuidadores.** Los adultos sirven de modelo y pueden hacer que el niño termine adquiriendo baja autoestima. Del mismo modo, pueden influir al no prestarle la suficiente atención o criticarle.

- **Una disciplina variable.** Esto hace que las reglas o límites de los que hemos hablado antes se tambaleen.

- **Las palabras que hieren.** El emplear vocabulario despectivo hace que el niño lo interiorice y llegue a creérselo.

- **Una sobreprotección excesiva.** El niño que está hiperprotegido no sabrá enfrentarse a las adversidades que pueden ir apareciendo en su vida.

- **La desgana frente a problemas.** Cuando los padres no saben solucionar los conflictos harán que el niño tenga que solucionarlos por sí mismo y muchas veces será de manera inadecuada.

- **Las grandes esperanzas.** Los padres o cuidadores que depositan todas sus esperanzas en el niño harán que no tenga una buena autoestima, ya que aprenderá a agradar siempre a otros, no será capaz de tomar decisiones por sí mismo y se exigirá demasiado.

- **No disfrutar de la compañía del niño y no tener complicidad.** Debemos entender que ser padres supone implicarse en la educación de los hijos, dotarles de valores, metas y servir de apoyo y acompañamiento. Se trata de estar presentes siempre que lo necesiten.

EJERCICIOS PARA FORTALECER LA AUTOESTIMA

ME PRESENTO COMO...

- **Objetivo.** Reconocer cualidades.

- **Método.** El niño debe presentarse ante los demás diciendo su nombre y una cualidad que posee.

CÓMO ME VEN

- **Objetivo.** Descubrir cómo me ven los demás.

- **Método.** Se reparten varios papeles en blanco a cada niño. En cada papel se escribe el nombre de cada niño presente y algo que les guste de esa persona. Luego se van recogiendo los papeles y se agrupan por nombre. A cada niño se le entregan los papeles con su nombre. Este ejercicio es una manera de descubrir la imagen que tienen los demás de nosotros.

CREO MI SILUETA

- **Objetivo.** Reconocer fortalezas y habilidades.

- **Método.** Se recorta la silueta de cada niño y este escribe las fortalezas que cree poseer. Le podemos ayudar a reconocerlas preguntándole qué hace bien, cómo es, qué le gusta de sí mismo, etc. Otras personas pueden poner allí las habilidades que cree que tiene. La silueta se pone en un lugar visible y el niño puede recurrir a ella siempre que quiera para ver cómo es. Puede seguir añadiendo cualidades siempre que quiera.

APRENDO DE MIS ERRORES

- **Objetivo.** Aprender de los errores para no cometerlos en el futuro.

- **Método.** Leer el cuento de los tres cerditos y hablar con ellos sobre los errores que creen que tuvieron al construir las casas y que el lobo pudiera derribarlas soplando. Fijarse también en cómo el cerdito con la casa de ladrillo ayuda a los otros.

EN LA COCINA APRENDO

- **Objetivo.** Aprender a colaborar y organizar actividades de manera asertiva.

- **Método.** Se va a la cocina con el niño para hacer magdalenas. Se cocinará de manera que pueda colaborar. Al niño se le explica la receta y se le dan las cantidades y es él el que distribuye las actividades, como mezclar ingredientes, batir huevos, poner el relleno, meter en moldes, y el que explica a los demás cómo hacerlo. Se le va ayudando y corrigiéndole cuando se equivoca. Cuando se acaba se agradece a todos su participación.

LAS RABIETAS

*C*lara entra en el supermercado con sus padres. Van por los pasillos y Clara se fija en unos caramelos por su color. Se queda mirándolos fijamente y sigue haciendo la compra con sus padres. Cuando van a la caja a pagar Clara vuelve a encontrarse los caramelos y esta vez pide a sus padres que se los compren. Ellos siguen colocando los productos en la cinta ante la cajera y le dicen que tienen que irse. Clara se da cuenta de que no le han comprado los caramelos y se tira al suelo y empieza a gritar y patalear.

QUÉ SON LAS RABIETAS

Las rabietas son los comportamientos o arrebatos emocionales intensos que presenta un niño como respuesta a querer algo y no haberlo conseguido. Muestran su frustración, enfado e impaciencia y pueden evidenciarse como quejidos, golpes, llantos o patadas. Para los padres es una situación muy difícil de afrontar. Las suelen presentar los niños de entre dos y cuatro años, aunque en algunos casos se podrá alargar hasta los cinco o seis años. Cuando un niño está cansado, enfermo o hambriento las rabietas pueden empeorar y volverse más frecuentes. Es una manera de intentar reafirmar su independencia. Esta se muestra diciendo «no» a sus padres. El niño, al no tener un vocabulario suficiente para expresar sus sentimientos los manifiesta de esta manera. Hay que aclarar que no está intentando avergonzar a sus padres, son una forma de expresión y forman parte del proceso evolutivo.

Las rabietas se producen ante la necesidad de intentar proclamar su individualidad. Los niños lo hacen como una manera de rebelarse a los padres y es un intento de explorar hasta dónde pueden llegar los límites. La rabieta **se produce como respuesta emocional a:**

- **Intentar conseguir algo y no obtenerlo.** No hablamos solo de querer obtener cosas. Un niño también puede intentar hacer algo como un puzle y que no le salga. Los padres tratan de ayudarle pero él quiere hacerlo solo y no lo consigue. Esto le puede llevar a sentirse frustrado o rabioso y acabar convirtiéndose en una rabieta.

- **Llamar la atención.** Un niño puede usar la rabieta cuando descubre que le ha funcionado en alguna otra ocasión. Imaginemos que al sentirse enfadado por no haber conseguido algo y tener una explosión de enfado los padres, avergonzados en mitad de la calle, deciden comprarle eso que tanto desea. El niño aprenderá que teniendo una rabieta de nuevo puede conseguir lo que quiere.

- **Tener sueño.** Cuando un niño no ha descansado lo suficiente se va a sentir más irritable, por lo que si de repente no consigue algo y se enfada, este enfado puede sobrepasar todos los límites. La falta de sueño provoca cansancio e irritación en el niño.

- **Tener hambre.** Si un niño siente hambre y no sabe cómo decírselo a sus padres va a intentar por todos los medios que esa necesidad sea satisfecha lo más pronto posible. Cuanto más hambriento esté, mayor será la rabieta.

- **Tener celos.** Cuando un niño siente que alguien está recibiendo más atención que él y quiere que a él también le hagan caso va a intentar hacerse notar mediante una rabieta.

TIPOS DE RABIETAS Y CÓMO PREVENIRLAS

Entendiendo por qué se producen las rabietas podemos hablar de:

- **Rabietas del cerebro inferior.** Son las que activan las partes inconscientes del cerebro y ocurren de forma involuntaria. El niño sufre con ellas y son las causadas por las emociones como el miedo, la rabia o la tristeza. En estas rabietas el niño necesita que le calmen o ser escuchado.

- **Rabietas del cerebro superior.** El niño no sufre, sino que hace como si sufriera cuando en realidad está actuando. Son las que utiliza para manipular a sus padres. Esas que hemos dicho que han aprendido que funcionan cuando quiere conseguir algo. Son aquellas en las que el niño quiere llamar la atención.

No hay una fórmula para **prevenir las rabietas,** pero sí que se pueden tomar medidas y que el niño sienta en todo momento que sus padres van a estar allí como figuras de apoyo y comprensión (Marga Wesolowski, s. f.):

- **Ser un modelo de calma.** Como ya sabemos, los niños aprenden mucho de los padres y tratan de imitarles. Es importante que el niño vea cómo estos pueden permanecer en calma ante situaciones estresantes. Por el contrario, si ve cómo sus padres gritan cuando llegan enfadados de trabajar o cuando van conduciendo, ese es el mensaje que va a recibir.

- **Elegir cuándo decir «no».** Los padres, en un intento de proteger a sus hijos, pueden establecer muchos límites y normas como «no toques el enchufe», «no te acerques al cristal de la mesa», «no cojas el cuchillo». Si oye muchas veces el «no» va a entender que todo son negativas, por lo que intentará probar que puede ser un «sí», y ante el temor, los padres terminan gritando para que no pueda estar en peligro. Así, el niño seguirá intentando probar y todo entrará en bucle. Es mejor ver dónde es necesario decir «no» y que no perciba todo como una amenaza para que no tenga que estar probando y sintiéndose frustrado continuamente.

- **Dejarle sentir sus emociones.** Cuando es pequeño el niño es muy emocional, todo le hace tener sus emociones altas para que aprenda a percibir el mundo. Aparecen también los miedos y los enfados. Es bueno que experimente sus emociones, sean estas positivas o negativas. Es el modo de que vaya probando su termómetro emocional. Los padres también tienen que mantener la paciencia y dejarles experimentar el mundo.

- **Ser una ayuda.** Cuando un niño no puede lograr algo está bien ayudarle. Se puede observar cómo va descubriendo el mundo y, cuando necesite ayuda, ser un punto de apoyo para que se sienta seguro.

- **Tener algo para comer.** Hemos comentado que los niños cuando sienten hambre van a intentar calmarla llamando la atención de sus padres para cubrir esta necesidad. Llevar siempre algo de comida es importante para calmarle si siente hambre.

- **No saltarse la siesta.** Existe la creencia popular de que cuantas más horas este despierto el niño mejor dormirá por la noche. Los niños pequeños duermen muchas horas. El hecho de echarse una siesta le va a ayudar a estar de mejor humor y descansado.

- **Dar un paseo.** Cuando un niño está frustrado, el tomarse un tiempo con un cambio de ambiente le va a ayudar a calmar la mente.

- **Tener sentido del humor.** El hecho de gastar bromas y hacerle reír va a conseguir que libere más hormonas calmantes y de felicidad como la serotonina.

- **Planificar.** El niño, como los adultos, también necesita saber qué va hacer e ir viendo cuándo se acerca la hora de dormir o comer o bañarse. Irá entendiendo cuándo tiene que realizar actividades y no se romperá su actividad de golpe.

- **Ceder el control.** Un niño quiere descubrir el mundo, tocar todo, experimentar. Cada día puede descubrir cosas nuevas, pero no todas son buenas para él. Hay que hacerle ver que también puede elegir las cosas que no son un peligro, como qué quiere hacer o por dónde le apetece ir. De esta manera también comprueba que va controlando su mundo. Se le puede preguntar qué le gustaría hacer cuando tiene que llevar a cabo una acción.

CALMAR LAS RABIETAS

Ante una rabieta, el primer impulso de los padres va a ser tratar de solucionar lo que está pasando, pero es importante pensar y tratar de actuar sabiendo que esta puede estar fastidiándonos, pero que no tenemos la culpa. Esto nos ayudará a liberar la tensión del enfado que podamos estar sintiendo, ser una figura de calma, no de activación, y evitar que el niño se haga daño (Tirado, 2020).

Lo primero es empatizar con el niño y ver qué le ha llevado a esa situación. Para ello creamos conexión e identificamos si está así porque su cerebro primitivo está en marcha o porque está fingiendo y quiere conseguir algo. Tenemos que descubrir si tiene hambre o sueño y así otra vez poder evitarlo tomando medidas anticipadas. Si no es esto, sentir que se puede atender la rabieta y validar lo que está sintiendo diciéndole frases del tipo: «Veo qué te ocurre, estás enfadado por...».

Hay determinadas situaciones capaces de provocar una rabieta y que los padres pueden identificar. Si un niño la ha tenido porque no le han comprado algo, hay que evitar pasar por ese lugar o distraerle si no queda más opción que cruzar por ahí para que no se enfoque en lo que provocó la rabieta. Cuando el niño ha logrado poner a prueba la paciencia de los padres, una conducta que estos deben evitar es gritarle, ya que hará que el niño se sienta más nervioso y que la situación pueda empeorar. Lo primero es tratar de retirar al niño de la situación conflictiva para que se calme.

Hay que dejar que pueda expresar la rabieta, porque esa es la manera de que se pueda calmar.

El niño debe entender que no va a conseguir lo que quiere. Cuando los padres, para evitar la rabieta, ceden a los deseos del niño, este tenderá a repetirla porque sabe que puede conseguir lo que desea. Se trata de calmarlo con un abrazo o cogiéndole de la mano o transmitiendo que se está allí. En ese momento no hay que discutir con él, no tiene que notar que los padres se están poniendo nerviosos. Aunque en ese momento se esté en la calle y haya gente mirando, hay que esperar a que se calme. Los padres pueden sentirse avergonzados si la gente comienza a mirar; hay que ignorar esas miradas de los demás y los comentarios que tratarán de juzgar o decir cómo lo solucionarían. Se trata de aislarse, el adulto y el niño.

Cuando el niño tiene una rabieta que va en aumento es conveniente proponerle una actividad que le pueda gustar. Hay alternativas como invitarle a dibujar o jugar a algo que le guste.

Solo cuando la rabieta haya terminado se podrá hablar con él y explicarle lo que ha ocurrido y que pueda integrarlo. No hay que usar el sermón ni el juicio, esto puede hacer que se avergüencen. Se pueden hacer ejercicios de relajación para que conecten con cómo se sienten.

Hay que tratar de no poner en evidencia al niño, de manera que no hablemos de lo mal que se ha portado cuando estemos con otra persona, ya que ahí podrá notar que lo hemos pasado mal y sabrá que puede volver a repetirlo. Igualmente, no hay que decirle frases del tipo: «No quiero volver a ver lo que pasó el otro día».

EJERCICIOS PARA FRENAR LAS RABIETAS

LA MÚSICA Y LOS COLORES

- **Objetivo.** Calmar el enfado.

- **Método.** Poner al niño música y dejar que haga un dibujo de su rabia con colores. Luego puede tomar la hoja y arrugarla o romperla si así lo desea.

EL COJÍN RABIOSO

- **Objetivo.** Descargar el enfado.

- **Método.** Facilitarle un cojín y que lo golpee o dé golpes con él en el suelo.

EL BAILE EXPRESIVO

- **Objetivo.** Soltar tensiones.

- **Método.** Poner música y dejar que el niño exprese la emoción que siente bailando.

LA PLANTA QUE CRECE

- **Objetivo.** Relajar músculos.

- **Método.** Se indica al niño que se agache y haga como una bola en el suelo con la forma de una semilla. Tiene que imaginar que es una semilla que se convierte en planta. Para ello va a estirarse levantando los brazos y poniéndose de pie de puntillas con los brazos en alto. Puede imaginar que hay viento y que tiene que estar fuerte y tenso para que no le pueda tirar. El viento luego lo mueve e imita los movimientos para dejar después que los brazos y piernas se relajen.

POMPAS DE JABÓN

- **Objetivo.** Controlar la respiración.

- **Método.** Hacer pompas de jabón ayuda a controlar la respiración.

PONER LÍMITES

Victoria está jugando como todos los días y su madre le dice que tiene que ir pensando en recoger todo porque es la hora del baño. Ella sigue jugando y no hace caso a lo que su madre dice. Después de unos minutos, su madre vuelve a decírselo. Victoria continúa como si no hubiese oído nada. Su madre se dirige hacia ella, se coloca delante y vuelve a repetírselo. Victoria se sienta en el sofá, se cruza de brazos y dice un «no quiero» bien alto. Su madre trata de hablar con ella diciéndole que ya tiene preparado todo y que vayan al baño. Victoria sigue insistiendo en que no quiere y no hay manera de convencerla.

QUÉ SON LOS LÍMITES Y PARA QUÉ SIRVEN

Los comportamientos en los que los niños se vuelven desafiantes con sus padres suelen comenzar en torno a los dos años y ocurren porque el niño no puede entender qué son las reglas. Es un momento en el que empiezan a querer controlar lo que hacen y no tienen el cerebro tan maduro como para comprender que las normas son parte de la convivencia.

Los límites son las pautas que se les ponen a los niños para que puedan conocer cuáles son los comportamientos aceptados en el hogar y en la sociedad, y se establecen con el fin de que aprendan actos y consecuencias. Con los límites se les puede indicar lo que quieren los padres como fronteras.

Los límites sirven parar guiar el aprendizaje. Con ellos los padres educan a sus hijos con las metas que no se pueden traspasar y evitar así consecuencias indeseadas. Con los límites los niños son capaces de diferenciar lo que está bien y lo que está mal. Sirven como barreras para frenar conductas inapropiadas. Con ellos también aprenden a conocer las necesidades del otro, cuáles son sus deseos y les enseñan a ser responsables (Cloud y Townsend, 1999).

POR QUÉ ES IMPORTANTE PONER LÍMITES

Los niños no saben qué hacen, están explorando el mundo y necesitan que alguien les guíe. Los límites les ayudan a ser responsables. Si vemos cómo un niño está pegando a otro podremos darnos cuenta de lo importante que es poner límites. Con ellos el niño puede aprender por qué no es correcto realizar un determinado comportamiento. Si pensásemos en criar niños sin límites, podríamos imaginar un mundo donde cada persona actuaría sin ningún criterio, simplemente siguiendo sus propios deseos, lo que haría que la gente se volviese egoísta.

Cuando a un niño se le enseña a hacer cosas divertidas, como montar en bicicleta, también se le están marcando límites. En este caso ya se le está indicando: «No debes bajar por una cuesta y no pulsar el freno», «Tienes que tener cuidado con no atropellar a nadie, con no caerte». Los límites no son solo para guiar conductas que a los ojos de todo el mundo pueden parecer perjudiciales, también guían conductas como relacionarse con otros, con el mundo y con uno mismo.

CÓMO PONER LÍMITES

Una de las funciones de los adultos es enseñar a los niños a respetar los límites de los demás. Se puede enseñar entendiendo lo que implican:

- **No hay que hacer daño a los demás.** El niño tiene que aprender a pedir disculpas cuando hace daño a alguien. Si Juan está jugando con un amigo, quiere un juguete del otro y se inicia un forcejeo en el que el juguete se rompe, un adulto debe hacerle ver que el propietario del juguete se ha sentido dolido y decirle: «No se puede tratar así las cosas de los demás, mira lo que ha ocurrido, cómo crees que se siente tu amigo viendo lo que ha ocurrido. Si para otra vez le dices que te lo deje, seguro que podéis jugar los dos un rato». Se puede retirar un momento para ver lo que ha ocurrido, meditar sobre ello y luego pedir disculpas.

- **Debe respetar cuando otro dice «no» sin castigarle.** Veamos un ejemplo: una niña está en la playa y quiere hacer un castillo con una muralla en la arena, pero sus amigos quieren hacer figuras de animales y, después de un rato, y ante la negativa de los otros, se dirige hacia sus figuras y las pisa todas porque se ha sentido frustrada. En este caso habría que hacerle entender que para sus amigos era importante lo que estaban haciendo y que cada uno puede tener unos gustos determinados. Que entendemos que se sienta molesta porque los otros no quieren hacer un castillo, pero que piense en qué hubiese ocurrido si todos hubieran comenzado a hacer lo mismo. Es necesario mostrarle que en algunos momentos se podrá jugar a lo que unos quieren y en otros elegir otro juego, así todos podrán sentirse bien.

- **Entender que las otras personas también son seres individuales y con gustos propios.** Es necesario comprender que los demás también tienen necesidades y deseos.

- **No enfadarse cuando un límite de otro le impide obtener lo que quiere.** Enfadarse no es la mejor manera de solucionar un conflicto. El niño tiene que darse cuenta de que cuando se enfada porque no puede conseguir algo, su enfado no le está llevando a ningún sitio. Por eso es importante no ceder cuando el niño trata de conseguir algo. Los padres, por ejemplo, cuando su hijo quiere un helado, si creen que esto no le conviene no deben ceder en su decisión. El niño tiene que entender que hay momentos para comer helado o conseguir que los padres le den algo, pero que no va a funcionar bajo su presión.

Al principio los límites pueden no aceptarse bien. Los adultos deben mantenerse firmes, empatizar con el niño, con el dolor que siente o el problema que algo representa para él, e ir estableciendo límites.

Para los padres puede resultar muy difícil poner límites, pero cuando lo hacen están enseñando al niño a tener control, respetarse a sí mismos y a los demás. El niño puede sentirse protegido y seguro con ellos. Hay que evitar cometer errores a la hora de poner límites.

PASOS PARA PONER LÍMITES ADECUADAMENTE

Para poner límites de una manera adecuada es aconsejable seguir los siguientes pasos:

- **Empezar a poner límites acordes a la edad del niño.** Se deben establecer límites teniendo en cuenta la etapa del desarrollo en la que se encuentra el niño, sus capacidades y habilidades.

- **Respetar al niño.** Tener en cuenta sus necesidades evitando reproches y sermones. Así sentirá que se le está teniendo en cuenta y que es valioso en el entorno.

- **Establecer límites claros.** Cuando oye «no se hace eso» o «no molestes» puede no entender a qué nos referimos. Es mejor decir «no pongas los dedos en el enchufe» o «no grites en el autobús».

- **Expresar los límites por anticipado.** Si vamos a bañarnos al mar, no hay que decir «no te metas donde cubre» después de que el niño lo haya hecho o haya ocurrido un incidente. Antes de ir, indicarle «vamos a bañarnos a la playa, no tienes que meterte donde cubre». También hay que tener en cuenta que no debemos sobrecargar al niño con un montón de normas, es mejor marcarle lo más importante para que las pueda tener en cuenta.

- **Ser firme.** Utilizar un tono de voz seguro que no transmita duda, aunque sin utilizar gritos ni un lenguaje que se pueda entender como una broma.

- **Proponer alternativas.** Cuando se establece una alternativa suena menos negativo. Se deja ver que estamos empatizando y que el niño está asumiendo la responsabilidad con su conducta. Si está dibujando en la pared se le puede decir: «En la pared no se dibuja porque se estropea. Te dejo una hoja donde podrás dibujar mejor y así podemos guardarla». Si está tirando de las orejas al perro se le indica: «No tires de la oreja al perro, le puedes hacer daño y él estará más contento si le acaricias y juegas con él».

- **Promover la reflexión.** Cuando el niño empieza a razonar necesita entender por qué se aplica un determinado límite. Si lo comprende adquiere conciencia sobre sus actos y consecuencias. Si hace mucho frío y no se puede bañar en la piscina sabe que si lo hace estará tiritando cuando salga porque no hace calor.

- **Utilizar la sobrecorrección.** Cuando el niño tiene capacidad de reflexión se le puede enseñar cómo reparar lo que ha hecho tratando de encontrar una solución. Se promueve el perdón y la empatía con el otro. Un ejemplo lo vemos cuando el niño ha tirado un vaso de agua al suelo. En lugar de hacerle sentir mal se le puede hacer ver cómo se siente el otro y que estaría agradecido y se sentiría mejor si pide disculpas. Además, puede pensar en soluciones alternativas como recoger lo que ha tirado o volver a coger un vaso y ponerlo en la mesa.

- **Reforzar las conductas positivas.** Entendiendo por conductas positivas aquellas en las que ha cumplido los límites establecidos. Si le hemos dicho que no puede jugar antes de hacer los deberes y el niño lo hace, podemos reforzarle diciendo: «Muy bien hecho, ahora puedes jugar».

Para establecer límites correctamente se ha de tener en cuenta el periodo de desarrollo en el que se encuentra el niño (Verduzco, 2001):

- **Durante el primer año.** En esta época el niño depende de los adultos. Solo se puede intentar distraerlo si se encuentra molesto.

- **De uno a dos años.** En esta etapa entiende el «no» y frases cortas como «ven» o «vamos». Es la época en la que busca explorar todo. Habrá cosas que resulten peligrosas para el niño, por lo cual, cuando se da una orden, debe ir acompañada de movimientos que pueda entender y de expresiones como: «te caes», «ahí, no», «eso no», «eso quema», «eso corta».

- **De dos a tres años.** Esta es la época de los berrinches. Hay que detener el berrinche antes de que vaya en aumento o, una vez que ha empezado, dejar que se calme y explicarle qué está ocurriendo. Los niños pueden presentar en esta época dificultades de sueño y pesadillas y querer ir a dormir a la cama de sus padres debido al miedo que pueden tener a la oscuridad o a las pesadillas. En estos casos, es conveniente entenderlos y acompañarlos y no utilizar castigos para que dejen de realizar la conducta.

- **De tres a cuatro años.** En este periodo se empieza a poner límites sobre todo relacionados con los hábitos. Se le debe enseñar qué hay que hacer y debe conocer qué se espera de él y repetirle las reglas cuantas veces sea necesario. Los límites se pueden establecer en forma de juegos y relacionarlos con personajes o mascotas relevantes para ellos. En estos momentos también necesita tener oportunidades para desarrollar sus habilidades como son caminar o correr en un entorno que resulte seguro para él.

- **De cuatro a seis años**. Ya va al colegio y los problemas tienen que ver con las dificultades y relaciones que se pueden encontrar allí. Hay que tratar de mantener las rutinas que ya están establecidas y enseñarle los límites que tienen que ver con las relaciones. En esta época también es importante reconocer sus logros y emplear recompensas.

- **De seis a 12 años.** Los límites tienen que ser claros y estar centrados en la conducta que se quiere conseguir. En este periodo reacciona a los premios y a las consecuencias. Los juegos ya están centrados en las reglas, las cuales son importantes para él. Dentro de su actividad va a establecerlas y a comprenderlas. Es capaz de entender las consecuencias de sus acciones, por lo que ya se le pueden explicar las que tendrán si sobrepasan los límites y se pueden establecer normas que se aplican en casa y fuera de ella. Cuando hablamos de consecuencias no hablamos de castigos, sino de las acciones que conlleva un determinado comportamiento. Su objetivo es que el niño aprenda de ellas para poder mejorar sus actos.

Para que los padres puedan poner límites se debe tener en cuenta, como señaló Piaget, que los niños, cuando son muy pequeños, atraviesan un periodo en el que son egocéntricos y no tienen en cuenta la opinión de los demás. Posteriormente confunden la realidad con la fantasía, por lo que en este periodo hay que ser claros con ellos. Los niños son inquietos, les gusta explorar, moverse, su lenguaje es limitado y cambian de estado de ánimo fácilmente, al igual que son impulsivos por naturaleza. Teniendo en cuenta lo anterior, los padres tienen que identificar en qué periodo se encuentran y adaptar su lenguaje y normas a esto, además de tener presente su carácter.

CÓMO ENSEÑAR A LOS NIÑOS A PONER LÍMITES

Igual que hemos hablado de poner límites a los niños, también ellos deben aprender a poner sus límites ante otras personas y adquirir los recursos necesarios para ello. Se trata de hacerles ver hasta dónde permiten llegar a los demás y que se hagan respetar. Cuando enseñamos a un niño a poner límites, le estamos enseñando a tener una buena autoestima y a conocerse mejor y estar más seguro.

- **Límites desde el hogar.** Los niños tienen que aprender a expresar cómo se sienten y qué piensan y no pasa nada porque sea diferente a los demás. Lo que es importante es que sepan decirlo sin herir a los demás, es decir, practicando la asertividad. Cuando son pequeños, los padres tienen que ser modelos para ellos, ya que van a reproducir sus comportamientos. Tienen que empezar viendo cómo se comportan los padres de manera correcta para después poner en marcha este comportamiento con otros y hacerse respetar.

- **Enseñarles a hacerse respetar.** Los niños no tienen que permitir que nadie les maltrate, deben hacerse respetar. Hay que hacerles ver que los demás no pueden sobrepasar sus límites. Existe una edad en la que el niño no es capaz de distinguir lo que está bien y lo que está mal, y esta labor de enseñanza corresponde a los padres. Si alguien le dice que no puede contar algo a alguien, es muy importante que confíe en sus padres para decirles las cosas y que aprenda a distinguir si alguien se está sobrepasando con él o no.

- **Tener conciencia de sí mismos.** Los niños tienen que ser conscientes de sí mismos y poder identificar las partes de su cuerpo. De esta manera podemos enseñarles lo que les hace sentir mal. Si en algún momento alguien sobrepasa esos límites, puede hablar con los padres y contarles lo sucedido. Los padres son un espacio seguro para que puedan expresar lo que está ocurriendo y cómo se sienten.

- **Poder decir «no».** Si un niño siente que algo le molesta tiene que aprender a decir que no le gusta o no quiere algo sin tener que sentirse mal por ello.

ERRORES MÁS FRECUENTES CUANDO SE PONEN LÍMITES

A veces, cuando se establecen los límites, se cometen algunos errores. Los más comunes son:

- **Ser demasiado autoritarios.** En este caso no se deja espacio para que los pequeños desarrollen su independencia y libertad. A los niños les cuesta seguir normas demasiado estrictas. Hay que fijarse en el nivel de conciencia del niño y la dificultad que puede suponer para él cumplirla.

- **Ser demasiado permisivos.** A veces los padres pueden pensar que los niños son demasiado pequeños y que ya habrá tiempo de ponerles normas, y esto puede hacer que se relajen en el establecimiento de límites para lograr una convivencia y educación adecuadas.

- **Falta de acuerdo entre padres.** Si no hay un grado de acuerdo con la hora de establecer límites los niños van a recibir un mensaje contradictorio. Si perciben que existe un desacuerdo en los límites van a actuar tomando la posición que más les conviene. Es por ello que hay que tratar de encontrar una solución que acuerden los progenitores para no generar mensajes contradictorios que desestabilicen al niño.

- **No saber entender las necesidades del niño.** Hay que saber escuchar y distinguir si nos encontramos ante una necesidad o un capricho.

- **Confusión entre límites y castigos.** Cuando se castiga se puede humillar al niño y hacerle sentir mal. No se trata de decirle al niño: «no vas a ir a la fiesta de cumpleaños» sin más razón. Se trata de que entienda por qué no puede ir a la fiesta.

- **No saber cumplir lo que se ha establecido como norma.** Si un padre decide poner un límite como: «no puedes comer chucherías a todas horas», hay que establecer en qué momento se pueden comer y, luego, si se pasa por delante de una tienda de chucherías, no comprarlas porque el niño quiera en ese momento o utilizarlas como un elemento para calmar un enfado.

- **Perder el control y gritar.** Los límites deben establecerse sin que el niño lo pueda percibir como una agresión hacia él, por ello hay que hacerlo de manera empática, aunque firme.

- **No argumentar las normas.** Cuando los niños comienzan a razonar es aconsejable que entiendan los motivos de establecer normas. Con esto también se fomenta la comunicación con ellos.

CONSECUENCIAS DE LA FALTA DE LÍMITES
No poner límites a un niño durante su crecimiento tiene consecuencias como:

- **Falta de respeto.** Si el niño no tiene límites en su comportamiento ni en casa ni en el colegio terminará actuando siguiendo su criterio personal y muchas veces podrá presentar conductas que perjudiquen a los demás.

- **Falta de autoestima.** Los límites ayudan a que el niño aprenda a valorar lo que hace y a valorarse a sí mismo. La carencia de límites hará que no vea fortalecidos sus actos.

- **Inseguridad.** Si un niño no tiene normas y ve que las personas importantes para él no se preocupan por guiarle, cuando tenga que realizar una conducta dudará en qué camino es el correcto.

- **Malas conductas.** El hecho de carecer de límites puede propiciar que las conductas que realiza sean rechazadas por el entorno social en el que vive.

- **Dificultades para adaptarse a las normas.** El niño que no tiene límites crece sin pautas, por lo que cuando sea mayor habrá interiorizado que nadie tiene que indicarle qué hacer y no podrá adaptarse a las normas sociales.

EJERCICIOS PARA ENSEÑAR LÍMITES

LA GRANJA

- **Objetivo.** Visualizar límites.

- **Método.** Se emplea un juguete en el que haya una valla y dentro y fuera de esta valla se colocan animales. El niño aprende a percibir que hay límites, y que dentro y fuera va a haber animales. Los que se encuentran dentro están protegidos, se mueven en libertad dentro de la valla, pero para sentirse protegidos se tienen que desplazar dentro de esta. Los animales que están fuera no pueden acceder a la comida que hay en la granja. Se podrá salir y entrar, aunque respetando las normas.

ROMPECABEZAS

- **Objetivo.** Trabajar el orden.

- **Método.** Cuando el niño tiene un rompecabezas ante sí le obliga a trabajar el orden. Las piezas están colocadas de cualquier manera y, a través de la labor de armar el rompecabezas, puede visualizar cómo seguir un orden ayuda a colocar las piezas restantes. Con este ejercicio aprenden que terminar con el desorden se logra a través de normas y límites.

SIGUE LOS NÚMEROS

- **Objetivo.** Conocer las normas.

- **Método.** Se presenta al niño un dibujo en el que debe unir los puntos siguiendo una numeración. Cuando acabe de unir todos los puntos, estos formarán una figura. Cuando el niño sigue instrucciones se está dando forma a algo. Si siguiera los puntos aleatoriamente la figura que aparecería no tendría ningún sentido.

JUEGO DE LA SILLA

- **Objetivo.** Aprender las normas.

- **Método.** Se colocan varias sillas agrupadas. Siempre habrá una silla menos que el número de niños que participan. Los participantes tienen que dar vueltas alrededor mientras suena la música. Cuando la música para, todos tienen que sentarse. El niño que se ha quedado sin silla deja de jugar y se retira una silla. Se sigue el mismo procedimiento hasta que solo queda una silla. El niño que quede, será el ganador.

PIZARRA DE NORMAS

- **Objetivo.** Planificar las normas.

- **Método.** En una pizarra, que estará en un lugar visible de la casa, se hace un horario con normas, como ordenar la habitación, poner la mesa, no gritar, sonreír cuando saludamos, dar las gracias, etc.

LA FRUSTRACIÓN

Gabriel está en el salón. Ve unas tijeras sobre la mesa. En alguna ocasión ha visto a su hermana cortando papeles o trozos de plástico. Intenta encontrar algo que pueda cortar y ve el cable que conecta la lámpara del salón. Su abuela ve que tiene las tijeras en la mano y se las quita mientras le dice: «Eso no se hace, puedes electrocutarte». Gabriel no entiende qué es eso y se pone a llorar desconsoladamente.

Marta ha estado todo el fin de semana estudiando para un examen. Está convencida de que solo van a preguntar una parte del tema, por lo que ha optado por estudiar solo la mitad. El lunes va a realizar el examen y su sorpresa es que cuando le entregan la hoja con las cuestiones descubre que también hay preguntas del resto del tema. Una semana después, cuando recibe las notas, está muy enfadada consigo misma porque no ha aprobado.

QUÉ ES LA FRUSTRACIÓN

La frustración es una emoción con la que se experimenta irritabilidad o sensación de malestar cuando no se logra una meta o cuando se niega algo. Cuando un niño aprende a tolerar la frustración está aprendiendo a enfrentar los retos y dificultades que se le van a presentar en la vida. Tolerar la frustración es afrontar problemas que irán apareciendo y las molestias e incomodidades que estos causan. Es algo que podemos trabajar y desarrollar. En ella influyen ciertos factores como el temperamento, el carácter de cada niño, la educación que recibe y el clima familiar.

Tener tolerancia a la frustración es importante para saber retrasar las gratificaciones. En la vida habrá circunstancias en las que la satisfacción se alcanzará después de un tiempo. El niño aprende a esperar estas gratificaciones. Supongamos que ha hecho un examen y está esperando obtener la nota como recompensa. Esta nota puede que a veces no sea instantánea y que haya que esperar unos días para poder obtenerla.

NIÑOS CON BAJA TOLERANCIA A LA FRUSTRACIÓN

Los niños con baja tolerancia a la frustración tienen las siguientes **características:**

- **Tienen dificultades para controlar las emociones.** Es decir, tienden a enfadarse con facilidad.

- **Son impacientes.** No pueden esperar a que las cosas ocurran. Si les han prometido ir al parque no podrán esperar, estarán constantemente preguntando cuándo van.

- **Son impulsivos.** Con frecuencia necesitan hacer las cosas en el momento. No se paran a reflexionar por qué tienen que llevar a cabo una conducta.

- **Necesitan satisfacer sus necesidades de forma inmediata.** Pueden reaccionar con rabietas ante las cosas que no consiguen.

- **Tienen tendencia a desarrollar ansiedad o depresión.** Ante las dificultades viven los límites como injustos, lo cual les lleva constantemente a anticipar acontecimientos, imaginar de qué manera van a ocurrir las cosas y tener ideas catastrofistas sobre lo que va a pasar.

- **Tienen baja capacidad de flexibilidad.** Les cuesta pensar en algo de otra manera o realizar la conducta de una forma diferente.

- **Tienden a pensar que todo es blanco o negro.** No entienden que existe el punto intermedio.

- **Evitan los retos.** De este modo no ponen de manifiesto sus limitaciones.

- **Toleran mal el fracaso o los errores.** Llevan muy mal que algo no salga como esperan y son muy críticos ante los errores que cometen, los cuales les causan un gran malestar.

CÓMO TOLERAR LA FRUSTRACIÓN

Los padres tienen que enseñar a los niños cómo tolerar la frustración para ello:

- **Pueden servir de modelo.** Cuando los padres sirven de modelo los niños pueden aprender cuáles son los pasos a seguir en la resolución de tareas.

- **Dejar que los niños puedan resolver los problemas solos.** Tienen que aprender que se les pueden plantear dificultades, que deben dedicar tiempo cuando se les presenta un problema y saber que este se puede resolver con esfuerzo.

- **Darle herramientas para poder gestionar los momentos de frustración.** Existen técnicas con las que aprender a relajarse y a regularse emocionalmente.

- **No concederle todos sus deseos.** Así le estamos enseñando a ser feliz con lo que tiene y que no siempre se puede conseguir todo.

- **Hay que marcarle objetivos.** Dependiendo de la edad que tiene el niño se le pueden plantear retos adecuados.

- **Enseñarle a ser perseverante.** Ante las dificultades y las situaciones adversas la constancia ayuda a solucionar problemas.

- **Enseñarle al niño que puede pedir ayuda cuando lo necesite.** Si un niño, después de un tiempo intentando solucionar un problema no logra dar con la solución, puede pedir ayuda. No pasa nada por necesitar el apoyo de los demás.

- **Enseñarle posibles alternativas.** El niño puede aprender que cuando se enfrenta a una tarea puede realizarla de diversas maneras. Entre todas las alternativas podrá elegir la más adecuada para él.

- **Hay que evitar la sobreprotección.** Cuando se intenta proteger mucho al niño se le priva de la libertad de ser él mismo y no aprende que en la vida pueden surgir dificultades, de manera que el día de mañana, cuando aparezca un problema o algo salga mal le llevará a sentirse de mal humor y tener bajo estado de ánimo. Los niños también pueden aprender de las adversidades.

- **Promover la independencia.** El niño debe aprender que piensa de manera individual y no necesita siempre que sus padres solucionen todo. Debe pensar por sí mismo.

- **Poner límites.** Cuando un padre pone límites está enseñando que en la sociedad, el hogar y la escuela existen normas y que a veces no serán del agrado de todos, pero que estas permiten que haya armonía.

- **Dejar que se equivoque.** Si el niño cree que todo lo que hace está bien no va a tolerar que pueda cometer ningún error cuando ejecute tareas.

EJERCICIOS PARA TOLERAR LA FRUSTRACIÓN

EN EL PARQUE
- **Objetivo.** Aprender la tolerancia a la frustración.

- **Método.** Se va con el niño al parque cuando hay otros niños. Aunque tenga ganas de subirse en el tobogán o en los columpios tiene que aprender a esperar su turno.

JUEGO DE MESA
- **Objetivo.** Aprender a ganar o perder.

- **Método.** Con cualquier juego de mesa se establecen reglas del juego y turnos, y al final de cada partida el niño aprende que en algunas ocasiones se gana y en otras se pierde. Se le puede preguntar luego cómo se siente con él mismo y con que otro haya ganado.

VAMOS A AHORRAR
- **Objetivo.** Valorar el esfuerzo.

- **Método.** Se le pregunta al niño qué juguete le gustaría tener y se le explica que lo va a comprar con su esfuerzo. Se pone una hucha donde el niño pueda ir ahorrando la cantidad necesaria hasta lograr todo el importe. Cuando haya conseguido esta cantidad se va con él a una tienda y se compra el juguete. Hay que hacerle ver que, gracias a su esfuerzo, lo ha conseguido.

JUEGO DE PIEZAS
- **Objetivo.** Lograr un objetivo.

- **Método.** Se le dan al niño unas piezas de construcción y tiene que conseguir hacer una torre parecida a alguna que habremos dibujado. Gracias a este juego ve que puede confundirse y que hay varias opciones para lograr un objetivo.

DIBUJAR MANDALAS

- **Objetivo.** Aprender a relajarse cuando está frustrado.

- **Método.** Se utiliza un dibujo de un mandala y lápices de colores. Cuando un niño está dibujando aprende a relajarse y tomarse el tiempo necesario para completar el dibujo. Además, escogiendo los colores, aprende también a utilizar la imaginación y a ser creativo.

VENCER LOS MIEDOS

Cuando los niños empiezan a crecer comienzan a experimentar miedos ante el mundo que les rodea. El miedo es una emoción que aparece cuando hay riesgo de daño real o imaginario. Es una de las emociones básicas y es una emoción primitiva, de modo que todos lo hemos sentido alguna vez. Los niños pueden tener miedo a la oscuridad, a estar solos, a ciertos animales, a las tormentas, a los ladrones, etc. En algunos casos pueden volverse tan intensos que se convierten en verdaderas fobias.

MIEDOS MÁS FRECUENTES EN LOS NIÑOS

Aunque existen muchos miedos en los niños podemos destacar algunos como los más significativos (Gutiérrez y Moreno, 2011; LACAL, s. f.):

- **Miedo a los desconocidos.** Es un miedo innato en todas las culturas y países. Aparece durante el primer y segundo año. El hecho de ver una cara a la que no están acostumbrados puede hacer que interrumpan su sonrisa, desvíen la mirada y rompan a llorar.

- **Miedo a la separación.** Este miedo surge cuando los niños se separan de sus padres o de las personas cercanas a ellos. Pueden ser situaciones como cuando acuden al colegio, hay alguna enfermedad en la familia o los padres van al trabajo, se separan o alguno de ellos fallece.

- **Miedo a las enfermedades.** El miedo a las heridas o a la sangre está presente en muchos niños. Suele haber antecedentes familiares. Aquí incluimos también los miedos a los hospitales, al dentista o a las inyecciones.

- **Miedo a la oscuridad.** Este miedo suele aparecer en torno a los dos años y desaparece alrededor de los nueve años. Uno de cada tres niños lo padece. Surge cuando llega la hora de acostarse y la imaginación se dispara. La oscuridad se suele asociar con seres malvados, monstruos o soledad.

- **Terrores nocturnos.** Son episodios en los que el niño puede gritar, sentir miedo intenso, respirar agitadamente, sudar y tener temblores. Su causa puede ser el hecho de que el niño no haya dormido las horas suficientes, que esté tomando una medicación o que tenga cansancio extremo. Suelen durar unos pocos minutos y el niño no suele recordarlo al día siguiente.

- **Pesadillas.** Son sueños en los que se puede producir miedo o terror. Es posible que las imágenes asociadas estén presentes cuando el niño se despierta, pareciendo reales. Pueden ser causadas por acontecimientos estresantes o cambios.

- **Miedos escolares.** En el colegio puede surgir el miedo a la separación de los padres y el miedo a tener experiencias negativas. Cuando un niño sufre rechazo en el colegio es posible que desarrolle miedo a asistir. Normalmente es un miedo que aparece de forma progresiva. Hay cuatro tipos de miedos escolares: el miedo al fracaso escolar, miedo al malestar físico, miedo social y ansiedad anticipatoria.

- **Miedo al agua.** Este miedo puede aparecer cuando ha habido una experiencia traumática.

- **Miedo a los ruidos fuertes.** Los niños pueden desarrollar miedo cuando oyen tormentas, ruidos inesperados, fuegos artificiales o petardos.

- **Miedo a los animales.** Los niños no suelen tener miedo a los animales, a no ser que hayan tenido una mala experiencia. Por ejemplo, si van a tocar un perro y este se revuelve o le ladra es cuando el niño puede desarrollar miedo a los animales. Los niños se suelen asustar ante lo desconocido y no saben cómo va a reaccionar el animal.

- **Miedo a dormir fuera de casa.** El hecho de dormir fuera de casa supone enfrentarse a una situación desconocida y esto puede generar temores.

- **Miedo a los monstruos o máscaras.** A los niños les pueden asustar las máscaras o disfraces de monstruos porque son algo desconocido y no saben quién se esconde detrás.

CUÁNDO APARECEN LOS MIEDOS

Los miedos no se transfieren por genes, porque las emociones que se experimentan ante cualquier hecho no tienen un componente anatómico, sino que son el resultado de las emociones que reciben a través de sus padres y familiares y de la educación.

Los **patrones familiares** pueden ejercer influencia en los miedos. En una familia donde existe el temor a caerse por unas escaleras, cuando el niño tenga que subir y escuche que las escaleras son peligrosas podrá desarrollar miedo a estas porque ese ha sido su aprendizaje.

La **información negativa sobre un objeto** también puede hacer que este aparezca. Si uno de los padres transmite a su hijo la visión de que un determinado insecto es malo porque puede provocar enfermedades, el niño va a conocer al insecto como portador de enfermedades.

Otro modo de adquirir miedos es debido a **circunstancias traumáticas.** Si un niño de pequeño se corta con un cuchillo podría desarrollar miedo a estos, sobre todo si los padres lo viven con mucho sufrimiento.

Para evitar miedos no se aconseja tampoco que los niños vean programas o imágenes en la televisión que contengan carga de violencia, ya que el niño, cuando es muy pequeño, no va a ser capaz de distinguir lo que es real.

El miedo sigue un desarrollo evolutivo en el niño y cada etapa se caracteriza por unos miedos (González Martínez, 1990):

- **Durante el primer año.** Etapa de miedos adaptativos relacionados con la supervivencia. Existe temor a los extraños y a situaciones nuevas.

- **De dos a tres años.** Miedo a los animales, que puede perdurar hasta ser adulto, a la separación de los padres, a los ruidos fuertes, como los de las tormentas, y a las máscaras.

- **De cuatro a cinco años.** Miedo a personajes, a la oscuridad, a las pesadillas, al daño físico, a las catástrofes, a la muerte y al rechazo.

- **De seis a siete años.** Miedo a la sangre, a las inyecciones, a los médicos y a la oscuridad.

- **De siete a ocho años**. Miedo al rechazo, a la muerte de los padres, a la oscuridad, a estar solo, al ridículo y a las lesiones.

- **De nueve a 14 años.** Miedo al rendimiento escolar, a las catástrofes, a los incendios, a las enfermedades, a morir y a los cambios físicos.

QUÉ HACER ANTE LOS MIEDOS DEL NIÑO

Para los padres es difícil saber qué hacer. Algunos reaccionan gritando al niño y otros diciéndole que se calme. Ambas reacciones pueden resultar perjudiciales, ya que el decirle que se calme puede ayudar cuando el miedo ha sido leve, pero si el niño sufre un miedo aterrador por alguna experiencia fuerte puede hacer que, si no lo ha superado, se intensifique más.

Lo primero es observar qué le está ocurriendo y luego ayudar al niño a que entienda qué está pasando. Para ello se le puede preguntar qué ha sucedido y que conecte con sus emociones, al mismo tiempo que se empatiza con él. No hay que decir frases como: «tú eres mayor», «tú puedes con eso», «no pasa nada». Por supuesto que pasa algo y el niño está asustado. Hay que preguntar: «¿qué ha pasado?», «¿cómo te sientes?», e indicarle: «es normal que te sientas así, a mí también me habría pasado» y tratar de buscar una solución a lo ocurrido como: «voy a hablar con la profesora», «tenemos que ver qué hacer para que no vuelva a ocurrir», «estoy contigo, puedes probar». El niño necesita integrar lo que le ocurre y, para lograrlo, la mejor manera es hacerle ver cómo se ha sentido y que nos lo narre mientras empatizamos con él. No basta solo con dar un abrazo, el niño está sintiendo que su progenitor está ahí, pero también necesita sentirse entendido (Bilbao, 2015).

Como el miedo es contagioso, es importante la actitud que muestran los padres ante los estímulos, ya que pueden hacer que el niño desarrolle miedos. De igual modo, cuando el niño ve a otro que no tiene miedo tiende a hacer lo mismo.

No se debe utilizar el castigo ante los miedos ya que puede hacer que el niño crezca con inseguridad al no sentirse protegido, y además puede ir extrapolando el miedo a otros objetos cercanos. Como consecuencia, en lugar de haber aplacado los miedos del niño este puede verse inmerso en un montón de temores.

Existen unas pautas que se pueden seguir para ayudar al niño a enfrentar los miedos (Pérez Grande, 2000):

- **No tratar de obligar al niño a enfrentarse con lo que causa su miedo.** Cuando se castiga a un niño por tener miedo puede ocasionar una baja autoestima o ansiedad y le costará deshacerse de ese miedo. Cuando los padres tratan de explicarle que no ocurre nada pueden provocar el efecto contrario. Es decir, si le decimos al niño que no hay nadie debajo de la cama y nos asomamos, el niño puede pensar que realmente hay alguien debajo porque lo estamos comprobando.

- **No mostrar angustia cuando el niño siente miedo.** No se trata de ignorar, sino de reconocer los miedos como algo que forma parte del proceso evolutivo. Es necesario que los padres y los maestros conozcan los miedos que son normales y de esta manera puedan dejarles que expresen sus sentimientos.

- **Facilitar oportunidades al niño para que se enfrente poco a poco a los objetos a los que tiene miedo.** Si pensamos en un niño que siente miedo hacia un animal y los padres tienden a alejarle de él, ese niño lo que hará es conservar este miedo cuando pasen los años. Tiene que aprender a enfrentarse a sus miedos de una manera gradual y se deben reforzar los comportamientos en los que el niño ha conseguido superarlos.

- **Normalizar el objeto que causa miedo.** Hay situaciones en las que los niños tienen miedo a criaturas que están en su imaginación. Los padres deben entender cómo es esa criatura que están imaginando y presentarla de una forma más próxima, por ejemplo, hacerle ver que el monstruo imaginado puede ser una criatura solitaria y tímida.

- **Hacer actividades agradables y distractoras cuando el miedo está presente.** Cuando un niño está realizando actividades distractoras acompañado de un adulto mientras está sintiendo miedo, puede percibir que realmente no está ocurriendo nada.

EJERCICIOS PARA AYUDAR A SUPERAR EL MIEDO

EL MONSTRUO QUE RÍE

- **Objetivo.** Disminuir el miedo a los monstruos.

- **Método.** Se facilita al niño un cuaderno y unos lápices de colores. Se trata de dibujar el monstruo que le da miedo. Lo tendrá que dibujar sonriendo o jugando al fútbol o saltando o llorando. Todo aquello que se le ocurra y que le ayude a presentar al monstruo sin dar tanto miedo.

LA TORMENTA

- **Objetivo**. Aprender a perder el miedo a la tormenta.

- **Método.** Se escogen papeles y objetos que evoquen una tormenta. Se pueden utilizar luces de punteros, papel que se arrugue y haga ruido, una botella de plástico o cristal llena de agua que agitaremos, arroz lanzado contra papel de aluminio, etc. Podemos también contar cuánto tiempo pasa en una tormenta desde que aparece el rayo hasta que se oye el trueno. Cuanto más contemos más lejos estará la tormenta y al revés. Se trata de que el niño se familiarice con los ruidos y aprenda que no va a pasar nada.

SOMBRAS CHINAS

- **Objetivo.** Disminuir el miedo a la oscuridad.

- **Método.** Se deja la habitación con poca luz y se enciende una linterna frente a la pared. Se pueden hacer figuras con las manos o proyectar figuras de papel sujetas por palillos. También es posible representar cuentos o inventar historias.

EL POZO DEL CASTILLO

- **Objetivo.** Disminuir el miedo al agua.

- **Método.** Se hace un castillo de arena y alrededor se pone un foso. Se le indica al niño que el foso tiene que tener agua. Se le facilita un cubo y se le pide que vaya a llenarlo a la orilla y que procure que no se caiga para ir llenándolo. Mientras juega, aprende a perder el miedo al agua y desarrolla ejercicios de motricidad y creatividad.

LA TIENDA DE MASCOTAS

- **Objetivo.** Disminuir el miedo a los animales.

- **Método.** Se le cuenta al niño un cuento en el que el perro ayuda a descubrir a un ladrón de huesos mediante su olfato:

Birky es un perro que han contratado en la academia de policía para atrapar ladrones. Birky es simpático y habla con sus compañeros. La policía está buscando a un ladrón de huesos. Los habitantes de la ciudad no pueden comer porque un ladrón roba la carne de los supermercados. Gracias a su olfato, Birky irá siguiendo pistas por la ciudad para finalmente desenmascarar al ladrón que acumula carne en su frigorífico por miedo a que un día no pueda encontrarla y se quede sin comer.

Los padres pueden ir añadiendo detalles del perro como que ayuda a la gente, juega con los niños, devuelve objetos que encuentra, ladra porque quiere indicar que llega a los sitios, etc. Se puede comentar con el niño qué le parecen las características de Birky y si le gustaría conocerlo.

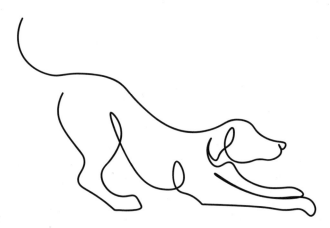

LA IMAGINACIÓN

QUÉ ES LA IMAGINACIÓN INFANTIL

La imaginación es una capacidad que permite representar objetos, individuos o historias que no existen o que no están presentes. En los niños es muy importante, ya que les facilita facultades positivas y se desarrollan de forma rápida. Los niños aprenden con la imaginación a crear nuevas historias para sus juegos, a ser originales, a inventar historias que les llevan a otros mundos, a establecer relaciones y a recopilar datos.

Los seres humanos somos la única especie que anticipa lo que va a ocurrir en una semana o un mes mediante la imaginación (D. Gilbert, 2006) y lo hace basándose en recuerdos del pasado y el presente. Esto se remonta a 40 000 años atrás (Harris, 2000). De lo que no nos damos cuenta es de que realmente no sabemos cómo seremos en ese futuro ya que los gustos, las necesidades y nuestros intereses cambian, pero la imaginación nos lleva a pensar que se harán realidad.

Piaget destacó que el desarrollo de la imaginación se dio cuando existieron conceptos matemáticos y lógicos, pero hoy en día sabemos que la simulación y la imitación es previo a esto. En diversas investigaciones se ha planteado que las emociones responden a los eventos imaginados de igual manera que a los eventos reales, por lo que la imaginación va a influir en el estado de ánimo que presentamos. Parece que se originó cuando el ser humano fue capaz de crear imágenes futuras y cuando esas experiencias provocaron reacciones emocionales. Usamos la imaginación desde ese momento para ver qué efectos tendrán las acciones, solucionar problemas, sufrir por lo que otros piensan de nosotros, reconocer si se puede confiar en otros, pensar si sus recuerdos son falsos o evaluar el comportamiento de otros. Como podemos ver, la imaginación juega un papel muy importante en el ser humano (Muñoz, 2011).

TIPOS DE IMAGINACIÓN Y PROCESOS IMPLICADOS

Existen dos **tipos** de imaginación: la **reproductiva,** que es aquella que sufre el paso del tiempo y evoca el pasado, y la **productiva,** que es la que crea nuevos contenidos a partir de lo que ya se conoce.

Hay diversos **procesos** implicados en la imaginación (Mateu-Mollá, 2020):

- **Rememoración.** Cuando se evoca un recuerdo puede estar impregnado de elementos que no se encuentran presentes y que no llegaron a suceder. La mente es capaz de crear nuevas historias a partir de las existentes e incluso pueden llegar a confundirse cuando se traen a la memoria, no sabiendo distinguir si son realidad o fantasía.

- **Predicción de eventos futuros.** La imaginación también hace que se creen historias que están por ocurrir.

- **La unificación de eventos.** La imaginación juega un papel muy importante en la resolución de problemas. Gracias a ella el individuo se puede adaptar al entorno y puede afrontar los eventos futuros dando respuesta a estos antes de que ocurran.

- **Creatividad.** Consiste en imaginar nuevas ideas o conceptos creando asociaciones entre elementos ya conocidos.

- **Cambios emocionales.** Se generan nuevas emociones con los elementos creados. Mediante la imaginación se puede cambiar un estado emocional por otro utilizando creaciones mentales más positivas.

- **Evasión.** Mediante la recreación de recuerdos se pueden construir estados deseados para suplir situaciones. Los niños pueden imaginar situaciones en las que recrean sus juegos.

- **Creación de autoimagen.** Con la imaginación la persona puede recrear su imagen ideal.

En la imaginación influyen dos tipos de factores: los **factores internos,** como la naturaleza de la persona, sus experiencias, estado físico y emocional, y los **factores externos,** que son todo lo que rodea a la persona como la cultura, las normas o la época en la que se vive.

Cuando hablamos de imaginación infantil podemos comprobar que los niños son más espontáneos en sus creaciones imaginativas. Ellos dejan que la imaginación fluya y son capaces de crear juegos e inventar historias. Imaginan menos cosas, pero no tienen la necesidad de controlar lo que imaginan, ya que no están sujetos a reglas. Su imaginación es más rica y les lleva hacia lugares donde los adultos no pueden ir, ya que estos tendrán la necesidad de entender lo que imaginan.

CARACTERÍSTICAS Y ETAPAS DE LA IMAGINACIÓN

Vigotsky (2003) plantea varias **características** propias de la imaginación:

- **La imaginación se apoya en la experiencia.** Cuanta más experiencia posee un individuo esta es mejor para su imaginación, ya que cuenta con más elementos para combinar, elaborar y modificar.

- **La imaginación ayuda al conocimiento de la realidad.** Cuando alguien nos cuenta algo somos capaces de imaginar lo que pasó. Podemos viajar donde alguien ha estado, recrear las escenas de un libro o visualizar dibujos en nuestra mente.

- **Los sentimientos y la imaginación se encuentran mutuamente influidos.** La emociones y sentimientos nos hacen imaginar cosas y a su vez nuestra imaginación puede traer emociones.

- **Existe una lógica en la imaginación.** Por increíble que parezca, así es y de eso también se aprende.

En el desarrollo del niño existen diferentes etapas de la imaginación:

- **Fase de imitación.** Es la etapa que va desde el nacimiento hasta los tres años y el niño no puede imaginar, solo imita.

- **Fase de juego simbólico.** Esta etapa va desde los tres hasta los seis años. Los niños utilizan la imaginación para crear voces diferentes en sus muñecos y dotarles de vida propia. Aquí empieza la creatividad y comienzan otras fases de la imaginación.

- **Fase de pensamiento abstracto.** Etapa que va desde los seis hasta los 10 años. La capacidad creativa está más estructurada y son capaces de imaginar e inventar historias sin necesitar de tener un juguete.

IMPORTANCIA DE FOMENTAR LA IMAGINACIÓN

Los niños suelen tener una gran capacidad imaginativa. Si se les ayuda a potenciar esta capacidad se está propiciando que en el futuro tengan habilidades creativas mayores. Cuando un niño tiene imaginación y la mezcla con la inteligencia surge la creatividad y la motivación también está presente. La creatividad permite nuevas ideas y que estas sean originales (Almeida et al., 2018).

Mediante la imaginación se ayuda al crecimiento del pensamiento abstracto y se liberan tensiones. El niño hace que su mundo se amplíe. A través de las experiencias que va teniendo en la vida se crean otras nuevas y se encuentran soluciones a los problemas que surgen.

La imaginación tiene **beneficios** en los niños:

- En la comunicación. Son más elocuentes y tienen más expresiones verbales.
- En las habilidades sociales. Se crean vínculos y hay un mayor desarrollo social.
- En la resolución de problemas. Se generan soluciones de problemas y se adquieren estrategias para solucionar dificultades.

CÓMO ESTIMULAR LA IMAGINACIÓN

Para estimular la imaginación en niños es bueno:

- **Permitir que el niño se aburra.** Cuando un niño se aburre durante el periodo de juego es capaz de elegir nuevas actividades para realizar. Así, mediante el aburrimiento, se potencia el crear alternativas.

- **No interpretar su juego.** No hay que mostrar disconformidad con el juego que está realizando. Es su manera de estar utilizando sus recursos.

- **Darle un espacio seguro.** Cuando cuentan alguna historia hay que dejar que la desarrollen y que nos dejen entrar en ella. Se pueden hacer preguntas sobre lo que imagina.

- **Fomentar la lectura.** La lectura ayuda a estar inspirado y llevar la mente a otra parte.

- **Realizar actividades de tipo creativo.** Las actividades como manualidades o dibujos ayudan al niño a plasmar lo que imagina.

- **Llevarle a ver arte.** El arte pone en contacto al niño con diferentes estilos y aportan recursos para nutrir la imaginación.

- **Estar en contacto con la naturaleza.** La naturaleza es un lugar donde el niño descubre cosas que nunca ha visto y donde pone en marcha sus juegos y creatividad.

- **Hacerle pensar.** Se le pueden proponer actividades que fomenten su imaginación como crear historias, hacerle pensar qué ocurriría si no hubiese calles o casas, cómo se puede cambiar la disposición del aula o de su cuarto o que juegue a completar frases.

EJERCICIOS PARA FOMENTAR LA IMAGINACIÓN

ADIVINA QUÉ PIENSAN

- **Objetivo.** Utilizar la creatividad.

- **Método.** Se leen cuentos y se le pregunta al niño qué cree que piensan los personajes en las situaciones en las que se encuentra.

VAMOS A INVENTAR

- **Objetivo.** Utilizar la imaginación para construir nuevos objetos.

- **Método.** Se le facilita al niño una cuerda, un vaso de plástico, unos colores, una tela, papel y pegamento y se le pide que con esos objetos haga cualquier objeto que pueda imaginar. Le podemos dar ideas como un coche, una marioneta, una nave espacial, etc.

EL TEATRO

- **Objetivo.** Utilizar la imaginación para crear historias.

- **Método.** Se le indica al niño que tiene que inventar una historia sobre un tema que le planteamos, como las vacaciones, el colegio o un cumpleaños, y que tiene que representarla con marionetas.

DIARIO DE CUMPLEAÑOS

- **Objetivo.** Conectar la imaginación con los sentimientos.

- **Método.** Cuando el niño acude a una fiesta de cumpleaños puede escribir antes cómo cree que va a ser y qué imagina que van a hacer. Después de la fiesta puede hacer un dibujo en el diario sobre algo representativo del cumpleaños y podemos hablar con él acerca de cómo se ha sentido, cómo cree que han estado los demás y si le gustaría que cambiase algo para la próxima fiesta.

EL AMIGO IMAGINARIO

*L*ara está sentada en el suelo de su habitación. Su madre la observa desde el pasillo. No hay nadie en el cuarto y se está riendo, parece estar pasándoselo bien. Está jugando con su muñeca, la escucha dialogar con alguien como si hubiese más personas. Cuando Lara sale de la habitación su madre le pregunta qué tal se lo ha pasado. Lara comenta que estaba jugando con su amiga, que hoy estaba contándole que se había enfadado en el cole con una compañera que había cogido su cartera y que se había confundido porque había sido una casualidad que les hubiesen regalado la misma en su cumpleaños.

QUÉ ES UN AMIGO IMAGINARIO

Un amigo imaginario es un personaje invisible inventado por el niño. Suele tener su misma edad aunque características de adulto como fuerza y poder. El pequeño juega interaccionando con él, lo nombra, pero nadie puede verlo. Es una fantasía a la que el niño otorga la capacidad de estar vivo (Hamra, 2010). Se suele dar en niños entre los dos y los siete años y dura unos meses para luego desaparecer. El amigo imaginario tiene una función lúdica. Generalmente aparece cuando el niño tiene miedo o cuando juega y mantiene conversaciones con él. Puede tomar la forma de un personaje, animal u objeto y siempre es una invención que el niño crea.

La aparición del amigo imaginario es algo normal y su existencia tiene principio y fin. No está asociado a ninguna patología. La diferencia desde el punto de vista clínico es que el amigo imaginario lo crea el niño con una finalidad y la alucinación no se crea ni aparece de forma voluntaria, sino como algo invasivo. El niño puede jugar con el amigo imaginario frecuentemente y darle duración en el tiempo hasta convertirlo en algo estable o hacer que este cambie de forma y de atributos (Castro Bonsignore, 2016).

POR QUÉ UN NIÑO TIENE UN AMIGO IMAGINARIO

Los primeros estudios que se realizaron alrededor de 1930 sobre los amigos imaginarios se hicieron con niños huérfanos. Esto niños los utilizaban para suplir sus carencias afectivas y las investigaciones se hicieron en esa línea (Svendsen, 1934). También se excluía a los animales o muñecos a los que daban vida. En las primeras investigaciones tenía que ser algo creado por la imaginación; en los años posteriores se incluyeron objetos o animales. Posteriormente se añadieron al estudio niños funcionales y se vio que también tenían amigos imaginarios y que no solo creaban esta figura los niños tímidos o con problemas, sino también los niños risueños y alegres que les daban una función lúdica (Kircaburun et al., 2019). Por lo tanto, el amigo imaginario no es exclusivo de hijos únicos o niños retraídos, sino que cualquier niño puede tener uno en algún momento de su vida.

FUNCIÓN DE LOS AMIGOS IMAGINARIOS

Son varios los **beneficios** asociados a la creación del amigo imaginario (Benavides Delgado, 2007):

- Los niños que se sienten rechazados pueden poner en el amigo imaginario los atributos que les gustaría tener para sentirse amados por sus padres.

- Proyectando los sentimientos negativos que tiene puede resolver los conflictos. Así el niño podrá proyectar sus propios miedos e inseguridades cuando por ejemplo está atravesando una mudanza, va a empezar el colegio o llega un nuevo hermano. Es una herramienta para superar problemas.

- Alivia el sentimiento de soledad y puede reconfortar al niño.

- Favorece la expresión emocional. El niño puede cantar con ellos, contarle secretos, calmarse, aliviar la angustia y expresar emociones. Es como tener un amigo real con el que poner en práctica la solución de problemas y los consejos.

- Desarrolla la creatividad y fantasía porque el niño puede practicar juegos e interacciones.

- El niño adquiere más confianza en sí mismo.

- Relacionado con lo anterior, mejora la autoestima del pequeño al sentir que alguien le escucha y le comprende.

TIPOS DE AMIGOS IMAGINARIOS

En un estudio llevado a cabo por Marjorie Taylor (2003) se comprobó que los niños inventan amigos imaginarios que, de mayor a menor prevalencia, pueden ser:

- **Niños normales** más o menos de su misma edad con los que pueden compartir secretos o conflictos, jugar y hablar.

- **Personas adultas** con las que solucionar problemas.

- **Animales.** Pueden comunicarse con los niños o vivir en una estrella y nunca dormir o ser muy rápidos.

- **Niños con poderes mágicos.** Pueden vivir en la luz de la lámpara o en sus bolsillos y poseen características que a ellos les gustaría tener y que han visto en la televisión o en cuentos.

- **Otros seres inventados.** Pueden darle forma como ser rosa, tener el pelo rosa o estar cubiertos con estrellas.

- **Bebés.** Pueden imaginar bebés o pueden utilizar muñecos a los que dan vida y cuidan: son objetos personificados.

- **Enemigos.** Se refieren a estos como amigos que no se portan bien, que no acuden si los necesitan, desordenan la habitación, les tiran comida y saltan en su cama.

- **Fantasmas o ángeles.** O cualquier personaje de fantasía.

- **Superhéroes.** Son amigos imaginarios que pueden cambiar de forma, volar o tienen características especiales. Los niños suelen crear amigos imaginarios poderosos y las niñas suelen crear amigos imaginarios que requieren cuidados o que las cuidan a ellas.

CÓMO DEBEN COMPORTARSE LOS PADRES

Ante la existencia de un amigo imaginario es bueno que los padres sepan cómo actuar:

- **No deben rechazar al amigo imaginario.** Como se ha indicado, es algo normal en el proceso de desarrollo. No se debe ridiculizar al niño cuando hay otras personas, sino integrarlo con los demás como algo que está formando parte de la conducta del niño.

• **Hablar con el niño de él.** Cuando se pregunta al niño sobre el amigo imaginario está facilitando información sobre cómo se siente, qué le preocupa y qué necesita. Es una manera de compartir información con el niño.

• **Evitar conductas peligrosas.** Si el amigo imaginario puede poner en peligro al niño porque este piensa que puede volar y le ha pedido que vaya con él de misión, es importante hacerle ver que esto no lo puede hacer él. Si lo que ocurre es que utiliza al amigo imaginario para tapar comportamientos, como romper algo o deja el grifo del lavabo abierto, es necesario integrar al amigo en la familia y que vea que las normas las cumplen todos.

• **No entrometerse en los juegos.** Si el niño no solicita la presencia del adulto no hay que meterse en sus juegos o reñirle. Esto lo único que conseguirá es que el niño oculte a su amigo.

Los padres **deben preocuparse** solo cuando:

• El amigo imaginario provoca estrés o miedo. Si el niño percibe al amigo imaginario como alguien a quien tienen miedo, a quien debe obedecer y que no le permite realizar ninguna actividad o relacionarse con otros.

• El niño habla, pero dice que no lo hace con nadie.

• El niño contesta todo como si fuese una fantasía y no formarse parte del mundo real y esconde a su amigo imaginario.

• Habla de vivencias traumáticas.

• El niño cuenta que su amigo imaginario le ordena comportarse de forma violenta o agresiva.

EL DUELO EN LA INFANCIA

va está en su habitación y se encuentra muy triste y enfadada. Mientras abraza a su muñeca se pregunta por qué su abuela no está. La semana pasada sus padres tuvieron que irse en mitad de la noche y la llevaron a casa de sus primos. Cuando volvieron mamá estaba llorando, le pidió que se sentase y le explicó que como ya sabía su abuela estaba muy enferma, ingresada en el hospital desde hace un mes, y se había puesto muy malita y ya no había podido recuperarse como otras veces y había fallecido. Eva está contándole a sus muñecas todo lo que ha pasado. Su madre entra en la habitación y la abraza mientras le pregunta si quiere que vean fotos de su abuela durante un rato.

QUÉ ES EL DUELO

El duelo es un proceso de adaptación ante la pérdida de alguien o algo muy querido. Va acompañado de unas manifestaciones emocionales, comportamentales y de pensamientos. El síntoma predominante es el dolor emocional. Cuando hablamos de duelo pensamos en la muerte de alguien, pero también se produce cuando no hay pérdida de una persona, sino de una situación u objeto. Los niños ante la muerte piensan que es algo lejano que a ellos no les va a ocurrir. Para expresar lo que sienten van a precisar que un adulto les apoye y acompañe. Necesitan aceptar la muerte de la persona, trabajar sus emociones tras la pérdida, aprender a vivir sin la persona que se ha ido, recolocar lo que ha ocurrido y seguir viviendo. Es difícil calcular un tiempo para pasar un duelo, aunque cuanto antes se pase el menor podrá continuar con su vida ejerciendo sus tareas de manera apropiada.

Las pérdidas más frecuentes que puede atravesar un menor son:

- La muerte de un familiar.
- Un proceso de adopción.

- Una situación de discapacidad.
- Pérdida de salud en uno mismo o en alguien cercano.
- Un proceso de separación o divorcio.
- Una mudanza con cambio de ciudad, domicilio o colegio.

DIFICULTADES PARA ABORDAR EL TEMA DE LA MUERTE

Existen diversas dificultades para abordar el tema de la muerte con los niños (Fundación Mario Losantos del Campo, 2016):

- Actualmente se pierde la naturalidad que conlleva la muerte y se trata de suavizarla sin asumir que forma parte de la vida.

- La cultura actual prefiere no hablar sobre la muerte. Los niños siempre sienten curiosidad por todo y van a preguntar. Cuando el niño pregunta se trata de desviar la conversación y no se dan explicaciones. Si un niño pregunta: «¿cuándo nos vamos a morir?», en lugar de responderle que todos vamos a morir algún día, muchas veces se responde: «Mamá no se va a morir todavía».

- Se tiende a sobreproteger a los menores y se trata de alejarlos del sufrimiento, por lo que en muchas ocasiones no tienen habilidades para afrontar las situaciones de pérdida en la vida. Cuando se produce una muerte se tiende a pensar que el niño es muy pequeño y no lo va a entender o que no es necesario que sufra.

- Se le transmite al niño que puede alcanzar todo lo que se propone y que no hay límites, pero los hay, y cuando el niño crezca se dará cuenta de que hay cosas que no se pueden evitar, como las enfermedades, las catástrofes, el que te puedan despedir en el trabajo, etc. De esta manera, con los mensajes que recibe se le enseña que no existe la frustración ni el dolor.

- Las escuelas tienen pocos recursos para afrontar la muerte y trabajarla. Muchos padres se niegan a que se les dé información a los hijos en un intento de protegerles del sufrimiento y luego, si fallece alguien del colegio, no existen protocolos.

CARACTERÍSTICAS DEL DUELO EN LA INFANCIA

En los niños pueden aparecer fantasías sobre la vuelta de la persona fallecida y es posible que piensen que va a volver. En general, tienden a ver la muerte como algo remoto.

El niño atraviesa diversas etapas según la edad a la que ocurra el duelo (Fernández y Rey, 2020; Fundación Mario Losantos del Campo, 2016):

- **De cero a dos o tres años.** El niño no conoce el significado de la muerte. Es una etapa en la que el menor no ha desarrollado el habla. Es capaz de percibir que existen cambios a su alrededor, que su familiar cercano no está y que otro está dolido. Cuando un niño pierde a alguien en esta edad va a manifestar su pérdida llorando, protestando, mostrándose intranquilo y desapegado.

- **De dos o tres años a seis años.** Si un niño no tiene información de lo ocurrido, en esta época puede desarrollar un pensamiento mágico en el que tratará de responderse sobre lo que ha pasado. En esta edad hay que prestar atención a qué desarrollan en su juego. La muerte para ellos no es algo que dure para siempre, por lo que pueden preguntar mucho cuándo vuelve la persona que se ha ido y es posible que la busquen. Muestran confusión, actitudes distantes, enfado, pesadillas, miedo a la muerte y van a intentar llamar la atención. Pueden hacer preguntas como: «¿quién me va a llevar al cole?», «tú, ¿te vas a morir?», «¿cómo respira?».

- **De siete a nueve años.** En esta etapa comienzan a entender que todos nos podemos morir. Necesitan entender por qué han ocurrido las cosas. Es muy típico pensar que ellos han provocado lo que ha ocurrido, pero les faltan habilidades para enfrentar la pérdida. Hacen muchas preguntas sobre lo ocurrido y también se protegen haciendo como que no ha pasado nada. Las preguntas que realizan son del tipo: «¿crecen las uñas y el pelo cuando estás muerto?», «¿qué le pasa al cuerpo cuando lo entierran?», «¿cómo va a comer?», «¿se va a enfadar si hago algo mal?», «¿me puede ver donde está?».

- **De 9 a 12 años.** En esta edad el niño descubre que no es inmortal y entiende la muerte como algo propio de todos los seres y que es irreversible. Muestra dudas por todo lo relacionado con la muerte. Puede sentir miedo, angustia, tristeza, negación hacia la muerte, idealizar al que se va, sentir culpa y asumir incluso el rol de la persona que no está. Surgen preguntas del tipo: «¿estás triste?», «¿qué va a pasar con la ropa de papá?», «¿va a estar así mucho tiempo?».

CÓMO TRANSMITIR LA NOTICIA A UN NIÑO

Es difícil transmitir la noticia de un fallecimiento a un niño, pero cuando esto se hace se debe realizar alejándose de las mentiras. El hecho se lo debe comunicar una persona querida y cercana al niño, alguien que esté en contacto con él de manera frecuente, a ser posible los padres o uno de ellos. En el caso de que no esté ninguno de los padres, la noticia la debería dar la persona que está a cargo del cuidado del menor o quien sea más cercano a él, alguien en quien el niño confíe. Se debe hacer lo antes posible en vez de esperar horas o días a que terminen los rituales y homenajes. Los niños deben ser una de las primeras personas en enterarse de que la persona ha fallecido y más si es una persona cercana a ellos. Si no se realiza así, posteriormente podría repercutir en el niño.

- **Se debe elegir un lugar íntimo en el que no se produzcan interrupciones.** En ese espacio los niños tienen que poder expresar sin miedo dudas, emociones y reacciones. Después de haberles comunicado el fallecimiento se tienen que sentir apoyados emocionalmente y con espacio para que se expresen emocionalmente. Si la persona que le va a comunicar la noticia está muy desbordada emocionalmente el niño puede asustarse, por eso debe hacerlo alguien que pueda transmitirle calma para que procese lo que está ocurriendo.

- **La información se debe transmitir de manera gradual.** Primero se le comunica lo esencial y luego se van añadiendo detalles según surjan sus dudas. Se deberá facilitar el diálogo y que el niño se sienta libre de realizar sus preguntas. Si estas son muy complicadas podemos posponerlas o simplemente decirles que no lo sabemos y que buscaremos a alguien que se lo pueda explicar.

- **Se debe transmitir lo que ha ocurrido sin engaños.** Lo único que se debe hacer es adaptar el diálogo a la edad de cada niño para que entienda lo que ha ocurrido. Con la verdad se demuestra al niño que puede confiar en nosotros. Si las circunstancias son muy duras, cuando se oculta la verdad lo único que se consigue es que cuando el niño por fin se entere sienta desconfianza hacia los adultos que le engañaron. Se debe hacer ver al niño que la persona que ha fallecido no habla, no puede comer ni realizar las actividades de antes; lo que permanece son los recuerdos.

En el caso de que exista una creencia religiosa se deben evitar frases como: «Dios lo ha querido así», «Dios lo ha llamado porque le necesitaba», ya que en este contexto el niño podría desarrollar miedo hacia la religión.

El niño también puede hacerse el mismo tipo de preguntas que los adultos como: «¿por qué ha tenido que pasar?», «¿por qué nadie ha hecho nada?». Como adultos, podemos estar planteándonos lo mismo y no saber qué responder. En ese caso, es conveniente que le mostremos que no tenemos respuestas para todo.

El niño en estos momentos puede ser un cúmulo de emociones y sensaciones. Es aconsejable que saque los sentimientos relacionados con la culpa, el enfado, los miedos y que se le pueda ayudar con ellos. Se trata de ser alguien que aporte seguridad y con quien pueda mostrar lo que siente en un momento tan difícil. Se le puede ayudar con las emociones, a identificarlas y reconocerlas, y dejar que las pueda sentir.

Debemos hacer que se sienta seguro y protegido y que vea que sus necesidades van a estar cubiertas, que no va a estar solo. Pueden surgir miedos a olvidar a su ser querido; se le debe hacer ver que hay recuerdos que siempre van a permanecer y que él puede hacer por mantenerlos. Le podemos ayudar facilitándole actividades que le ayuden a recordar.

En este momento también se le pueden explicar los ritos que se van a llevar a cabo como pueden ser el tanatorio, los servicios religiosos, el enterramiento o la incineración. Poner una edad adecuada para asistir a ellos es difícil; dependiendo de la cultura en la que sucede todo o de las ideas de la propia familia, puede asistir o no. En todo caso, si va a participar tenemos que estar seguros de que comprende todo. Muchas veces se piensa que llevando a un niño a un entierro se le va a causar un trauma, sin embargo puede ser de gran ayuda el que se sienta partícipe y pueda hacer real lo que está ocurriendo o despedirse. Si asiste, solo es necesario explicarle todo lo que va a vivir.

REACCIONES ANTE EL DUELO EN EL NIÑO

Lo más normal es que el niño tenga sensaciones de ansiedad, descontrol y problemas de conducta. Son los que deberán ser tenidos en cuenta para que el adulto pueda acompañarle en los meses posteriores:

- Es muy normal que el niño piense que el ser querido sigue ahí.
- Va a hablar con él.
- Piensa que el fallecido va a volver.
- Se va a mostrar más sensible de lo habitual y va a experimentar sensaciones de miedo, confusión o ira.
- Podrá querer estar con sus padres y sentirse protegido cuando tenga pesadillas.
- Puede volver a épocas anteriores en las que se hacía pis en la cama o chuparse el dedo.
- Puede estar desganado para realizar otras actividades.
- Siente enfado hacia miembros de la familia.
- Se preocupa por la salud de las personas queridas.

FACTORES QUE INFLUYEN EN LA VIVENCIA DEL DUELO EN EL NIÑO

Existen diversos factores que van a influir en cómo viva el niño el duelo:

- Rol de la persona fallecida. Si era padre, madre, hermano, abuelo, etc.
- Vínculo entre el fallecido y el niño. Depende de cómo era de consistente la relación que tenían.
- Naturaleza del apego.
- Tipo de muerte. La muerte puede afectar de diferentes maneras según el modo en que se produzca (enfermedad, accidente, etc.).
- Biografía personal. En qué momento se encuentra el niño y cómo ha sido su vida.
- Variables personales. Como autoestima, empatía, autoconcepto, asertividad, etc.
- Componentes sociales. El entorno que rodea al niño en ese momento.
- Factores económicos. El hecho por ejemplo de que solo trabaje el padre en casa y este fallezca puede hacer que el niño se pregunte cómo van a mantenerse.

INDICADORES DE QUE EL DUELO SE ESTÁ ELABORANDO MAL

En ocasiones el duelo no se lleva de la manera correcta. A continuación señalamos una serie de indicadores que hay que atender porque están dando la señal de alarma de que algo no va bien:

- Tristeza profunda. La tristeza se muestra con un ánimo decaído y puede afectar a varios aspectos de su vida.
- Dificultades de concentración. Suelen aparecer en los niños de seis a 10 años.
- Apatía general.
- Estado de ansiedad.
- Intranquilidad generalizada.
- Irritabilidad ante cualquier pequeñez.
- Más cansancio del normal.
- Desbordamiento de la emotividad.
- Tener muchos pensamientos sobre la muerte.
- Problemas de sueño, como dificultades para conciliar el sueño y pesadillas.
- Problemas de alimentación.
- Baja autoestima en general.
- Regresiones a periodos anteriores.
- Bajo rendimiento escolar. De repente el niño no es capaz de mantener el ritmo escolar y presenta dificultades para realizar las tareas. También puede presentar pocas ganas de asistir al centro escolar.

• Somatizaciones. Presenta dolores de cabeza, vómitos o dolores musculares que no tienen explicación médica. La tensión ante una situación no habitual y muy traumática puede tener una respuesta física clara con diversas dolencias.

CÓMO AYUDAR A SUPERAR EL DUELO

Para poder acompañar al niño en el duelo es importante que como adultos sepamos afrontar personalmente el tema de la muerte y el dolor. Los apoyos van a resultar fundamentales para realizar el duelo. Estos se encargarán de guiarle y proporcionarle lo que necesite.

• **Es necesario entender que el niño es consciente de lo que está viviendo.** Aunque se crea que el niño no comprende, independientemente de su edad siempre percibe lo que está cambiando en su entorno. Por lo tanto, hay que dejarle que tenga sus propias emociones y que sea capaz de gestionarlas aunque siempre sintiéndose acompañado.

• **Según la edad del niño habrá que acompañarle de una manera determinada:**

- **Desde cero meses a un año.** Hay que mantener sus rutinas. El niño se contagia de las emociones de los adultos, por lo que es necesario no generar inseguridades, mantener los horarios y rutinas como antes y seguir cuidándole y brindándole seguridad.

- **De los tres a los seis años.** El niño ya entiende lo que le decimos, por lo que hay que explicarle lo que ocurre adaptando el lenguaje y tranquilizándole ante los temores que puedan surgir.

- **De los siete a los nueve años.** Es necesario facilitarle espacios donde pueda expresar sus emociones. Si existe algún familiar enfermo no ocultárselo, explicarle lo que pasa sin guardar información y responder a sus preguntas. Se pueden tener en cuenta sus opiniones en los rituales para que se sientan incluidos, pero sin forzar la situación.

- **De 10 a 12 años.** Se puede recordar a la persona que ha fallecido con conversaciones y actos en los que aprenda a valorar estos recuerdos. Podemos hacerle partícipe de cómo nos sentimos y, de igual modo, hay que normalizar las emociones haciéndole ver que es normal que aparezcan sentimientos de tristeza, enfado o rabia.

DIFERENCIAS ENTRE EL DUELO ADULTO Y EL INFANTIL

En el adulto las fases del duelo son:

- **Negación.** El adulto va a negar lo que ha ocurrido buscando de esa manera aplazar el dolor.

- **Ira y culpa.** Cuando el adulto asume lo que ha ocurrido choca con la realidad y tendrá sentimientos de rabia y resentimiento, es una forma de rebelarse ante lo ocurrido y que directamente no puede asumir. Podrá proyectarlos en las personas cercanas. También podrá sentir culpa y realizar un juicio sobre su conducta.

- **Negociación.** La persona se plantea escenarios en los que pueda impedir que ocurra, lleva a retroceder en el tiempo e intenta revertir la situación y compensar lo que pierde.

- **Depresión.** La tristeza es característica de esta fase. Se pueden tener pensamientos de no tener incentivos para seguir viviendo.

- **Reconstrucción y aceptación.** Las personas empiezan a realizar otras actividades y aprenden que la persona se ha ido y se recolocan en el mundo.

Estas fases van a variar **en el niño:**

- **La negación.** Puede negar lo que ha pasado y hacer como que no ha ocurrido.

- **Aflicción.** Va a manifestar ansiedad y puede somatizar, mostrar dolores en diversas partes del cuerpo.

- **Hostilidad.** Puede sentir que el fallecido se ha ido y lo ha abandonado y es posible que tenga reacciones hostiles hacia otros.

- **Sustitución.** Va a buscar afecto en otras personas para sustituir la figura del que se ha ido.

- **Asume las maneras del difunto.** Va a tratar de imitarle para reproducir sus características.

- **Idealización.** Sobrevalora todos los buenos recuerdos y minimiza o elimina los malos.

- **Ansiedad y pánico.** Se va a mostrar preocupado por quién le va a cuidar en el futuro.

- **Reacciones de culpa.** Puede pensar que el fallecimiento tiene que ver con algo que él ha hecho.

El niño suele elaborar el duelo de manera más rápida que el adulto. Hay que tener en cuenta que la edad del niño influirá en cómo está realizando el duelo. La relación que mantenga con el adulto que se ha ido también va a tener repercusiones en la manera en que se realice el duelo. Un niño que pueda contar con el apoyo de adultos dispondrá de la atención necesaria, al igual que sus propios recursos ayudarán a gestionar las emociones que aparecen en este proceso.

El niño, al contrario que el adulto, **no va a ver su vida interrumpida,** ya que en la infancia realizan muchas actividades que seguirá haciendo. Los menores suelen pasar por el proceso de duelo de manera más rápida que los adultos. Mantener sus rutinas de escuela y actividades les va a ayudar. Durante este periodo el niño puede variar mucho de emociones, ya que en la infancia estas fluctúan bastante, y habrá que hacerles ver qué significado tienen. Los adultos jugarán un papel muy importante a la hora de que los niños manifiesten sus dudas y son imprescindibles para gestionar el duelo.

Para los niños la pérdida es algo concreto mientras que para el adulto es algo global que le afecta en toda su vida.

EJERCICIOS PARA SUPERAR EL DUELO

ÁLBUM DE FOTOS

- **Objetivo.** Crear recuerdos del fallecido.

- **Método.** Se realiza un álbum de fotos de la persona fallecida y mientras se van contando anécdotas y partes de la vida de la persona. El niño, cuando recopilamos fotos, tiene que elegir cuáles quiere poner en el álbum.

CAJA DE LA MEMORIA

- **Objetivo.** Crear recuerdos.

- **Método.** Se puede crear una caja y decorarla. Luego se incluyen objetos que le hagan recordar a la persona. Esa caja se guarda el tiempo que se considere necesario. Si en algún momento necesita deshacerse de ella se puede hacer.

LA CARTA DE SENTIMIENTOS

- **Objetivo.** Poder dar salida a los sentimientos.

- **Método.** Se puede escribir una carta con el niño en la que exprese cómo se siente y qué le hace que salgan esas emociones. Puede también dar las gracias por lo que ha significado esa persona en su vida, plantear cuestiones, etc.

PLANTAR UN ÁRBOL

- **Objetivo.** Hacer un ritual.

- **Método.** Se elige un lugar que fue significativo para la persona que se ha ido y le decimos al niño que vamos a plantar un árbol que pueda generar vida como homenaje a la persona fallecida.

LA RESILIENCIA

*A*ndrés nació en un hogar donde los padres estaban continuamente enfrentándose a la búsqueda de un trabajo. Su padre era mecánico de un taller y su madre había estudiado una carrera, sin embargo, nunca la puso en práctica ni tuvo experiencia laboral. Sus capacidades económicas eran limitadas y tenían que recibir ayudas de los servicios sociales. Esta situación llevó a que sus padres estuviesen siempre de mal humor y Andrés recibiese gritos cada vez que les pedía ayuda. En su casa todo estaba siempre desordenado. Andrés era el único que ordenaba las cosas y, para tratar de mantener un orden y ver su casa bonita, comenzó a hacer dibujos y colgarlos en su habitación, así, cuando se encerraba, lograba estar rodeado de colores. Con el tiempo en el colegio una profesora se dio cuenta de lo bien que dibujaba y comenzó a ayudarle a perfeccionar sus técnicas de dibujo. Hoy Andrés tiene 30 años, consiguió una beca para estudiar artes y es pintor.

QUÉ ES LA RESILIENCIA

El concepto de resiliencia surge en los años 80 con Emmy Wermer, que realizó un estudio con 698 individuos desde el periodo prenatal hasta los 32 años. Una gran parte de estos niños, que pertenecían a familias pobres, llegaron a ser adultos competentes y con una vida equilibrada. Se adaptaron a las circunstancias adversas con las que se habían enfrentado. Werner buscó los factores que habían facilitado esta adaptación y llegó a la conclusión, estudiando tres tipos de factores –personales, familiares y de contexto– , de que la educación había compensado las carencias iniciales. A esta capacidad de adaptarse la llamó resiliencia.

Luego hubo otros investigadores que consideraron la resiliencia como algo que puede ser promovido. Todas las personas tienen la posibilidad de fomentarla independientemente de su edad. Los factores que para unos pueden promoverla para otros pueden ser factores de riesgo. Cada persona es un caso único, y no se trata de que las cosas no afecten a uno, sino de aprender a vivir con lo que a cada cual le toca y salir fortalecido de cada situación. Un ejemplo es el caso en el que una persona es arrastrada por la corriente y trata de nadar en contra de esta. Finalmente, el luchar contra la corriente hará que la persona se agote. Si se deja llevar por ella y aprovecha el momento en el que esta se dirige a la orilla, podrá llegar hasta allí y estará a salvo.

Algunos niños son capaces de resistir mejor las adversidades, las enfermedades y otros contextos, como una familia disfuncional. Esto es lo que se conoce como resilien-cia, es decir, la capacidad que tienen las personas de sobreponerse a las dificultades, los traumas y las heridas. Es más, la persona será capaz de seguir proyectándose en el futuro y enfrentar todo de manera adecuada y sobreponerse a ello sin desestabilizarse.

TIPOS DE RESILIENCIA
Podemos hablar de diferentes tipos de resiliencia:

- **Resiliencia psicológica.** Cuando hablamos de ella nos referimos a la fortaleza mental. Es una capacidad para adaptarse o resistir la adversidad y los retos enfrentándose a ellos con agilidad, flexibilidad y creatividad.

- **Resiliencia emocional.** Es la capacidad para comprender las emociones y los sentimientos en situaciones de trauma. Está muy relacionada con el control emo-cional.

- **Resiliencia física.** Hace referencia a la fortaleza y resistencia para enfrentarse a enfermedades o situaciones catastróficas como terremotos y accidentes.

- **Resiliencia comunitaria.** Se tiene en cuenta al grupo o comunidad donde se ha-bita y son las habilidades y capacidades que tiene el grupo para sobreponerse y resurgir de situaciones adversas como son una guerra, un tsunami o proble-mas de delincuencia.

FUENTES DE LA RESILIENCIA INFANTIL
Existen diversas fuentes que influyen en la resiliencia (Barudy y Dantagnan, 2010):

- **El ontosistema.** Hace referencia a las características de cada niño. Podemos encontrar diferencias en los niños, algunos son más tímidos y otros extrovertidos. Se pueden apreciar desde edades muy tempranas y en ellas tiene mucha influencia la genética de cada uno.

- **El exosistema.** Se refiere al entorno social. Este factor juega un papel clave. Por ejemplo, los entornos sociales con carencias, donde no se puede acceder a la educación, hay grupos culturales marginados, se carece de lo básico y hay estrés y violencia van a jugar un papel nocivo en el desarrollo de la resiliencia. En estos ambientes tienen un papel fundamental los adultos significativos y, cuando estos no existen, lo será la escuela, que muchas veces se convierte en el único referente para estos niños. Por otra parte, los entornos organizados en torno a lo material pueden privar a los niños de la afectividad y el apoyo necesarios para crecer de manera sana. Otro tipo de entornos sociales respetuosos con los derechos de los niños, donde se haga hincapié en la educación, la sanidad y el apoyo harán que se fomente la resiliencia.

- **El microsistema.** Tiene que ver con la organización y el funcionamiento familiar. Un ambiente afectuoso, donde predomine la estabilidad, en el que se han fijado normas y límites claros, permite que los niños desarrollen la resiliencia. El apego y la empatía también van a resultar fundamentales a la hora de poder desarrollarla. El apego seguro, en concreto, sienta las bases para sentirse comprendido y apoyado y poder sobreponerse a la adversidad. Los ambientes donde hay protección y seguridad disminuyen los factores estresantes que afectan al desarrollo. En los hogares donde al menos un cuidador es competente, y con esto nos referimos a la capacidad de asegurar cuidado y apoyo, esto supone un factor de resiliencia.

- **El macrosistema.** Es el contexto cultural y político donde se desarrollan los niños. Determinadas culturas dan por sentado que se les puede tratar con abusos de poder y se entiende que los padres tienen derechos sobre sus hijos.

VALORES Y PILARES DE LA RESILIENCIA

Existen **valores personales** que pueden ayudar a que una persona tenga resiliencia (Rubio y Puig, 2011):

- **La habilidad de ser optimista y un pensamiento positivo.** Cuando una persona es positiva se vuelve menos rígida y puede ver la vida de manera flexible, se convierte en más creativa y tiene más emociones positivas. Esta característica mueve a la persona para seguir adelante y buscar metas.

- **Creencia en el ser humano.** Significa considerar a la persona como responsable y protagonista de lo que hace y de la realidad que vive.

- **Comprender la vida como un proceso.** Implica entender la vida como un ciclo con etapas que hay que ir atravesando.

- **Hacer de la adversidad una parte del ciclo vital.** En la vida habrá momentos fáciles y otros que se presentan como un reto. Todos forman parte del ciclo vital.

- **Dimensión ética de la supervivencia.** Se trata de que sea un proceso guiado como seres sociales que convivimos respetando unas normas aceptadas.

- **Dotar la adversidad de sentido y darle un significado.** Cuando ocurre algo que hace sufrir, encontrar el sentido a que esto suceda.

- **Controlar su vida.** Significa ser dueño de las decisiones tomadas y tener claro cuál es el fin que se busca.

Los pilares que sustentan la resiliencia son (Wolin y Wolin, 2010):

- **Capacidad para la introspección.** Es la capacidad de conocer qué está pasando alrededor. De esta manera se puede comprender, analizar y adaptarse a las nuevas situaciones. Uno se observa a sí mismo en cada situación y se da respuestas, de modo que si un niño ve algo que no está bien no siente que sea su culpa ni le provoca emociones como la ansiedad, simplemente sabe lo que pasa a su alrededor.

- **Independencia.** No quedarse enganchado en las situaciones conflictivas. Supone fijar límites y distancia ante los problemas para no verse implicado en ellos. Los niños son capaces de mantenerse alejados en las situaciones conflictivas de manera que si ven una discusión no se meten en ella, no se involucran hasta el punto de que no puedan dejar de pensar en ella.

- **Ideología personal.** Capacidad para pensar de manera individual sin depender de otros. El niño sabe lo que piensa y hacia dónde quiere ir.

- **Creatividad.** Capacidad para desarrollar nuevas maneras de resolver las dificultades. Significa también poder crear condiciones de vida para uno que cumplan sus deseos y necesidades. Con la creatividad se abren nuevas vías a la adversidad. En los niños se expresa creando nuevos juegos, escribiendo, bailando y cantando.

- **Humor.** También enlazado con la habilidad de ser optimista. Supone poder alejarse de la tensión, encontrar el lado positivo ante el dolor. Los niños lo demuestran riendo mientras juegan, son capaces de moldearse en cada situación.

- **La habilidad de tener iniciativa.** Significa poder dar un paso de manera individual para iniciar actividades. El niño crea nuevas vías ante las situaciones que tiene delante.

- **Comprensión y apoyo a los demás.** Implica tener capacidad para ser compasivo y leal con los demás. El niño pide ayuda si la necesita y puede estar si alguien necesita de él.

FACTORES QUE INFLUYEN EN LA RESILIENCIA

Para que se pueda producir la resiliencia hace falta que exista una interacción entre los factores de protección y los factores de riesgo.

- **Los factores de protección** son aquellos que favorecen el desarrollo de la persona y reducen todo lo que conlleva una situación desfavorable. Pueden ser de dos tipos: externos, como la familia y los apoyos sociales, o internos, como la seguridad y confianza en uno mismo y la empatía.

- **Los factores de riesgo** son aquellos que pueden dañar la salud o atentar contra la vida como son los traumas, las enfermedades y los duelos.

Grotberg desarrolló un modelo para entender cómo los niños pueden desarrollar la resiliencia. Indicó que hace falta la interacción de tres factores que provienen de tres niveles: el yo tengo (apoyo social), yo puedo (habilidades) y yo soy y estoy (fortaleza interna). De cada nivel aparecen distintos factores. Por ejemplo:

1. Yo tengo (apoyo externo)
- Personas en las que puedo confiar plenamente.
- Personas que ponen límites en mi comportamiento.
- Personas que fomentan que sea independiente.
- Personas que me enseñan cómo proceder.
- Acceso a la educación.

2. Yo soy (fuerza interior)
* Una persona que agrado.
* Una persona tranquila.
* Alguien que puede lograr lo que se propone.
* Una persona respetuosa.
* Alguien que se preocupa por los demás.

3. Yo puedo (capacidades interpersonales y de resolución de conflictos)
* Ser capaz de generar ideas.
* Pedir ayuda si la necesito.
* Ser empático.

CÓMO CONSTRUIR LA RESILIENCIA

Estas son las recomendaciones para construir la resiliencia (Vanistendael y Saavedra, 2015):

* **Diagnosticar recursos y potencialidades.** Ser conscientes de cuáles son los recursos y fortalezas que uno posee.

* **Tener en cuenta el entorno.** El apoyo social juega un papel importante a la hora de construir la resiliencia.

* **La persona considerada como unidad.** La persona es una unidad viva.

* **Reflexionar en términos de escoger.** En los diferentes momentos de la vida tenemos que aprender a reflexionar sobre lo que ocurre y escoger las estrategias más adecuadas.

* **Integrar la experiencia pasada en el presente.** En la vida van ocurriendo situaciones que nos marcan y hay que aprender cómo integrarlas en el presente y aprovechar el aprendizaje que han supuesto.

* **Dejar sitio a la espontaneidad.** Cada ser humano va construyéndose con espontaneidad y no intencionalmente.

* **Reconocer el valor que tiene la imperfección.** Cada camino de la vida nos ayuda a crecer y a elegir opciones que se presentan dentro un gran abanico de posibilidades.

- **Considerar el fracaso.** Cada acción que realizamos tiene un sentido para nosotros y para los demás.

- **Adaptar cada acción que tomamos.** Cuando tenemos que tomar una decisión no es fácil, ya que cada acción puede tener un lado positivo y otro negativo. Es necesario observar qué es lo que más nos conviene en cada caso.

Vanistendael representa la construcción de la resiliencia como una casita. Es un modelo que permite entender las realidades. Cada habitación simula un aspecto de la resiliencia donde podríamos colocar los aspectos esenciales de cada persona. Los pisos y habitaciones están comunicados entre sí como lo están las características personales. Esta casa permite que vayamos realizando cambios en cada persona y representando las fortalezas con las que cuenta cada individuo. Es una guía de nuestro estado para que podamos ver qué tenemos más desarrollado y qué necesitamos mejorar.

La casa quedaría representada de la siguiente manera:

- El suelo son las necesidades básicas de cada persona: la comida, el sueño, el sexo y la vivienda.

- Los cimientos son las redes sociales de cada individuo y los vínculos que tiene con el entorno.

- En el primer piso está la capacidad para dar sentido a nuestras experiencias.

- En el segundo piso se encuentran las habitaciones que representan la autoestima, el humor, las aptitudes de cada uno y la capacidad que tenga para relativizar cuando hay dificultades.

- En la buhardilla o en el tejado se encuentra la apertura a nuevas experiencias.

- Por la chimenea salen los resultados del trabajo resiliente como el amor, la empatía y la compasión.

CARACTERÍSTICAS DE LOS NIÑOS RESILIENTES

Un niño es resiliente cuando puede aprender de los contratiempos y seguir hacia delante. Hay varias características que sirven para identificarlo:

- **La competencia social.** Los niños resilientes establecen más contactos con otras personas y generan respuestas positivas en estas. Son niños activos, flexibles y que se pueden adaptar a las circunstancias. Se comunican con facilidad, poseen buen humor y demuestran empatía y afecto hacia los demás. Tienen comportamientos prosociales.

- **La resolución de problemas.** Ante las situaciones difíciles no entran en pánico ni se paralizan, sino que pueden detenerse a pensar y reflexionar para buscar posibles soluciones.

- **Autonomía.** Muestran independencia y saben controlar los impulsos. En diversos momentos son capaces de actuar sin la ayuda de un adulto y no lo hacen de manera precipitada.

- **Sentido de propósito y de futuro.** Cuando actúan piensan en qué van a conseguir en el futuro realizando una acción. Se dirigen hacia la consecución de objetivos estando motivados y siendo coherentes con lo que esperan conseguir.

CÓMO FOMENTAR LA RESILIENCIA INFANTIL

Si se quiere favorecer la resiliencia en el niño se puede:

- **Enseñarle a establecer relaciones.** Que aprenda cómo hacer amigos y ser empático. También fomentar las relaciones familiares y que estas puedan ser un apoyo para el niño. Se puede actuar siendo un modelo para él.

- **Fomentar la solidaridad.** Animar al niño a que ayude a los demás y a colaborar en tareas tanto del hogar como escolares. Esto le ayuda a verse de manera valiosa y útil.

- **Establecer rutinas diarias.** Cuando se establecen rutinas en casa puede ayudar a que esté calmado y se sienta seguro. El poder seguir unos horarios ayuda a que el niño conozca su entorno y qué actividades se pueden realizar en cada momento.

- **Ayudarle a descansar.** A veces el entorno puede resultar inquietante y el niño se puede ver expuesto a noticias en la televisión, en Internet o puede oír conversaciones que le hagan preocuparse. Se le puede explicar qué está ocurriendo, enseñarle a calmarse y tener tiempo para distanciarse de las preocupaciones si estas resultan excesivas.

- **Enseñar al niño a cuidarse a sí mismo.** Debe aprender actividades en las que se dedique tiempo a sí mismo. Puede tener momentos de diversión, de descanso y de actividad física. Es importante enseñar al niño a relajarse en las situaciones de estrés y a fomentar su creatividad cuando esté relajado.

- **Establecer metas y objetivos.** Se pueden ir estableciendo metas razonables, según la edad de cada niño, e ir cumpliéndolas fijándose pequeños objetivos que hagan que se concentre en los logros que va obteniendo. Al mismo tiempo se pueden elogiar estos logros y hacerle ver que es capaz de ir enfrentándose a lo que se proponga.

- **Trabajar la autoestima.** Es necesario ayudar al niño a que confíe en sí mismo para resolver problemas y desafíos que se le presentan en el día a día. El hecho de hacerle sentir bien e ir valorando sus logros irá haciendo que aprenda a tener un buen concepto de sí mismo, valorarse y que logre apreciar lo que hace.

- **Educar en el positivismo.** Mostrarle al niño que incluso en situaciones de adversidad puede encontrar el lado positivo y hacerle ver que todo tiene repercusiones en el futuro y que estas pueden ser buenas.

- **Fomentar el autoconocimiento.** Cuando un niño enfrenta una situación difícil puede aprender de ella, conocer qué le ha llevado allí y entender cómo se siente. Cómo está enfrentando la situación puede ponerle en perspectiva de los valores y cualidades que posee.

- **Asumir que el cambio es parte de la vida.** Cualquier cambio que afecte a la rutina de un niño puede desestabilizarle. En estos momentos hay que enseñarle que el cambio es una parte de la vida y que, como todo proceso, sirve para aprender y fijarse nuevas metas.

EJERCICIOS PARA FOMENTAR LA RESILIENCIA

SOY UN SUPERHÉROE

- **Objetivo.** Actividad para aprender a solucionar conflictos.

- **Método.** Cada niño recibe un antifaz de un superhéroe y puede elegir un superpoder relacionado con una fortaleza que posee. Luego el adulto plantea un posible conflicto y se trata de que cada niño, con su superpoder, sea capaz de dar posibles soluciones a este.

MI SILUETA ES...

- **Objetivo.** Actividad para potenciar autoestima.

- **Método.** Se realizará en familia. Se pegan varias cartulinas para lograr el tamaño de cada miembro de la familia con el que se quiere trabajar. Luego hay que tumbarse en el suelo sobre ellas y se irá dibujando la silueta de cada uno. También se puede colorear. Posteriormente, cada niño o adulto que no sea el propietario de la silueta deberá poner adjetivos buenos que describan a ese miembro de la familia sin que este lo vea. Luego se entrega cada silueta con sus adjetivos al propietario de la misma para que pueda leerlos y aumentar su autoestima.

¿QUÉ CAMINO ELIJO?

- **Objetivo.** Actividad para promover la toma de decisiones y las emociones.

- **Método.** Se dibuja una casa y en el otro extremo un colegio. En medio se colocan diversos caminos y se trata de que decidan cuál sería el camino más corto para ir de casa al colegio. Al mismo tiempo se dibujan varias caras que representan las emociones y se hace el camino con cada una de ellas mientras van explicando qué les estaría pasando cuando recorren el camino con cada cara. Se explican las emociones al niño mientras describe los gestos y cómo se sentiría.

CALENDARIO DE EMOCIONES

- **Objetivo.** Fortalecer las emociones del niño

- **Método.** El niño tiene un calendario y varias pegatinas que representan caras con emociones. Cada día que se sienta mal, o haya tenido un problema, se pega una pegatina sobre cómo se está sintiendo. Después hablamos con él acerca de qué puede hacer para resolverlo. Una vez resuelta la situación hay que preguntar cómo se siente y se pega una cara con la emoción que está sintiendo encima de la que había puesto anteriormente.

MI SUEÑO ES...

- **Objetivo.** Ayudarles a conocerse.

- **Método.** Se le pregunta al niño cuál es su sueño y cómo se siente con respecto a él, así como qué necesitaría para poder cumplirlo. Se habla sobre las fortalezas que el niño posee y si su sueño es realista o no. Habrá ocasiones en que el niño presente sueños irrealizables como viajar a la luna. Si no es realista hay que ayudarle a encontrar sueños que pueda realizar por sí mismo o con ayuda de los demás y se le pregunta qué está dispuesto a hacer para lograrlo.

LAS NUEVAS TECNOLOGÍAS

Gaby está en su cuarto. Hace dos horas que se encerró. Su madre le llama para comer y después de avisarle varias veces Gaby aparece en el comedor con el móvil en la mano y, en vez de sentarse en la silla del comedor, casi sin mirar a su madre y sin saludar a nadie, se tumba en el sofá con el móvil en la mano. Su madre le dice que ya está bien, que deje el móvil que van a comer y tienen visita. Gaby se sienta en la silla del comedor y sigue con el móvil en la mano sin levantar la vista.

QUÉ SON LAS NUEVAS TECNOLOGÍAS

En las últimas décadas se han producido grandes avances. Uno de los más destacados ha sido el desarrollo de las nuevas tecnologías, creadas para mejorar la comunicación y facilitar el tratamiento, emisión y acceso de la información. Entre las más destacadas están Internet, los teléfonos móviles, los ordenadores, las consolas, la inteligencia artificial y la realidad virtual. Entre ellas podríamos indicar que las más utilizadas por niños son los ordenadores, las tabletas, los móviles y las consolas. Su uso está tan extendido que podríamos decir que en casi todos los hogares hay, al menos, un móvil. Desde edades muy tempranas los niños comienzan a utilizarlas y los padres juegan un papel fundamental a la hora de que tengan acceso a ellas. Estos deben posibilitar que lo hagan de forma segura y teniendo en cuenta la edad en la que se encuentren. Los dispositivos que más usan los menores son las tabletas y los móviles de sus padres, y se suelen utilizan para ver vídeos o jugar.

Hay personas que defienden que desde edades tempranas los niños deben tener acceso a ellas y otras que dicen que esto debería estar más regulado. Lo cierto es que ya forman parte de las vidas de muchos menores y en ocasiones no se tienen en cuenta los riesgos que pueden conllevar.

Los niños menores de dos años aprenden mejor de las interacciones con personas que de lo que ven en una pantalla. La Academia Americana de Pediatría (AAP) recomienda que para niños entre 18 y 24 meses no se utilicen las pantallas en ningún caso. Entre los dos y los cinco años deberían pasar una hora o menos de tiempo al día ante un dispositivo electrónico. Para niños más mayores se puede negociar un determinado límite de tiempo. De igual modo, la Organización Mundial de Salud (OMS) recomienda no usar pantallas en niños menores de dos años y menos de una hora para niños de dos a cinco años. Para niños entre siete y 12 años se recomienda una hora al día con un adulto delante y nunca en horarios de comidas. Como vemos, hay cierto consenso.

Muchos padres no cumplen estas recomendaciones y sus hijos pueden pasar muchas horas ante la pantalla. Cuando se les pregunta dicen que no encuentran otro entretenimiento para sus hijos. Diversas investigaciones han probado que más de este tiempo en niños de 24 a 36 meses puede suponer un peor rendimiento en pruebas que miden el desarrollo conductual, cognitivo y social, lo que demuestra dificultades en el desarrollo del niño (Madigan et al., 2019).

También se han realizado pruebas con niños de ocho a 12 años y se ha visto que los niños que exceden las recomendaciones de visionado de pantalla obtuvieron puntuaciones más bajas cuando se les realizaron pruebas cognitivas (Carson y Janssen, 2012). Mucho tiempo en la pantalla y poco sueño se asocia también a una mayor impulsividad (Guerrero et al., 2019).

Otras investigaciones han probado la relación que existe entre el uso de las pantallas y enfermedades como la obesidad y la depresión (Radesky et al., 2020).

CONSECUENCIAS EN EL CEREBRO

El cerebro tiene neuroplasticidad, lo cual quiere decir que, según las vivencias, puede cambiar. Esto es muy importante en los primeros años. Algunas regiones del cerebro poseen más plasticidad, como las implicadas en el aprendizaje y la memoria. Durante los primeros tres años de vida el cerebro puede crear alrededor de un millón de nuevas conexiones por segundo: esto está relacionado con el desarrollo del habla, la escucha y la cognición. En esta época las vivencias del niño afectan al cerebro y su plasticidad. Si se usan las nuevas tecnologías cuando los padres quieren que se entretengan en una sala de espera, cuando tienen que comer o están esperando en un lugar, el cerebro aprende que no es necesario esforzarse en determinadas situaciones.

El uso de nuevas tecnologías puede ser beneficioso o causar inconvenientes. Hay diversos estudios que analizan su impacto.

Ver la televisión

- Promueve la alfabetización, ayuda en el desarrollo matemático, resolución de problemas, habilidades científicas y comportamiento prosocial (Schmidt y Anderson, 2009).
- Provoca dificultades de atención (entre los cuatro y seis años años) y no deja tener comportamientos saludables. Realizarlo con un cuidador puede ser beneficioso para desarrollar mayores habilidades cognitivas.

Jugar a videojuegos

- Pueden provocar desorden de juego por Internet. Afecta a regiones del control de impulsos y a la coordinación sensoriomotriz (Meshi et al., 2015).
- Mejor memoria de trabajo y habilidades espaciales (Uttal et al., 2013).
- En niños disléxicos se obtienen mejores resultados de lectura (Franceschini et al., 2017).
- Velocidad más rápida en respuestas motoras (Pujol et al., 2016).
- Desarrolla habilidades visoespaciales, de atención y velocidad de procesamiento (Tran y Subrahmanyam, 2013).
- Mayor alfabetización con juegos educativos en familias de bajos ingresos (Griffith et al., 2019).
- Pueden ayudar a disminuir la ansiedad (Carrera et al., 2018).
- Mejoran la atención.
- Agilizan la capacidad de respuesta visual.
- Algunos estudios lo involucran con la mejora en la toma de decisiones.
- Origina fatiga visual.

Redes sociales

- El uso de redes sociales, especialmente de noche, está relacionado con mala calidad del sueño, ansiedad y depresión (Woods y Scott, 2016).
- Su utilización afecta a la regulación del cortisol y niveles de estrés (Afifi et al., 2018).
- Suelen originar dificultades para concentrarse y mantener la atención.
- En el caso de fotos realizadas en situaciones de riesgo el visionado de más *likes* actúa en zonas del cerebro relacionadas con memorias sociales y cognición y originan mayor activación de la corteza visual.

OTROS EFECTOS DEL USO DE LAS NUEVAS TECNOLOGÍAS

El uso de las nuevas tecnologías lleva también aparejados otros efectos que afectan tanto al estado físico como emocional de los usuarios.

Entre los **beneficios** se encuentran:

- Favorece hacer amistades. Con algunos juegos en red se pueden establecer contactos con otros con los que luego coincidan más veces y puedan hacer amistad en redes.

- Utilizar redes sociales puede mejorar el buen humor. El tener contacto con otros a través de redes hace que el humor mejore.

- Los juegos de realidad virtual se realizan con movimientos del jugador por lo que la actividad física aumenta (Norris et al., 2016). En la realidad virtual el jugador debe saltar, moverse, interactuar con el entorno.

- Se desarrollan nuevas habilidades motoras (Axford et al., 2018).

- Ayuda a pasar tiempo de calidad con amigos y familia. El hecho de poder jugar en línea, chatear o hacer videollamadas fomenta el contacto.

- Se puede acceder a la información en cualquier momento y en cualquier lugar. Ya no es necesario esperar a buscar información en un libro, ahora todo se puede consultar en todo momento y en casi cualquier lugar.

- Puede ayudar a ponerse en contacto con otras personas con los mismos intereses (Gottschalk, 2019). En Internet se puede buscar a personas con los mismos gustos, el niño puede navegar y contactar con gente que esté buscando la misma información y estos pueden estar en su ciudad o en otros lugares.

- Tratar de mejorar en las actividades que desarrolla. El participar en juegos puede hacer que el niño intente superarse en lo que tiene que realizar (Granic et al., 2014).

Entre los **inconvenientes** están:

- La luz azul que utilizan los ordenadores tiene efectos negativos en la calidad del sueño (Hale y Guan, 2015). Este tipo de luz actúa sobre la melatonina necesaria para poder conciliar el sueño.

- El uso de televisión, móviles y videojuegos antes de ir a la cama está asociado con problemas para dormir (Arora et al., 2014).

- Publicar una foto y que tenga *likes* puede hacer creer que tienen más respaldo social. Aquí podemos ver la falsa creencia de que tienen muchos amigos, cuando no interactúan con ellos y no tienen un vínculo.

- No saben aburrirse. Los adolescentes no pueden estar sin hacer nada. El uso continuo de redes y la sobreestimulación que conlleva no deja que tengan tiempo para aburrirse, lo que hace que la creatividad disminuya.

- Falta de contacto emocional. Se vuelven individualistas y no comparten emociones con otros.

- Sobrealimentación. Se puede estar comiendo mientras se utilizan las nuevas tecnologías (Bellissimo et al., 2007). Jugar a videojuegos puede provocar sedentarismo y sobrepeso. El hecho de usar el móvil, la televisión y el ordenador implica que el niño esté sentado.

- Dolores musculoesqueléticos (Straker et al., 2018; Woo et al., 2016). El estar sentado en una mala postura y adquirir ese hábito puede influir en el desarrollo de dolores y contracturas musculares.

- Aislamiento social en casos en que se utilicen de manera individual. Muchas veces el mirar redes sociales o el móvil puede implicar que el niño no necesite interactuar con otros.

- Mayor impulsividad. El uso de Internet favorece que todo aquello a lo que el niño quiere acceder sea instantáneo, lo que hace que normalice esto para otras cosas de su vida y actúe impulsivamente.

- Saturación de información. El hecho de abrir una red social hace que toda la información aparezca a la vez: mensajes, publicidad, etc.

- Rutinas repetitivas. Mirar el chat, jugar a menudo a lo mismo, consultar la misma red social puede hacer que se actúe siempre de la misma manera.

- Ausencia o disminución del juego simbólico. Con el uso de las nuevas tecnologías se dejan de practicar juegos de roles, como jugar a profesiones.

• Peligro de acoso en redes o *cyberbullying*.

• Pueden provocar dificultades para hablar y comunicarse. Al mismo tiempo que se conoce más gente, para algunos puede suponer aislamiento y ausencia de comunicación.

• La exposición a contenido violento en videojuegos aumenta el riesgo de que se desarrolle un comportamiento antisocial.

RIESGO DE ADICCIONES

Las nuevas tecnologías han ido creciendo durante las últimas décadas de manera que forman parte de nuestra vida diaria. En casi todos los hogares hay conexión a internet, ordenadores y teléfonos móviles. Principalmente se usan como ocio y también para buscar la información que deseamos. Su uso adecuado tiene beneficios, como hemos visto, pero también puede dificultar las conductas y el desarrollo del cerebro. En la cara oscura, utilizar las nuevas tecnologías de manera compulsiva puede provocar ciertas patologías como trastorno de ansiedad, déficit de atención, depresión, déficits sociales y emocionales. Puede llegar a existir un momento en el que la persona no puede ya vivir desconectada, lo que hace que esté constantemente enganchada y activa en la red.

Los niños actuales han nacido cuando la tecnología estaba ya presente en todas las facetas de la vida. Son lo que solemos llamar nativos digitales. Ellos utilizan las nuevas tecnologías para todo: estudiar, comunicarse, disfrutar del ocio y como fuente de información. Existen riesgos con el uso inadecuado de estas, como son los momentos de la comida, antes de ir a dormir y también cuando se dejan de hacer cosas por estar siempre conectados.

Como se ha indicado al principio del capítulo, las recomendaciones son no utilizarlas más de una hora a determinadas edades, pero muchos niños sobrepasan este tiempo. Se puede presentar un problema cuando estar separados por ejemplo del móvil o un videojuego les reporta ansiedad, cuando comienzan a aislarse y dejan de tener contacto social, si tienen problemas de privación de sueño, piensan en jugar o estar en redes continuamente, mienten sobre el tiempo que dedican o presentan hiperactividad o falta de autoestima. Además, pueden dejar de realizar otras actividades y ver disminuir su rendimiento académico. En cualquier caso, para poder ver si tienen un problema de adicción habría que consultar con un especialista.

CONSEJOS PARA AYUDAR CON LAS NUEVAS TECNOLOGÍAS

La Academia Americana de Pediatría (AAP) hace unas recomendaciones para ayudar a los padres a que sus hijos hagan un uso adecuado de las nuevas tecnologías (Academia Americana de Pediatras (AAP), 2018):

- **Planificar.** Los padres pueden establecer horarios para que dé tiempo a usar las nuevas tecnologías, practicar actividades en familia y otras tareas que el niño debe realizar de manera individual, como son ordenar su cuarto y hacer los deberes, entre otras.

- **Poner pautas como con cualquier actividad.** Al igual que ocurre con cualquier actividad que realiza el niño, esta es una más y hay que fijar límites y conocer a los amigos que hay en el mundo virtual, igual que se conocen a los del mundo real. Hay que saber qué aplicaciones, juegos y redes utiliza y qué hace en ellas.

- **Fijar límites y animarlos a hacer otras actividades.** El uso de las nuevas tecnologías también debe estar controlado por los padres y dedicarle un tiempo determinado al día, estableciendo otros tiempos para fomentar su creatividad.

- **Compartir actividades en línea.** Cuando un niño realiza actividades con el ordenador o consolas no significa que tenga que hacer estas actividades solo. El hecho de jugar juntos y participar en otras rutinas hechas en Internet también es un buen momento para compartir y comunicarse con el niño. Al igual que con actividades físicas se le puede explicar normas, reforzarle y hacer que confíe en sí mismo.

- **Ser un buen ejemplo.** El niño puede observar a sus padres interactuar con las redes mientras trabajan o chatean. En estos momentos también hay que ser un modelo de conducta para ellos.

- **Utilizar la comunicación.** Cuando no estamos con él se pueden hacer videollamadas y tener conversaciones, ya que la comunicación frente a frente mejora las habilidades de comunicación.

- **Limitar el tiempo de uso.** Según las recomendaciones que ya se han comentado en el capítulo, es necesario controlar y limitar el uso de las pantallas para que puedan desarrollar hábitos saludables y no aparezcan dificultades en su desarrollo.

- **Crear zonas sin tecnología.** Se deben respetar los espacios en los que la familia está compartiendo. Se puede apagar la televisión si no se está viendo, desconectar los móviles a la hora de la comida y no dejar móviles, televisión u ordenadores en el dormitorio por la noche para evitar la tentación de usarlos.

- **Hacer investigación sobre aplicaciones para niños.** Antes de dejar instalar a un niño cualquier aplicación es conveniente supervisar estas y ver qué le pueden aportar y si son adecuadas para su edad.

- **No utilizar la tecnología como un recurso emocional apaciguador.** Muchos padres tienen la tentación de dejarle al niño el móvil en momentos en los que quieren que esté calmado. Para mantener esta calma es más apropiado enseñar a los niños estrategias de regulación y actividades con las que puedan ser creativos y disfrutar con otros.

- **Recordar al niño que las redes son espacios públicos.** Todo lo que se escribe y se cuelga en redes es algo que se queda ahí para siempre. Hay que hacerles entender que va a quedar como su huella.

- **Advertir de peligros.** Las redes son espacios donde también hay agresiones. El niño que comienza a usarlas debe saber que al enviar contenido inapropiado otros pueden usarlo y que habrá gente que trate de conectar con ellos porque son agresores sexuales. El niño debe ser conocedor de esto para poder controlar su privacidad.

- **Recordar que los niños siempre son niños.** Un niño puede cometer errores y aprender de ellos. Los padres deben servir de apoyo.

EL PASO A LA ADOLESCENCIA

QUÉ ES LA ADOLESCENCIA

La adolescencia es un periodo de desarrollo del ser humano en el que se producen cambios que se inician aproximadamente a partir de los 10 años en las niñas y a los 11 años en los niños. Tienen lugar cambios biológicos, sexuales, psicológicos y sociales. La adolescencia es una etapa importante, ya que es un proceso de transformación de niño en adulto. Hay factores de tipo biológico que van a influir, como son las hormonas, los genes, la raza o la herencia, y factores no biológicos, como la cultura, la sociedad, la familia, la nutrición o las enfermedades. La etapa de la adolescencia es confusa, ya que el menor se siente niño y adulto al mismo tiempo sin ser ni lo uno ni lo otro (*Guías para las familias sobre adolescencia*, 2021).

ETAPAS DE LA ADOLESCENCIA

El periodo de la adolescencia puede variar de un niño a otro. Puede empezar a partir de los nueve años y extenderse hasta los 21. Esto dependerá de las características y el ambiente social de cada uno.

- **Adolescencia temprana.** De los 10 a los 13 años. Es una etapa de transición de niños a adolescentes. Empiezan los cambios físicos como el crecimiento óseo, se notan cambios en la cara, que pasa a ser más alargada, se modifica su forma de ver el mundo pasando de un pensamiento abstracto a una época de mayor reflexión. El cuerpo se modifica de manera muy rápida, los órganos sexuales se desarrollan, las niñas tienen la menstruación y aparece el acné. El cuerpo se vuelve más musculoso, aumenta el apetito y se duerme más tiempo. A estas edades les cuesta levantarse por la mañana y están más perezosos. Comienzan a querer pasar más tiempo con los amigos.

- **Adolescencia media.** De los 14 a los 16 años. En esta etapa los amigos pasan a ser lo más importante. Quieren ser parte del grupo y buscan salir del círculo familiar e integrarse con sus iguales. En estas edades se conocen a sí mismos y buscan su identidad y su lugar en el mundo. Su estilo de vestir también cambia, pudiendo gustarles cosas que antes no lo hacían. Ahora van a elegir y van a tratar de integrarse en el grupo. En esta época comienzan a salir y pueden caer en situaciones de riesgo como son las malas compañías, el alcohol o las drogas. Se producen grandes cambios de humor. Lo mismo pueden estar totalmente eufóricos que estar tristes y no saber describir qué les pasa.

- **Adolescencia tardía.** De los 17 hasta los 21 años, en algunos casos antes. Reconocen que forman parte de la sociedad y empiezan a interesarse por temas sociales. Les preocupa su futuro y se plantean qué querrán ser de mayores. Buscan su propio espacio y van a necesitar que se les deje solos en algunos momentos y disponer de más tiempo para sus amigos. Pedirán volver más tarde a casa y utilizarán mucho la frase «a mis amigos les dejan». Los grupos van a ser lo más importante.

PRINCIPALES CAMBIOS CEREBRALES

En el cerebro de los adolescentes se están produciendo podas y conexiones neuronales. Son muy sensibles a la dopamina, la encargada de activar los circuitos de gratificación, intervenir en el aprendizaje y en la toma de decisiones. Debido a esto son capaces de aprender muchas cosas en estos años y están más receptivos a las recompensas, por lo que las actividades que le reporten placer serán las más buscadas. Podemos comprender así por qué reaccionan buscando nuevas experiencias y siendo impulsivos y quieren realizar actividades que les sean gratificantes.

El cerebro también es sensible a la oxitocina, que interviene en hacer que las relaciones sociales sean más gratificantes.

La serotonina, hormona que conduce a la felicidad, está desregulada, como sus ganas de comer y el sueño. Cuando la tienen muy baja aparecen conductas de trastornos alimentarios, soledad, depresión y conductas autolíticas (o agresivas hacia sí mismos).

En esta etapa el cerebro emocional pesa más que el racional en las decisiones, por eso aparecen conductas impulsivas y falta de autocontrol. Hasta que no se desarrolle la parte de la corteza prefrontal, a los 25 o 27 años, todo lo emocional va a tener más peso.

CARACTERÍSTICAS DE LA ADOLESCENCIA

Las características más comunes que podemos ver en los adolescentes son:

- **Los adolescentes prefieren la compañía de sus amigos.** Es una etapa en la que los amigos son lo más importante para ellos. Los padres se pueden sentir desplazados, ya que los niños que antes les besaban en la puerta del colegio o les pedían que les acompañasen ahora se despiden en la calle anterior y no quieren que nadie les vea dando besos a sus padres.

- **Buscan aislarse de sus padres.** En esta época tratan de independizarse de los padres, pero si les ocurre algo recurrirán a ellos.

- **Temen el rechazo de sus iguales.** Es importante que los padres generen espacios de encuentro pudiendo favorecer que se reúnan en casa.

- **Parecen inmaduros.** En la época adolescente el cerebro madura para poder razonar y tener control emocional.

- **Tendrán rabietas.** A veces los adolescentes se desbordan emocionalmente y tienen enfados que se caracterizan por el descontrol, ya que les cuesta autorregularse e identificar las emociones.

- **Parecen impulsivos.** Da la sensación de que no piensan cuando actúan. Generalmente buscan la inmediatez. Van madurando a ritmo diferente unos de otros y buscan la recompensa inmediata.

- **Buscan sensaciones nuevas.** Les gusta correr riesgos y no son conscientes de los peligros que pueden implicar.

- **Se muestran curiosos.** Tienen muchas ganas de vivir experiencias nuevas y descubrir el mundo.

- **Pueden mostrarse egocéntricos.** Están buscando su lugar en el mundo y muchas veces no son capaces de empatizar con otros, ya que no tienen todas las capacidades cerebrales desarrolladas.

- **Pueden desafiar a los adultos.** No quieren enfadar a los adultos, pero cuestionan cosas porque todavía no las entienden.

LOS AMIGOS EN LA ADOLESCENCIA

Si hay algo que caracteriza la adolescencia es la importancia que se le concede a los amigos. Los niños se van separando de los padres, sin desvincularse emocionalmente de ellos, y empiezan a acercarse a los amigos concediéndoles un lugar muy importante en sus vidas. El adolescente confía plenamente en esta figura a la que va a confesar sus secretos, pasará la mayor parte del tiempo con sus amigos, se va a fusionar con ellos de manera que comenzará a buscar gente que tenga los mismos gustos y comenzará a vestir y a hacer las mismas actividades que sus iguales.

En los padres la adolescencia también se puede convertir en una época de temores, ya que pueden dudar sobre dónde están sus hijos y qué están haciendo y pueden no gustarles sus amigos. En algunos casos todos estos temores provocan que se sobreproteja a los hijos y no se les deje espacio para ir descubriendo el mundo y aprender de sus aciertos y de sus errores. En esta época surge un nuevo rol que ya no es el de hijo-niño sino el de hijo-adulto. Los padres pasan a tener condición de iguales, y dejan de ser esa figura a la que idolatran.

Los adolescentes prefieren a gente de su edad porque comparten experiencias, empatizan, se sienten escuchados y con las mismas inquietudes porque están comenzando a experimentar como adultos. Los amigos se convierten en esa figura que les sirve de iguales, pues en otros entornos se sienten incomprendidos. Los amigos representan el futuro y los padres son el vínculo con el pasado del cual quieren diferenciarse. Los amigos son algo nuevo y atraen mucho. La familia no les puede ofrecer esto.

Como ya hemos visto, el cerebro está también desarrollando ciertas sustancias que les van a hacer comportarse de determinadas maneras. Por ejemplo, la oxitociona produce sensación de bienestar, confianza y reduce las inseguridades. Esto es lo que los adolescentes están experimentando. Cuando alguien les da un *like* en redes sociales, les escribe un mensaje o les alaba algo que han colgado en las redes se activa la oxitocina en su cerebro, por eso son gratificantes todo este tipo de conductas. Los adolescentes buscan continuamente la aprobación y sus amigos se la pueden dar. Los padres, en un afán de proteger a sus hijos y cuidarles, no están dando esta aprobación continua, ya que en algunos momentos intentarán corregir actitudes de sus hijos.

Un adolescente se va a irritar o poner triste cuando se siente excluido y le van a afectar conductas como que no le hable la persona que le gusta, o que nadie le haya dado un *like* en un vídeo que colgó. Todo puede suponer un mundo para ellos, pero esto es normal y esta etapa se vive así, con sus altibajos.

A lo largo de la humanidad, los adolescentes han necesitado relacionarse, la diferencia es que ahora existe Internet y lo van a hacer a través de las redes. El mundo cambia.

Los adolescentes necesitan ir reafirmando su independencia, lo que no quiere decir que se hayan olvidado de sus padres, ya que van a necesitar continuamente reafirmar que estos siguen existiendo para ellos. Esto se puede ver cuando recurren a los padres ante problemas o cuando precisan algo. Lo único que pasa es que los hijos tienen que encontrar su camino. Los padres no necesitan convertirse en amigos, sino seguir siendo padres y poniendo límites y normas claras. Esa es una función que se debe seguir realizando a esta edad, pero deben entender que los hijos necesitan madurar como ellos lo hicieron en algún momento.

Los adolescentes necesitan sus espacios y que se respete su intimidad. Cuando los padres prohíben pueden provocar que los hijos hagan justo lo contrario. Hay que seguir educando y hacerles comprender sus emociones y lo bueno y lo malo de lo que se les presenta.

Los jóvenes son conscientes de sus riesgos, pero van a dar más peso a las recompensas sociales, por eso son tan importantes los amigos. Van a criticar a sus padres, pero no a sus amigos. Los padres pueden ayudar con las conductas de riesgo hablando sobre lo que hacen y explicando qué puede ocurrir, haciéndoles reflexionar sobre las consecuencias.

La mejor manera de acompañar en esta época a un adolescente es comprendiendo la etapa que atraviesan. Tendrán que aprender de todo lo que viven y los padres serán una guía.

BIBLIOGRAFÍA

- Academia Americana de Pediatras (AAP). (2018). *Los niños y la tecnología: consejos para los padres en la era digital.* https://www.healthychildren.org/ Spanish/family-life/Media/Paginas/tips-for-parents-digital-age.aspx

- Adrian, M., Zeman, J., y Veits, G. (2011). Methodological implications of the affect revolution: A 35-year review of emotion regulation assessment in children. *Journal of experimental child psychology, 110*(2), 171-197.

- Afifi, T. D., Zamanzadeh, N., Harrison, K., y Callejas, M. A. (2018). WIRED: The impact of media and technology use on stress (cortisol) and inflammation (interleukin IL-6) in fast paced families. *Computers in Human Behavior, 81*, 265-273.

- Ainsworth, M. D. S. (1969). *Individual Differences in Strange-Situational Behaviour of One-Year-Olds.*

- Ainsworth, M. D. S. (1978). The bowlby-ainsworth attachment theory. *Behavioral and brain sciences, 1*(3), 436-438.

- Albiol, L. M. (2019). *Educar en la empatía: el antídoto contra el bullying.* Plataforma.

- Almeida, M. N. A., Roha, L. A. F., y Baquerizo, I. G. L. (2018). La importancia de la imaginación como instrumento en el aprendizaje. *Revista Tecnológica Ciencia y Educación Edwards Deming, 2*(1), 37-53.

- Armitage, R. (2021). Bullying in children: Impact on child health. *BMJ paediatrics open, 5*(1).

- Arnold, G., Goldstein, R., Sprafkin, P., Gershaw, J., y Klein, P. (1999). Habilidades sociales y autocontrol en la adolescencia. *SIGLO XXI*.

- Arora, T., Broglia, E., Thomas, G. N., y Taheri, S. (2014). Associations between specific technologies and adolescent sleep quantity, sleep quality, and parasomnias. *Sleep medicine, 15*(2), 240-247.

- Axelrod, S. (2013). *Effects of punishment on human behavior*. Academic Press.

- Axford, C., Joosten, A. V, y Harris, C. (2018). iPad applications that required a range of motor skills promoted motor coordination in children commencing primary school. *Australian occupational therapy journal, 65*(2), 146-155.

- Bandura, A. (1976). Self-reinforcement: Theoretical and methodological considerations. *Behaviorism, 4*(2), 135-155.

- Barudy, J., y Dantagnan, M. (2010). *Los desafíos invisibles de ser padre o madre: Manual de evaluación de las competencias y la resiliencia parental*. Editorial Gedisa.

- Bellissimo, N., Pencharz, P. B., Thomas, S. G., y Anderson, G. H. (2007). Effect of television viewing at mealtime on food intake after a glucose preload in boys. *Pediatric research, 61*(6), 745-749.

- Belsky, G. (s. f.). *Los 3 tipos de autocontrol*. https://www.understood.org/es-mx/articles/the-3-types-of-self-control

- Benavides Delgado, J. (2007). *La Creación de Amigos Imaginarios en los Niños: ¿Un Problema Clínico?*. Tesis Psicológica, Noviembre-Sin mes, 59-64.

- Berger, P. L., y Luckman, T. (1968). Parte II: La sociedad como realidad objetiva. *La construcción social de la realidad*, 66-163.

- Berry, D. S., y Pennebaker, J. W. (1993). Nonverbal and verbal emotional expression and health. *Psychotherapy and psychosomatics, 59*(1), 11-19.

- Bilbao, Á. (2015). *El cerebro del niño explicado a los padres*. Plataforma.

- Binghamton University. (2018). *Criticism from parents affects how children's brains respond to emotional information: Children with critical parents pay less attention to emotional facial expressions, new research shows.* ScienceDaily. www.sciencedaily.com/releases/2018/06/180611133507.htm

- Borelli, J. L., Smiley, P. A., Kerr, M. B., Hong, K., Rasmussen, H. F., Buttitta, K. V, y West, J. L. (2019). A multimethod assessment of associations between parental attachment style and school-aged children's emotion. *Journal of Child and Family Studies, 28*(1), 152-167.

- Bourbeau, L. (2011). *Las cinco heridas que impiden ser uno mismo.* OB STARE.

- Bowlby, J. (1953). Some pathological processes set in train by early mother-child separation. *Journal of Mental Science, 99*(415), 265-272.

- Branden, N. (2021). *The power of self-esteem.* Health Communications, Inc.

- Brazelton, T. B. (2005). *Las necesidades básicas de la infancia: lo que cada niño o niña precisa para vivir, crecer y aprender* (Vol. 11). Graó.

- Bryant, B. K., y Crockenberg, S. B. (1980). Correlates and dimensions of prosocial behavior: A study of female siblings with their mothers. *Child development,* 529-544.

- Caballo Escribano, C., y Verdugo Alonso, M. Á. (2013). *Habilidades sociales. Programa para mejorar las relaciones sociales entre niños y jóvenes con deficiencia visual y sus iguales sin discapacidad.* ONCE.

- Carpena, A. (2016). *La empatía es posible.* Editorial Desclée de Brouwer.

- Carrera, S. M., Carrera, I. M., y Carnicero, A. A. (2018). Los beneficios de los videojuegos en la adolescencia. *Book of abstracts CIVINEDU 2018: 2nd International Virtual Conference on Educational Research and Innovation 24-25 October, 2018,* 148.

- Carson, V., y Janssen, I. (2012). Neighborhood disorder and screen time among 10-16 year old Canadian youth: a cross-sectional study. *International journal of behavioral nutrition and physical activity, 9*(1), 1-11.

- Castro Bonsignore, I. (2016). *El compañero imaginario en la infancia.*

- Climent, E. M. (2017). *Análisis de los factores predisponentes en los celos infantiles.* Universidad Católica de Valencia San Vicente Mártir.

- Cloud, H., y Townsend, J. (1999). *Límites para Nuestros Hijos: Cuándo Decirles Que Sí, Cuándo Decirles Que No, para Poder Ayudar a Sus Hijos, a Controlar Su Vida.* Zondervan.

- Coll, C. (1984). Estructura grupal, interacción entre alumnos y aprendizaje escolar. *Infancia y aprendizaje, 7*(27-28), 119-138.

- Congost, S. (2022). *Personas tóxicas* (Zenith (Ed.)). Zenith.

- Connolly, J. P. (2018). Exploring the factors influencing gifted adolescents' resistance to report experiences of cyberbullying behavior: Toward an improved understanding. *Journal for the Education of the Gifted, 41*(2), 136-159.

- Coplan, R. J., y Rudasill, K. M. (2018). *Tímidos, introvertidos, vergonzosos...: Comprender y acompañar en la escuela y en la familia* (Vol. 212). Narcea Ediciones.

- Cordier, R., Speyer, R., Mahoney, N., Arnesen, A., Mjelve, L. H., y Nyborg, G. (2021). Effects of interventions for social anxiety and shyness in school-aged children: A systematic review and meta-analysis. *Plos one, 16*(7), e0254117.

- Cowley, S. (2021). *LEARNING BEHAVIOURS a practical guide to self-regulation in the early years.* (NV-1 onl). JOHN CATT EDUCATIONAL, Ll. http://search.ebscohost.com/login.aspx?direct=true&scope=site&db=nlebk&db=nlabk&AN=2759004

- Cummings, E. M., George, M. R. W., McCoy, K. P., y Davies, P. T. (2012). Interparental conflict in kindergarten and adolescent adjustment: Prospective investigation of emotional security as an explanatory mechanism. *Child development, 83*(5), 1703-1715.

- Damon, W. (1977). Companionship and affection: The development of friendship. *The social world of the child,* 137-166.

• Dankiw, K. A., Tsiros, M. D., Baldock, K. L., y Kumar, S. (2020). The impacts of unstructured nature play on health in early childhood development: A systematic review. *Plos one, 15*(2), e0229006.

• Davies, P. T., y Cummings, E. M. (1994). Marital conflict and child adjustment: an emotional security hypothesis. *Psychological bulletin, 116*(3), 387.

• Eggum-Wilkens, N. D., Lemery-Chalfant, K., Aksan, N., y Goldsmith, H. H. (2015). Self-conscious shyness: Growth during toddlerhood, strong role of genetics, and no prediction from fearful shyness. *Infancy, 20*(2), 160-188.

• Ekman, P. (1984). Expression and the nature of emotion. *Approaches to emotion, 3*(19), 344.

• Feldman, R. S. (2007). *Desarrollo psicológico a través de la vida.*

• Fernández, J. G., y Rey, M. N. (2020). *El Duelo. Crecer en la pérdida* (R. Libros (Ed.)).

• Franceschini, S., Trevisan, P., Ronconi, L., Bertoni, S., Colmar, S., Double, K., Facoetti, A., y Gori, S. (2017). Action video games improve reading abilities and visual-to-auditory attentional shifting in English-speaking children with dyslexia. *Scientific reports, 7*(1), 1-12.

• Franch, J. (s. f.). *30 actividades para trabajar las emociones con niños.* http://www.clubpequeslectores.com/2015/06/trabajando-las-emociones-recursos-educativos.html

• Fundación Mario Losantos del Campo. (2016). Hablemos del duelo. *Manual práctico para abordar la muerte con niños y adolescentes,* Alcobendas.

• Gallardo Vázquez, P. (2006). El desarrollo emocional en la educación primaria (6-12 años). *Cuestiones pedagógicas, 18, 145-161.*

• García, A. (2009). El autoconcepto académico y su aplicación en el aula escolar. *Revista de la Facultad de Psicología Universidad Cooperativa de Colombia, 5*(9), 93-971.

• García, F., y Musitu, G. (1999). *Autoconcepto forma 5.* Madrid: Tea.

- Gilbert, D. (2006). *Tropezar con la felicidad.* Destino.

- Gilbert, J. (1997). *Introducción a la sociología.* Lom Ediciones.

- Goleman, D. (1995). Emotional intelligence (Inteligencia emocional). *Editorial Kairós.*

- González Bellido, A. (s. f.). *Programa TEI.* 2002. https://www.programatei.com/

- González Martínez, M. T. (1990). *Los miedos en el niño: Aspectos teóricos y un estudio directo.*

- Gottschalk, F. (2019). *Impacts of technology use on children: Exploring literature on the brain, cognition and well-being.*

- Granic, I., Lobel, A., y Engels, R. C. M. E. (2014). The benefits of playing video games. *American psychologist, 69*(1), 66.

- Griffith, S. F., Hanson, K. G., Rolon-Arroyo, B., y Arnold, D. H. (2019). Promoting early achievement in low-income preschoolers in the United States with educational apps. *Journal of Children and Media, 13*(3), 328-344.

- Gross, J. T., Stern, J. A., Brett, B. E., y Cassidy, J. (2017). The multifaceted nature of prosocial behavior in children: Links with attachment theory and research. *Social development, 26*(4), 661-678.

- Guerrero, M. D., Barnes, J. D., Walsh, J. J., Chaput, J.-P., Tremblay, M. S., y Goldfield, G. S. (2019). 24-Hour movement behaviors and impulsivity. *Pediatrics, 144*(3).

- *Guías para las familias sobre adolescencia.* (2021). https://www.unicef.org/uruguay/buscar?force=0&query=adolescentes&created%5Bmin%5D=&created%5Bmax%5D=

- Gurney, P. W. (2018). *Self-esteem in children with special educational needs.* Routledge.

- Gutiérrez, A., y Moreno, P. (2011). Los niños, el miedo y los cuentos. *Cómo contar cuentos que.*

- Hale, L., y Guan, S. (2015). Screen time and sleep among school-aged children and adolescents: a systematic literature review. *Sleep medicine reviews, 21,* 50-58.

- Hamra, M. (2010). Del compañero imaginario a los heterónimos en la vida y obra del poeta Fernando Pessoa. *El psicoanálisis en Latinoamérica,* 105.

- Handel, G. (2011). *Childhood socialization.* Transaction Publishers.

- Harris, P. L. (2000). *The work of the imagination.* Blackwell Publishing.

- Heilmann, A., Mehay, A., Watt, R. G., Kelly, Y., Durrant, J. E., van Turnhout, J., y Gershoff, E. T. (2021). Physical punishment and child outcomes: a narrative review of prospective studies. *The Lancet, 398*(10297), 355-364.

- Henriksen, R. E., y Murberg, T. A. (2009). Shyness as a risk-factor for somatic complaints among Norwegian adolescents. *School Psychology International, 30*(2), 148-162.

- Hernández, M. del M. C. (2007). Giacomo Rizzolatti y Corrado Sinigaglia, Las neuronas espejo. Los mecanismos de la empatia emocional. *Revista de Filosofía de la Universidad de Costa Rica, 45*(114), 163-165.

- Hervás, G. (2011). Psicopatología de la regulación emocional: el papel de los déficit emocionales en los trastornos clínicos. *Psicología conductual, 19*(2), 347.

- Hetherington, E. M. (1988). Parents, children, and siblings six years after divorce. *See Hinde & Stevenson-Hinde, relationships within families.*

- Heymann, R. E., Paiva, E. S., Martinez, J. E., Helfenstein Jr, M., Rezende, M. C., Provenza, J. R., Ranzolin, A., Assis, M. R. de, Feldman, D. P., y Ribeiro, L. S. (2017). Novas diretrizes para o diagnóstico da fibromialgia. *Revista Brasileira de Reumatologia, 57,* s467-s476.

- Higgins, E. T. (1987). Self-discrepancy: a theory relating self and affect. *Psychological review, 94*(3), 319.

- Hills, P., y Argyle, M. (1998). Positive moods derived from leisure and their re-lationship to happiness and personality. *Personality and individual differences, 25*(3), 523-535.

- Hoffman, M. L. (2008). Empathy and prosocial behavior. *Handbook of emotions, 3*, 440-455.

- Holt, M. K., Kaufman Kantor, G., y Finkelhor, D. (2008). Parent/child concordance about bullying involvement and family characteristics related to bullying and peer victimization. *Journal of school violence, 8*(1), 42-63.

- Hudson, J. A. (s. f.). *Etapas del desarrollo: Autocontrol.* https://espanol.babycenter.com/a8003187/etapas-del-desarrollo-autocontrol

- Hughes, F. P. (2021). *Children, play, and development.* SAGE publications.

- Izard, C. E., Fantauzzo, C. A., Castle, J. M., Haynes, O. M., Rayias, M. F., y Putnam, P. H. (1995). The ontogeny and significance of infants' facial expressions in the first 9 months of life. *Developmental psychology, 31*(6), 997.

- Jiménez, R. C., Ahumada, C. A., y Chamorro, M. V. (2019). El cuidado de la salud de la familia. *Duazary: Revista internacional de Ciencias de la Salud, 16*(2), 345-355.

- Kahana-Kalman, R., y Walker-Andrews, A. S. (2001). The role of person familiarity in young infants' perception of emotional expressions. *Child development, 72*(2), 352-369.

- Kanfer, F. H., y Hagerman, S. (1981). The role of self-regulation. *Behavior therapy for depression: Present status and future directions*, 143-179.

- Kim, S., y Kochanska, G. (2017). Relational antecedents and social implications of the emotion of empathy: Evidence from three studies. *Emotion, 17*(6), 981.

- Kircaburun, K., Griffiths, M. D., y Billieux, J. (2019). Psychosocial factors mediating the relationship between childhood emotional trauma and internet gaming disorder: a pilot study . En *European Journal of Psychotraumatology* (Vol. 10, Número 1, p. 1565031). Taylor & Francis . https://doi.org/10.1080/20008 198.2018.1565031

- Kopp, C. B. (1992). Emotional distress and control in young children. *This chapter is a revision of a presentation made at Arizona State University, Tempe, Conference on Emotion, Self-Regulation, and Social Competence, Feb 1991.*

- Kopp, C. B., y Neufeld, S. J. (2003). *Emotional development during infancy.*

- Kostelnik, M., Whiren, A., Soderman, A., Rupiper, M. L., y Gregory, K. (2009). *El desarrollo social de los niños.* Cengage Learning.

- LACAL, M. D. E. L. R. P. (s. f.). *LOS MIEDOS INFANTILES.*

- Lacunza, A. B., y de González, N. C. (2011). Las habilidades sociales en niños y adolescentes. Su importancia en la prevención de trastornos psicopatológicos. *Fundamentos en humanidades, 12*(23), 159-182.

- Laporte, D. (2003). *Escuela Para Padres: Cómo Desarrollar La Autoestima En Niños De 0-6 Años.* LD Books.

- Laporte, D. (2006). *Autoimagen, autoestima y socialización: guía práctica con niños de 0 a 6 años* (Vol. 58). Narcea Ediciones.

- Lin, J., Chadi, N., y Shrier, L. (2019). Mindfulness-based interventions for adolescent health. *Current opinion in pediatrics, 31*(4), 469-475.

- MacLean, P. (2019). A triune concept of the brain and behaviour. En *A Triune Concept of the Brain and Behaviour.* University of Toronto Press.

- Madigan, S., Browne, D., Racine, N., Mori, C., y Tough, S. (2019). Association between screen time and children's performance on a developmental screening test. *JAMA pediatrics, 173*(3), 244-250.

- Maggio, V. (2020). *Comunicación y lenguaje en la infancia.* Paidós Argentina.

- Main, M., Kaplan, N., y Cassidy, J. (1985). Security in infancy, childhood, and adulthood: A move to the level of representation. *Monographs of the society for research in child development,* 66-104.

- Manning, R. P. C., Dickson, J. M., Palmier-Claus, J., Cunliffe, A., y Taylor, P. J. (2017). A systematic review of adult attachment and social anxiety. *Journal of affective disorders, 211,* 44-59.

- Marga Wesolowski. (s. f.). *10 consejos para evitar rabietas de tus hijos.* https://www.hacerfamilia.com/educacion/noticia-10-consejos-evitar-rabietas-hijos-20160329130806.html

- Marsellach Umbert, G. (1999). *La autoestima en los adolescentes.*

- Martin, G., y Pear, J. (2019). *Behavior modification: What it is and how to do it.* Routledge.

- Mateu-Mollá, J. (2020). *¿Qué es la imaginación?* https://psicologiaymente.com/psicologia/que-es-imaginacion

- McCoby, E. E. (1983). Socialization in the context of the family: Parent-child interaction. *Handbook of child psychology, 4,* 1-101.

- McGonigal, K., y Pérez, N. M. (2012). *Autocontrol: cómo funciona la voluntad, por qué es tan importante y qué podemos hacer para mejorarla.* Urano.

- Meichenbaum, D. H., y Goodman, J. (1971). Training impulsive children to talk to themselves: a means of developing self-control. *Journal of abnormal psychology, 77*(2), 115.

- Méndez, A. (2021). *Niños tímidos. Errores de los padres que dañan a los niños vergonzosos.* https://www.guiainfantil.com/educacion/conducta/ninos-timidos-errores-de-los-padres-que-danan-a-los-ninos-vergonzosos/

- Meshi, D., Tamir, D. I., y Heekeren, H. R. (2015). The emerging neuroscience of social media. *Trends in cognitive sciences, 19*(12), 771-782.

- Miller, S. A. (2019). *Desarrollo de las habilidades sociales: en los más pequeños* (Vol. 88). Narcea Ediciones.

- Mischel, W. (2015). *El test de la golosina: Cómo entender y manejar el autocontrol.* Debate.

- Mischel, W., y Gilligan, C. (1964). Delay of gratification, motivation for the prohibited gratification, and responses to temptation. *The Journal of Abnormal and Social Psychology, 69*(4), 411.

- Moretti, C., y Herkovits, D. (2021). Victims, perpetrators, and bystanders: a meta-ethnography of roles in cyberbullying. *Cadernos de Saúde Pública, 37.*

- Morgan, J. K., Izard, C. E., y King, K. A. (2010). Construct validity of the Emotion Matching Task: Preliminary evidence for convergent and criterion validity of a new emotion knowledge measure for young children. *Social Development, 19*(1), 52-70.

- Muñoz, J. F. (2011). El papel de la simulación de la experiencia en el comportamiento humano. *Psicogente, 14*(26), 439-459.

- Negreiros, J., y Miller, L. D. (2014). The role of parenting in childhood anxiety: Etiological factors and treatment implications. *Clinical Psychology: Science and Practice, 21*(1), 3.

- Nilan, P., Burgess, H., Hobbs, M., Threadgold, S., y Alexander, W. (2015). Youth, social media, and cyberbullying among Australian youth:"Sick friends". *Social Media+ Society, 1*(2), 2056305115604848.

- Norris, E., Hamer, M., y Stamatakis, E. (2016). Active video games in schools and effects on physical activity and health: a systematic review. *The Journal of pediatrics, 172,* 40-46.

- Organización de las Naciones Unidas para la Educación, la C. y la C. (2019). *Behind the numbers: Ending school violence and bullying.* Unesco.

- Pediatrics, A. A. of. (2019). *El poder del juego: cómo la diversión y los juegos ayudan a los niños a prosperar.* Obtenido de https://www. healthychildren. org/Spanish/family-life/power-of ....

- Pérez Grande, M. D. (2000). *El miedo y sus trastornos en la infancia. Prevención e intervención educativa.*

- Perpiñán, S. (2017). *La salud emocional en la infancia: componentes y estrategias de actuación en la escuela* (Vol. 123). Narcea Ediciones.

- Piaget, J. (1945). Cognitive Precursors to Language. *Cognitive Precursors.*

- Plutchik, R. (1980). A general psychoevolutionary theory of emotion. En *Theories of emotion* (pp. 3-33). Elsevier.

- *Programa Kiva*. (s. f.). https://espanaes.kivaprogram.net/

- Pujol, J., Fenoll, R., Forns, J., Harrison, B. J., Martínez-Vilavella, G., Macià, D., Alvarez-Pedrerol, M., Blanco-Hinojo, L., González-Ortiz, S., y Deus, J. (2016). Video gaming in school children: How much is enough? *Annals of neurology, 80*(3), 424-433.

- *¿Qué tipos de autoestima hay?* (s. f.). http://www.apegosposibles.com/autoestima-preguntas/que-tipos-de-autoestima-hay

- Radesky, J., Chassiakos, Y. L. R., Ameenuddin, N., y Navsaria, D. (2020). Digital advertising to children. *Pediatrics, 146*(1).

- Ramey, C. T., y Ramey, S. L. (1999). *Right from Birth: Building Your Child's Foundation for Life. Birth to 18 Months. Goddard Parenting Guides.* ERIC.

- Ramos Quitian, L. F. (2019). *Desarrollo neurobiológico en los primeros años de vida: importancia de su enseñanza en la formación de maestros de educación infantil.*

- Ridgeway, D., Waters, E., y Kuczaj, S. A. (1985). Acquisition of emotion-descriptive language: Receptive and productive vocabulary norms for ages 18 months to 6 years. *Developmental Psychology, 21*(5), 901.

- Rizzolatti, G., y Craighero, L. (2004). *The mirror-neuron system.*

- Rodríguez, E. (2016). Habilidades sociales en la infancia:¿ Cuáles son y cómo desarrollarlas. *Recuperado en: https://psicologiaymente. net/desarrollo/habilidades-sociales-infancia.*

- Romualdo, C., de Oliveira, W. A., da Silva, J. L., Jiménez, O. E. C., y Silva, M. A. I. (2019). Papeles, características y consecuencias del acoso escolar entre estudiantes observadores: una revisión integradora de la literatura. *Salud & Sociedad, 10*(1), 66-78.

- Rubio, J. L., y Puig, G. (2011). Manual de resiliencia aplicada. *Manual de resiliencia aplicada*, 1-286.

- Schiller, P. (2015). *La capacidad cerebral en la primera infancia: Cómo lograr un desarrollo óptimo* (Vol. 80). Narcea Ediciones.

- Schmidt, M. E., y Anderson, D. R. (2009). The impact of television on cognitive development and educational achievement. En *Children and television* (pp. 87-106). Routledge.

- Shavelson, R. J., Hubner, J. J., y Stanton, G. C. (1976). Self-concept: Validation of construct interpretations. *Review of educational research, 46*(3), 407-441.

- Siegel, D. J. (2007). La mente en desarrollo. *Cómo interactúan las relaciones y el cerebro para modelar nuestro ser. Bilbao: Desclée de Brouwer.*

- Skinner, B. F. (1957). The experimental analysis of behavior. *American scientist, 45*(4), 343-371.

- Smith, M. J. (2017). *Cuando digo no, me siento culpable.* Debolsillo.

- Stefan, A. (2020). *Repercusión del apego en el desarrollo de habilidades sociales en infantes.*

- Stern, J. A., y Cassidy, J. (2018). Empathy from infancy to adolescence: An attachment perspective on the development of individual differences. *Developmental Review, 47*, 1-22.

- Straker, L., Harris, C., Joosten, J., y Howie, E. K. (2018). Mobile technology dominates school children's IT use in an advantaged school community and is associated with musculoskeletal and visual symptoms. *Ergonomics, 61*(5), 658-669.

- Svendsen, M. (1934). Children's imaginary companions. *Archives of Neurology & Psychiatry, 32*(5), 985-999.

- Tajfel, H. (1974). Social identity and intergroup behaviour. *Social science information, 13*(2), 65-93.

- Tangney, J. P., Boone, A. L., y Baumeister, R. F. (2018). High self-control predicts good adjustment, less pathology, better grades, and interpersonal success. En *Self-regulation and self-control* (pp. 173-212). Routledge.

- Taylor, M. (2003). Children's imaginary companions. *Televizion, 16*(1), 11-14.

- Tirado, M. (2020). *Rabietas* (Ediciones Urano (Ed.)).

• Torío López, S., Peña Calvo, J. V., y Rodríguez Menéndez, M. del C. (2008). *Estilos educativos parentales: revisión bibliográfica y reformulación teórica.*

• Tran, P., y Subrahmanyam, K. (2013). Evidence-based guidelines for the informal use of computers by children to promote the development of academic, cognitive and social skills. *Ergonomics, 56*(9), 1349-1362.

• Twardowska-Staszek, E., Zych, I., y Ortega-Ruiz, R. (2018). Bullying and cyberbullying in Polish elementary and middle schools: Validation of questionnaires and nature of the phenomena. *Children and Youth Services Review, 95,* 217-225.

• Unicef. (2019a). *Cómo hablar con tus hijos sobre el «bullying».* 05/09/2019. https://www.unicef.es/noticia/como-hablar-con-tus-hijos-sobre-el-bullying

• Unicef. (2019b). *Guía para prevenir el acoso escolar.* https://www.unicef.es/acoso-escolar-bullying/guia

• Uttal, D. H., Meadow, N. G., Tipton, E., Hand, L. L., Alden, A. R., Warren, C., y Newcombe, N. S. (2013). The malleability of spatial skills: a meta-analysis of training studies. *Psychological bulletin, 139*(2), 352.

• Vanistendael, S., y Saavedra, E. (2015). Conversando en torno al concepto de resiliencia, los derechos del niño y su relación. *Saavedra, E., Salas, G., Cornejo, C. y Morales, P.(Edits.) Resiliencia y calidad de vida. La psicología educacional en diálogo con otras disciplinas,* 11-22.

• Vega, L. G. (2020). *Castigar no es educar: Todas las ventajas de la Disciplina Positiva.* La Esfera de los Libros.

• Verduzco, M. A. (2001). *Cómo poner límites a tus niños sin dañarlos: respuestas a los problemas de disciplina más frecuentes practicando una educación positiva.* Editorial Pax México.

• Vigotsky, L. S. (2003). *Imaginación y creación en la edad infantil* (Vol. 100). Nuestra América.

• Villegas, M. (2020). *La mente emocional.* Herder Editorial.

• Viscardi, N. (2011). Programa contra el acoso escolar en Finlandia: un instrumento de prevención que valora el respeto y la dignidad. *Construção psicopedagógica, 19*(18), 12-18.

• Wernicke, C. G. (2009). Castigo y pedagogía. *Cadernos Pestalozzi, 2*(3).

• Wolin, S. J., y Wolin, S. (2010). *The resilient self: How survivors of troubled families rise above adversity.* Villard.

• Woo, E. H. C., White, P., y Lai, C. W. K. (2016). Impact of information and communication technology on child health. *Journal of paediatrics and child health, 52*(6), 590-594.

• Woods, H. C., y Scott, H. (2016). # Sleepyteens: Social media use in adolescence is associated with poor sleep quality, anxiety, depression and low self-esteem. *Journal of adolescence, 51*, 41-49.

• Wright, M. F. (2016). Cybervictims' emotional responses, attributions, and coping strategies for cyber victimization: a qualitative approach. *Safer Communities, 15*(3), 160-169.

• Zdebik, M. A., Boivin, M., Battaglia, M., Tremblay, R. E., Falissard, B., y Cote, S. M. (2019). Childhood multi-trajectories of shyness, anxiety and depression: Associations with adolescent internalizing problems. *Journal of Applied Developmental Psychology, 64*, 101050.